Annette Mennicke

Mütter und Väter im evolutionären Licht betrachtet – Überraschende Antworten auf alte Fragen

Neue Perspektiven für die Elternbildung vor dem Hintergrund der Biowissenschaften

Annette Mennicke

Mütter und Väter im evolutionären Licht betrachtet – Überraschende Antworten auf alte Fragen

Neue Perspektiven für die Elternbildung
vor dem Hintergrund der Biowissenschaften

ibidem-Verlag
Stuttgart

Bibliografische Information der Deutschen Nationalbibliothek
Die Deutsche Nationalbibliothek verzeichnet diese Publikation in der Deutschen Nationalbibliografie; detaillierte bibliografische Daten sind im Internet über http://dnb.d-nb.de abrufbar.

Bibliographic information published by the Deutsche Nationalbibliothek
Die Deutsche Nationalbibliothek lists this publication in the Deutsche Nationalbibliografie; detailed bibliographic data are available in the Internet at http://dnb.d-nb.de.

∞

Gedruckt auf alterungsbeständigem, säurefreien Papier
Printed on acid-free paper

ISBN-13: 978-3-8382-0175-7

Printed in Germany

Inhalt

Abkürzungsverzeichnis 9

1. Einleitung 11

2. Eltern- und Familienbildung 15

2.1 Geschichtlicher Abriss 16

2.1.1 Pädagogische Ratgeberliteratur – empirische Belege zur Relevanz 16

2.1.2 Institutionelle Ansätze 19

2.2 Annäherung an ein komplexes Feld 22

2.2.1 Systematisierungsversuche 22

2.2.2 Blickwinkel: Familie 23

2.2.3 Blickwinkel: Erwachsenen- und Weiterbildung 25

2.3 Ergebnisse einer Bestandsaufnahme der Angebote 27

2.3.1 Blickwinkel: Maßnahmen 28

2.3.2 Blickwinkel: Teilnehmerstruktur 29

2.4 Zusammenfassung und Diskussion 30

3. Vereinbarkeit von Familie und Beruf – empirische Befunde 35

3.1 Vom Mutterschaftsurlaub zum Elterngeld 37

3.1.1 Mutterschaftsurlaub 38

3.1.2 Erziehungsurlaub 39

3.1.3 Elternzeit 39

3.1.4 Elterngeld 40

3.2 Auswirkungen der neuen Elterngeldregelung – eine alternative Betrachtung 41

3.2.1 Erwerbstätigkeit als Quelle der weiblichen Unabhängigkeit? 41

3.2.2 Partnermonate als Weg zu einer höheren Väterbeteiligung? 44
3.2.3 Fazit der alternativen Betrachtung 45
3.3 Väterbeteiligung an der Familienarbeit in ausgewählten europäischen Ländern 46
3.3.1 Umfang der Elternzeitnutzung durch die Väter 47
3.3.2 Erwerbstätigkeit als Quelle der weiblichen Unabhängigkeit? 49
3.3.3 Zeitlicher Aufwand der Väter an der Familienarbeit 51
3.3.4 Fazit des Blicks auf andere Länder 53
3.4 Zusammenfassung und Diskussion 53
3.4.1 »Traditionalisierungseffekt« 54
3.4.2 »Weichensteller-Funktion« der Mütter 55
4. Biowissenschaftliche Erklärungsansätze – ein neuer Rahmen 57
4.1 Plädoyer für einen biowissenschaftlichen Theorierahmen 57
4.1.1 Das Problem der Normsetzung 59
4.1.2 Das Problem der überlappenden Verteilungen 63
4.2 Ultimate Ursachen und proximate Mechanismen 66
4.2.1 Kritik 1 – Mangelnde Prüfbarkeit 68
4.2.2 Kritik 2 – Fehlende Sparsamkeit 69
4.2.3 Kritik 3 – »Als-ob«-Redefiguren 69
4.3 Zusammenfassung 71
5. Die Evolution der Evolutionstheorie 73
5.1 Wichtige Stationen einflussreicher Ideen 73
5.1.1 Darwinismus 75
5.1.2 Genetik und Populationsgenetik 77
5.1.3 Neodarwinismus 78

5.2 Postneodarwinismus 81
5.2.1 Theorie der neutralen Evolution 81
5.2.2 Konzept der »Spandrille« 83
5.2.3 Genozentrische Sichtweise 84
5.3 Soziobiologie – Die neue Synthese 85
5.3.1 Verwandtenselektion 86
5.3.2 Spieltheoretische Elemente 87
5.4 Zusammenfassung 89
6. Evolutionstheorie im Übergang zum 21. Jahrhundert 91
6.1 Soziobiologische Varianten 91
6.1.1 Human-Verhaltensökologie 92
6.1.2 Gen-Kultur-Koevolution 92
6.1.3 Memetik 93
6.2 Evolutionäre Psychologie 93
6.2.1 Adaptive Verhaltensweise oder Angepasstheit? 94
6.2.2 Konzept des »Environment of Evolutionary Adaptedness« 95
6.2.3 Konzept der »evolvierten psychologischen Mechanismen« 97
6.3 Zusammenfassung und erste Schlussfolgerung 100
7. Phylogenetische Sicht – Warum zwei Geschlechter? 103
7.1 Warum Sexualität? 104
7.2 Warum sexuelle Fortpflanzung? 107
7.3 Warum zwei Sorten von Keimzellen? 110
7.4 Warum getrennte Geschlechter? 114
7.5 Zusammenfassung und Diskussion 117

8. Evolutionärer Anpassungswert – Wozu ein Verhaltensunterschied? 121
8.1 Sexuelle Selektion 121
8.1.1 Intrasexuelle Konkurrenz 121
8.1.2 Intersexuelle Wahl 122
8.1.3 Fazit zur sexuellen Selektion 124
8.2 Infantizid als Reproduktionsstrategie? 125
8.2.1 Reproduktive Konkurrenz unter Männchen 126
8.2.2 Reproduktive Konkurrenz unter Weibchen 127
8.2.3 Fazit zum Infantizid als Reproduktionsstrategie 131
8.3 Zusammenfassung und Diskussion 133
9. Lebensgeschichte eines Organismus aus evolutionsbiologischer Sicht 137
9.1 Abgleichproblem: Paarungsaufwand – Elternaufwand 139
9.2 Blickwinkel: Paarungsaufwand 140
9.3 Blickwinkel: Elternaufwand 142
9.4 Zusammenfassung und Diskussion 144
10. Persistenz der Geschlechterrollen 147
10.1 Quintessenz 148
10.2 Ideenwerkstatt 156
11. Literaturverzeichnis 169

Abkürzungsverzeichnis

BMFSFJ	Bundesministerium für Familie, Senioren, Frauen und Jugend
bzw.	beziehungsweise
ca.	circa
DNA	englisch: desoxyribonucleic acid, deutsch: Desoxyribonukleinsäure (DNS)
ebd.	ebenda
EEA	Environment of Evolutionary Adaptedness
EPM	evolvierter psychologischer Mechanismus
ESS	evolutionär stabile Strategie
etc.	et cetera
ISSP	International Social Survey Program
KJHG	Kinder- und Jugendhilfegesetz
m. E.	meines Erachtens
mtDNA	mitochondriale DNA
PPAS	Population Policy Acceptance Study
S.	Seite
SGB	Sozialgesetzbuch
u. a.	unter anderem
USA	United States of America
vgl.	vergleiche
z. B.	zum Beispiel

1. Einleitung

Was hat Elternbildung mit Biowissenschaften zu tun? Diese Frage drängt sich auf. Jedoch, wie die feministische Naturwissenschaftshistorikerin und Biologin Donna Haraway couragiert formuliert: »Man muß sich das Recht herausnehmen, Dinge zusammenzubringen, von denen andere sagen, daß man sie auseinanderzuhalten habe.« (Haraway 1995, S. 103) Dieser Gedanke soll leitend für die vorliegende Studie sein. Warum sollten Forschungsergebnisse aus biowissenschaftlicher Perspektive einen Forschungsgegenstand wie die Elternbildung zusätzlich erhellen können? Mein Erkenntnisinteresse besteht darin herauszufinden, ob biowissenschaftliche Erklärungsansätze, insbesondere soziobiologische Argumentationsstränge, einen fundierten Beitrag leisten können, um Elternbildungsangebote zu konzipieren. Ausgangspunkt ist das theoretische Konzept der unterschiedlichen Reproduktionsstrategien der Geschlechter. Diese Hypothese bildet den Kern der soziobiologischen Forschung. Inwiefern und unter welchen Bedingungen ist eine Elternbildung geeignet, dazu anzuregen, das genetische Eigeninteresse zugunsten einer geschlechtlichen Solidarität zurückzustellen? Es soll begründet werden, dass durch eine Elternbildung, die geschlechtstypische Veranlagungen berücksichtigt, gesellschaftliche Strukturen veränderbar sind.

Nicole Becker (2006), eine Erziehungswissenschaftlerin, untersuchte, wie die Rezeption biowissenschaftlichen Wissens in den Erziehungswissenschaften zwischen 1990 und 2003 erfolgt ist, wobei sie explizit die Neurowissenschaften in den Fokus nimmt (vgl. ebd., S. 168, Fußnote 70). Becker nimmt eine inhaltliche Ordnung der Rezeptionsversuche vor und findet zwei Diskurse, den bildungstheoretischen sowie den didaktischen Diskurs (vgl. ebd., S. 172). Dabei identifiziert sie zwei rezeptive Herangehensweisen im didaktischen Diskurs: Entweder wird versucht, neurowissenschaftliches Wissen in vorhandene didaktische Überlegungen und Modelle einzufügen, oder das Ziel ist die Entwicklung neuer, eigenständiger Theorien mittels dieser Erkenntnisse (vgl. ebd., S. 182). Diese zweite Rezeptionsperspektive nimmt aktuelle Probleme als Ausgangspunkt und prüft, inwieweit sich Phänomene mithilfe neurowissenschaftlichen Wissens in einen neuen Deutungsrahmen stellen lassen, und wie hierdurch bislang »blinde Flecken« erhellt werden können (ebd., S. 191).

In der vorliegenden Studie wird der geschilderte zweite Weg verfolgt. Es werden zwei empirische Befunde der sozialwissenschaftlichen Väter- und Familienforschung als Anknüpfungspunkt gewählt: zum einen der »Traditionalisierungseffekt« und zum anderen die »Weichensteller-Funktion« der Mütter. Das Bestreben ist, durch Einbeziehung biowissenschaftlicher Erkenntnisse diese beiden Phänomene auf eine neue Beschreibungsebene zu übertragen. Auf diese Weise ergeben sich alternative Erklärungen, die auf Plausibilität überprüft werden können. Eine wesentliche Zielsetzung dieser Studie besteht darin, die derzeitigen Bemühungen zur Motivation der Väter zu einer Teilnahme an Elternbildungsangeboten, insbesondere in Familienbildungsstätten, auf ein theoretisches Fundament zu stellen. Die aktuellen Anstrengungen, durch Versuch und Irrtum eine angemessene Ansprache der Väter zu erreichen, können effektiver *und* effizienter gestaltet werden, indem für das praktische Handeln das Wissen genutzt wird, das zuvor aus adäquaten theoretischen Modellen gewonnen wurde (vgl. Fthenakis et al. 2002, S. 474).

Aufbau der Studie

Um die Argumentation dieser Studie einzuleiten, erfolgt in *Kapitel 2* im ersten Schritt eine Annäherung an das komplexe Feld der Eltern- und Familienbildung durch einen geschichtlichen Überblick, der bereits die Relevanz dieses Gebiets eindrücklich demonstriert. Dieses Kapitel steht unter der Leitfrage: Inwieweit kristallisieren sich Ansatzpunkte heraus, die eine Einbindung biowissenschaftlicher Forschungsergebnisse fruchtbar werden lassen? Es werden verschiedene Blickwinkel eingenommen, um den Gegenstand der Eltern- und Familienbildung in Bezug auf die Leitfrage zu beleuchten. Danach werden Ergebnisse einer aktuellen und umfangreichen Bestandsaufnahme der Familienbildungsangebote in Deutschland referiert, die verdeutlichen, wie wichtig eine theoretische Fundierung dieser Angebote ist. Die herausgearbeiteten Erkenntnisse werden abschließend in einer ersten These zusammengefasst: *Die Nichterreichbarkeit der Väter als Zielgruppe für Familienbildungsangebote findet eine Ursache in identifizierbaren Unterschieden im Verhalten der Geschlechter*. Der Aufbau des *Kapitels 3* ist an der Frage ausgerichtet: Wie stellt sich nach fast dreißig Jahren, begonnen im Jahre 1979 mit dem Mutterschaftsurlaubsgesetz bis zum Jahr 2007 mit der Ablösung des Erziehungsgeldes durch das Elterngeld, das Projekt »Vereinbarkeit von Familie und Beruf« in Deutschland dar? Zur Beantwortung dieser Frage werden ausgewählte aktuelle empirische Befunde präsentiert, die im Kontext der Vereinbarkeit von Familie und Beruf stehen. Um die familienpolitischen Bemühungen in Deutschland besser einschätzen zu können, wird der Blick auf die skandinavischen Länder gerichtet, die bereits seit dreißig Jahren eine umfassende staatliche Vollbeschäftigungsförderung für beide Geschlechter verfolgen. Das Kapitel wird beendet, indem die berichteten empirischen Befunde zu zwei Phänomenen verdichtet werden, die in der sozialwissenschaftlichen Väter- und Familienforschung diskutiert, aber noch keiner hinreichenden Erklärung zugeführt werden konnten – der »Traditionalisierungseffekt« einerseits, die »Weichensteller-Funktion« der Mütter andererseits. In *Kapitel 4* wird der biowissenschaftliche Rahmen abgesteckt, in dem die spätere Argumentation dieser Studie eingebettet ist. Zuerst werden weit verbreitete Kritikpunkte hinsichtlich der Zulässigkeit einer Anwendung biowissenschaftlicher Erkenntnisse auf sozialwissenschaftliche Befunde entkräftet. In einem zweiten Schritt wird der konzeptionelle Ansatz der vier Grundfragen der biologischen Forschung eingeführt, der auf den Ethologen Nikolaas Tinbergen (1907–1988) zurückgeht und die Basis der Argumentation dieser Studie bildet. Kernpunkt ist die Annahme, dass ein Lebensphänomen durch zwei verschiedene Erklärungsebenen beschrieben werden kann, denen jeweils zwei der biologischen Grundfragen zugeordnet sind. Die folgenden zwei Kapitel, in denen alle Bausteine vorgestellt werden, die für das evolutionäre Gedankengebäude benötigt werden, um die Argumentation der vorliegenden Studie zu entfalten, bieten eine umfangreiche geschichtliche Auseinandersetzung mit der Evolutionsbiologie; die Struktur des *Kapitels 5* ist an dem Aufbau orientiert, den Zrzavý et al. (2009) in ihrem Lehrbuch vorgenommen haben, während in *Kapitel 6* die neueren Entwicklungen der Evolutionstheorie im Übergang zum 21. Jahrhundert präsentiert werden.

Die tragende Argumentation dieser Studie wird in den *Kapiteln 7, 8* und *9* ausformuliert. Zu Beginn des *Kapitels 7* wird aus den Schlussfolgerungen, die die Rezeption der Evolutionsbiologie mit ihren Teilgebieten zulassen, insbesondere der Soziobiologie und der evolutionären Psychologie, die zweite und letzte These dieser Studie formuliert: *Die Persistenz der Geschlechterrollen, die sich in den beiden Phänomenen des »Traditionalisierungseffekts« und der »Weichensteller-Funktion« der Mütter widerspiegelt, ist als eine Folge der unterschiedlichen Selek-*

tionsdrücke auf die Geschlechter im Laufe der Evolution zu werten. Illustriert wird das Zusammenspiel der verschiedenen Erklärungsebenen eines Lebensphänomens mithilfe eines selbst entwickelten Orientierungsrahmens, der die Mechanismen aufzeigt, die zur Persistenz der Geschlechterrollen führen. Methodisch wird mit Tinbergens Ansatz gearbeitet, indem die Fragen, die den beiden Erklärungsebenen eines Lebensphänomens zugeordnet sind, konkretisiert werden. Während in *Kapitel 7* die Frage behandelt wird, warum es überhaupt zwei Geschlechter gibt, wird in *Kapitel 8* eine Antwort darauf gesucht, weshalb sich weibliches und männliches Geschlecht im Verhalten unterscheiden, und schließlich wird in *Kapitel 9* der Orientierungsrahmen vervollständigt und die adaptive Funktion der psychologischen Mechanismen dargelegt. Im letzten *Kapitel 10* werden die wichtigsten Ergebnisse der Studie zusammengefasst, und es wird ein Ausblick gewagt, welche Anknüpfungspunkte sich durch die Einbeziehung der evolutionären Hintergründe für eine Eltern- und Familienbildung anbieten könnten.

Die Rezeption der biowissenschaftlichen Erkenntnisse stützt sich in großen Teilen auf Standardwerke und Lehrbücher, wobei für die Auswahl leitend war, dass es sich entweder um sehr aktuelle und / oder entsprechend anerkannte Werke handeln musste. Weiterhin werden zu den einzelnen vertieft dargestellten Schlüsselkonzepten die »Klassiker« im Original zitiert. Großer Wert wurde auf die Integration für den jeweiligen wissenschaftlichen Diskurs möglichst repräsentativer, kritischer Kommentare aus unterschiedlichen Wissenschaftsdisziplinen gelegt. Eine Diskussion der *politischen Gründe*, die für die »neue Familienpolitik« verantwortlich gemacht werden könnten, wird nicht angestrebt. Sigrid Leitner (2008), eine Soziologin, fragt zum Beispiel: »Kam es [...] zu einem Ausbau der Familienpolitik, weil dieser funktional für die Ökonomie ist?« (ebd., S. 68), und die Soziologin Heike Kahlert (2008) beklagt, »besonders erwünscht sind Kinder von hoch qualifizierten Müttern [...] angesichts knapper werdender Humanressourcen [...]« (ebd., S. 2295). Dessen ungeachtet sollen die postulierten Normen seitens der Vertreterinnen und Vertreter der Bundesregierung hinsichtlich einer *gleichwertigen* Rollenteilung zwischen Frauen und Männern, auf die die Diskussion der empirischen Befunde in Kapitel 3 aufbaut, als ein m. E. moralisch wünschbarer Zustand verstanden werden, der die Folie für die gesamte Argumentation der vorliegenden Studie bildet.

2. Eltern- und Familienbildung

Mit Friebertshäuser et al. (2007) lässt sich fragen: »Warum hat sich die erziehungswissenschaftliche Forschung bisher so selten mit der Person der Mutter und des Vaters auseinandergesetzt?« (ebd., S. 193) Eine Antwort könnte lauten, dass sich die Angebote der Familienbildung auf die *private* Lebensführung beziehen (vgl. Textor 2007, S. 369). Denn wie Friebertshäuser et al. (2007) konstatieren, konzentriert sich die erziehungswissenschaftliche Disziplin »vor allem auf die Erforschung von Bildung und Erziehung in *außerfamilialen* Institutionen« (ebd., S. 193; Hervorhebung A.M.). In der Literatur werden die Begriffe »Elternbildung« und »Familienbildung« teilweise synonym benutzt, vor allem im politischen Kontext (vgl. Minsel 2009, S. 865). »Elternbildung« ist enger gefasst und meint die Stärkung der Familie »als Erziehungsinstanz« (Textor 2007, S. 369; vgl. Schymroch 1989, S. 81). Mit dem Begriff »Familienbildung« wird die Familie als *System* erkannt; es werden »die einzelnen Familienmitglieder in ihren unterschiedlichen Rollen und Funktionen« erfasst (Pettinger, Rollik 2005, S. 134). Beate Minsel (2007), eine Erziehungswissenschaftlerin, definiert prägnant: »Unter *Familienbildung* werden alle Maßnahmen verstanden, die darauf abzielen, die Erziehungskompetenz zu stärken und das Zusammenleben in der Familie so zu gestalten, dass die Kinder in einer gesunden und entwicklungsförderlichen Lernumwelt aufwachsen« (ebd., S. 300; Hervorhebung im Original)

Um den Einstieg in die Argumentation dieser Studie vorzubereiten, wird zuerst ein komprimierter geschichtlicher Überblick über die Entwicklung der Eltern- und Familienbildung gegeben, der bereits die Relevanz dieses Komplexes gewahr werden lässt (2.1). Danach wird der Vielschichtigkeit dieses Feldes Rechnung getragen durch die Darstellung unterschiedlicher Annäherungsversuche (2.2), die anschließend durch die Ergebnisse einer aktuellen und umfangreichen Bestandsaufnahme der Familienbildungsangebote in Deutschland untermauert wird (2.3). Das gesamte Kapitel 2 steht unter der Leitfrage: Inwieweit lassen sich Ansatzpunkte für eine fruchtbare Einbindung biowissenschaftlicher Forschungsergebnisse in die Familienbildung finden?

2.1 Geschichtlicher Abriss

Ansätze einer Familienbildung im weitesten Sinne lassen sich bereits im späten 16. Jahrhundert mit der sogenannten »Hausväterliteratur« erkennen, deren Verfasser überwiegend protestantische Pfarrer waren und teilweise auch die »Hausmütter« einbezogen (Wittke 2008, S. 1). Als einer »der ersten pädagogischen Autoren der Neuzeit«, die sich *explizit* mit der Frage nach einer Verbesserung der Erziehungskompetenz der Eltern (präziser der Mütter) befassten, gilt Johann Amos Comenius (1592–1670), ein Theologe und Pädagoge (Minsel 2007, S. 301). In der Zeit der Aufklärung und Industrialisierung, etwa ab dem frühen 18. Jahrhundert, wurde vor allem mittels der damaligen populären Ratgeberliteratur versucht, die Eltern mit konkreten Anleitungen zu versorgen, wie sie ihre Kinder erziehen sollten (vgl. Wolgast 1996, S. 8). Besonders zu nennen ist hier Christian Gotthilf Salzmann (1744–1811), evangelischer Pfarrer und Pädagoge, von dem im Jahre 1780 die erste Auflage seines Elternratgebers mit dem Titel »Krebsbüchlein oder Anweisung zu einer unvernünftigen Erziehung der Kinder« erschien; diesen Namen erhielt das Buch allerdings erst ab der dritten Auflage im Jahre 1792 (Salzmann, Dietrich 1806, S. 112). Insgesamt wurden bereits zu Lebzeiten Salzmanns vier Auflagen veröffentlicht, die letzte im Jahre 1806 (vgl. ebd., S. 113). Salzmann versuchte mit seinem »Krebsbüchlein« in einer originellen Weise – verpackt in 36 teils sehr kurzen Erzählungen –, die Eltern davon zu überzeugen, dass »in ihnen selbst der Grund von den Fehlern ihrer Kinder liege« (ebd., S. 13). Konkrete Anleitungen für einen Erzieher, die er in elf Ratschläge unterteilt, gibt er aber erst im Jahre 1806 in seinem »Ameisenbüchlein oder Anweisung zu einer vernünftigen Erziehung der Erzieher« (Salzmann, Dietrich 1806, S. 51–66). Diese Schrift gilt als die erste »Selbsterziehungslehre für Erzieher« (ebd., S. 70). Die Wichtigkeit solcher Ratgeberbücher in dieser Zeit wird unterstrichen von zwei traurigen historischen Kapiteln zur Kinderpflege, die nachfolgend skizziert werden: Zum einen der Praxis des Aussetzens von Kindern und zum anderen des kommerziellen Ammenwesens.

2.1.1 Pädagogische Ratgeberliteratur – empirische Belege zur Relevanz

Bereits im Jahre 1445 wurde mit dem ausdrücklichen Ziel, »den Tod von vernachlässigten Kindern zu verhindern«, das weltweit erste Findelhaus in Florenz eröffnet (Hrdy 2000, S. 346). Die Praxis des Aussetzens war keineswegs neu, denn in den ersten drei nachchristlichen Jahrhunderten in Rom wurden schätzungsweise 20 bis 40 Prozent der neugeborenen Kinder ausgesetzt (vgl. ebd., S. 345). Die Sterblichkeitsrate in den Findelhäusern war erschreckend hoch (vgl. ebd., S. 346). Andererseits waren viele Regierungsvertreter »über die große Zahl ungewollter Säuglinge verstört, die am Straßenrand und in der Gosse zurückgelassen wurden«, sodass nach dem Florenzer Vorbild in vielen europäischen Städten noch jahrhundertelang neue Findelhäuser erbaut wurden[1] (ebd., S. 346f.). Sogar drei Jahrhunderte später starben von den 15.000 Säuglingen, die zwischen 1755 und 1773 in das Findelhaus in Florenz gebracht wurden, »zwei Drittel vor ihrem ersten Geburtstag« (ebd., S. 346). Das Hauptproblem bestand in der mangelhaften Ernährung der Säuglinge (vgl. ebd., S. 348). Es gab nicht genügend Ammen, um diese vielen Kinder zu stillen, und da »angereicherte Trockenmilch und keimfreies Wasser zum Anrühren« nicht verfügbar war, starben die meisten Babys in ihren ersten Lebensmonaten an Infektionskrankheiten und Hunger (ebd., S. 348f.). Selbst im 19. Jahrhundert war das Aussetzen der Kinder immer noch verbreitet, wie zwei Zahlen beispielhaft demonstrieren sollen: In den 1860er-Jahren wurden in Wien 9.101 Säuglinge ausgesetzt; zwischen 1880 und 1889 wurden in Moskau jährlich durchschnittlich 15.475 Babys in das Findelhaus gegeben, wovon die meisten nicht überlebten (vgl. ebd., S. 352).

Das zweite unrühmliche Kapitel in der Geschichte, das kommerzielle Ammenwesen[2], »erreichte im Europa des 18. Jahrhunderts seinen Höhepunkt«, obgleich sich die Anfänge bis ins hellenistische Ägypten des dritten Jahrhunderts vor Christus zurückverfolgen lassen, wo »nicht nur Sklavinnen, sondern auch freie Frauen vertragliche Verpflichtungen eingingen, Muttermilch zu liefern« (ebd., S. 422). Im Europa des 18. Jahrhunderts war die Frau als Arbeitskraft entscheidend für das Überleben der Familie, da das Bürgertum immer mehr von Armut bedroht war (vgl. ebd., S. 423). Das Bevölkerungswachstum war groß, allein in Frankreich wuchs die Bevölkerung von 20 Millionen Menschen auf 27 Mil-

---

[1] Auch Jean-Jacques Rousseau (1712–1778), Philosoph und Pädagoge, gab *alle* seine fünf Kinder in ein Findelhaus (vgl. Hrdy 2000, S. 361).

[2] Für eine ausführliche Darstellung des Ammenwesens siehe Badinter (1981), drittes Kapitel, insbesondere S. 91–112.

lionen an, und die Zahl der besitzlosen Bauern nahm stetig zu (vgl. ebd.). Das Ammenwesen breitete sich etwa ab dem Jahre 1450 von der Oberschicht zu den niedrigeren sozialen Schichten aus, bis es zur Regel mit Ausnahme der Ärmsten wurde (vgl. ebd., S. 422, Anmerkung 42). Berufstätige Mütter hatten keine Zeit, ihre Kinder selbst zu stillen, und da es keine pasteurisierte Milch gab, stellten Ammen die einzige Möglichkeit dar, die Säuglinge zu ernähren ohne sie tödlichen Krankheiten auszusetzen (vgl. ebd., S. 424). In Zeiten ohne verlässliche Methoden der Empfängnisverhütung bedeutete das Nichtstillen häufig, dass die Frauen schnell wieder schwanger wurden, manchmal innerhalb desselben Jahres, das heißt, »der großen Zahl ungewollter Babys« wurde ein weiteres hinzugefügt (ebd., S. 349). Die bürgerlichen Frauen standen zudem in Konkurrenz zu den Eltern der Oberschicht und den Findelhäusern, die ebenfalls Ammen suchten (vgl. ebd.). Da die Eliten genügend Geld hatten, um die Ammen bei sich wohnen zu lassen, mussten die bürgerlichen Mütter ihre Kinder zu den preiswerteren, auf dem Land wohnenden Ammen schicken (vgl. ebd., S. 424f.). Dies war im Vergleich zu den Findelhäusern schon ein Fortschritt, denn die Betreuung durch Ammen senkte die Kindersterblichkeit um die Hälfte, das heißt, ca. 40 Prozent oder weniger Säuglinge starben; in den Findelhäusern der Pariser Gegend lag die Sterblichkeitsrate im späten 18. Jahrhundert bei ca. *85 Prozent* (vgl. ebd.). Eine Amme im eigenen Haus kostete mehr als das Doppelte, senkte die Sterblichkeitsrate jedoch wiederum um die Hälfte und lag mit 20 Prozent bei dem Wert, der ebenfalls für eine Mutter galt, die selbst stillte (vgl. ebd., S. 425).

Ein berühmtes Beispiel für die Verhältnisse im 18. Jahrhundert bietet der französische Staatsmann Charles Maurice de Talleyrand-Perigord (1754–1838) (vgl. ebd., S. 419). Er war der zweitgeborene Sohn einer mächtigen Familie, die aber finanzielle Probleme hatte, wie viele zu jener Zeit (vgl. ebd.). Da der erstgeborene Sohn durch eine Amme im Haus gestillt worden war, musste Talleyrand aus Kostengründen zu einer Amme am Stadtrand von Paris gebracht werden (vgl. ebd.). Doch als der ältere Sohn starb, holten die Eltern Talleyrand sofort zurück, da dieser durch den Tod des Bruders seinerseits erbberechtigt wurde (vgl. ebd.). Jedoch war er bei der Amme von einer Kommode heruntergefallen und blieb aufgrund der zugezogenen Fußverletzung für den Rest seines Lebens ein Krüppel (vgl. ebd.). Nachdem ein dritter Sohn geboren wurde, musste Talleyrand wegen seiner Behinderung, die »dem guten Ruf der Familie nicht zuträglich sei«, sein Erstgeburtsrecht abgeben und dem Klerus beitreten (ebd.).

Zusammengefasst lässt sich mit Sarah Blaffer Hrdy (2000), Soziobiologin und Primatologin, feststellen, dass das Ammenwesen – zynisch gesehen auch die Findelhäuser – »eine neuartige Lösung für ein *uraltes Dilemma* [bot; A.M.]: Wie kann sich eine Mutter der Erhaltung ihres Status oder ihrer Lebensgrundlage widmen, ohne von der Last eines Kindes daran gehindert zu werden?« (ebd., S. 422; Hervorhebungen A.M.) Hrdy verschärft ihre Einschätzung überdies, indem sie konstatiert: »Damals wie heute stehen Mütter, die Überleben, Mutterschaft und Arbeit miteinander vereinbaren wollen, vor *chronisch unlösbaren* Dilemmata.« (ebd., S. 534; Hervorhebungen A.M.) Wenn auch Hrdys Wortwahl »chronisch unlösbar« einen pessimistischen Anklang nicht verhehlen kann, ist dieses »Dilemma« zumindest nach wie vor aktuell, wie es sich m. E. in dem Auftrag widerspiegelt, der dem »Siebten Familienbericht« zugrunde lag: »Konzepte für eine neue Balance zwischen verschiedenen Lebensbereichen, wie Familie, Beruf und dem Lebensumfeld von Familien, zu erarbeiten und zudem Vorschläge zu skizzieren, wie eine solche neue Balance zu erreichen und umzusetzen sei.« (Allmendinger et al. 2006, S. 1) Diese Forderung nach einer »neuen Balance« ist keine moderne Erfindung, wurde diese doch von den bürgerlich-liberalen Volksbildungsvereinen, die ab dem Jahr 1871 in großer Zahl entstanden, ebenfalls angestrebt (vgl. Wolgast 1996, S. 25), wenngleich in den Anfangszeiten das einzelne Individuum in den Hintergrund trat und das »ganze Volk« als Adressat der Bildungsbemühungen galt (ebd., S. 26). Im Folgenden soll die knappe historische Übersicht zur Eltern- und Familienbildung abgerundet werden. Skizziert wird die Entwicklung der Mütterschulen, die aus der Volksbildungsbewegung hervorgingen, zu Beginn des 20. Jahrhunderts bis zu deren Nachfolgern, den heutigen Familienbildungsstätten[3].

2.1.2 Institutionelle Ansätze

Innerhalb der Volksbildungsbewegung ist der »Volksverein für das Katholische Deutschland« hervorzuheben, der im Jahre 1890 in Mönchen-Gladbach gegrün-

[3] Eine umfassende Auseinandersetzung mit der Geschichte der Familienbildungsstätten liefert Hildegard Schymroch (1989).

det wurde und sich stark auf die Zielgruppe der Arbeiter konzentrierte (Wolgast 1996, S. 31). Einer der bedeutendsten Volksbildner, Anton Heinen (1869–1934), betonte die Wichtigkeit der Familie, die er als Arbeitsgemeinschaft verstand; allerdings passend zum Zeitgeist geprägt durch die Mutter (vgl. Schymroch 1989, S. 17f.). Sein methodischer Ansatz umfasste Arbeitskreise und Nachbarschaftshilfen, mit denen er die weibliche Bevölkerung erreichen wollte (vgl. ebd., S. 17). Zur Wende zum 20. Jahrhundert war die Säuglingssterblichkeit weiterhin hoch, die Wohn- und Arbeitsverhältnisse der arbeitenden Bevölkerung äußerst schlecht und die Ernährung und die Hygiene mangelhaft (vgl. ebd., S. 18). Im Jahre 1917 gründete Luise Lampert (1891–1962), eine Kindergärtnerin, in Stuttgart die erste Mütterschule Deutschlands und legte damit den Grundstein für die »Erste[.] Mütterschulbewegung« (ebd., S. 11, S. 20f.). Die ideengeschichtliche Wurzel der Mütterschulen geht zurück auf den Pädagogen Friedrich Wilhelm August Fröbel (1782–1852), der ein Schüler von Johann Heinrich Pestalozzi (1746–1827) war, ebenfalls ein Pädagoge (vgl. ebd., S. 12). Fröbel entwickelte ein Kindergartenkonzept, das nicht nur die ganzheitliche Erziehung des Kleinkindes im Fokus hatte, sondern ebenfalls als Bildungsstätte für Frauen und Mütter gedacht war (vgl. ebd., S. 13f.). Die Mütterschulen wollten Kenntnisse und Fertigkeiten vermitteln, die die Mütter befähigen sollten, ihre Säuglinge und Kleinkinder angemessen zu pflegen und zu erziehen (vgl. ebd., S. 25). Während in den ersten knapp zwei Jahrzehnten des 20. Jahrhunderts kirchliche und gewerkschaftliche Organisationen um die Mütter als Adressaten konkurrierten (vgl. Minsel 2007, S. 302), wurden ab dem Jahr 1936 zur Zeit des Nationalsozialismus alle diese Anbieter in das »Deutsche Frauenwerk, Abteilung Mütterdienst« integriert und damit zu politischen Zwecken instrumentalisiert, was den damaligen Mitarbeiterinnen teilweise nicht bewusst war, allein aus ihrer »Euphorie über die Aufwertung der Mütterschule« (Schymroch 1989, S. 25, S. 132).

Nach dem zweiten Weltkrieg begann mit der »Zweite[n] Mütterschulbewegung« eine Wieder- und Neuerrichtung von Mütterschulen, um die Notsituation – sowohl materiell als auch seelisch – der Frauen zu lindern, die in der Nachkriegszeit allgegenwärtig war (ebd., S. 56ff.). Erst als sich in den 1950er-Jahren die Lebensverhältnisse besserten, wandelte sich die Fremdhilfe in den Gedanken der Selbsthilfe, und die »Bildung zur mütterlichen Persönlichkeit« stellte nunmehr das Ziel der Mütterschulen dar (ebd., S. 59f.). Bereits Ende der 1950er-

Jahre erhob sich die Forderung, die Mütterschulen der Erwachsenenbildung zuzuordnen (vgl. ebd., S. 61). Konsequent wurden dann auch ab der zweiten Hälfte der 1960er-Jahre bis Mitte der 1970er-Jahre die »Mütterschulen« in »Familienbildungsstätten« umbenannt; die gesamte Familie sollte als Zielgruppe erreicht werden und nicht mehr die Frau alleine in der Verantwortung für die Familie stehen (ebd., S. 74). Ein Streit entbrannte in den 1970er-Jahren, als es darum ging, die Eltern- und Familienbildung der Erwachsenenbildung oder der Jugendhilfe zuzuordnen (vgl. ebd., S. 82). Ebenfalls in den 1970er-Jahren wurde vehement nach einer theoretischen Fundierung der Arbeit der Familienbildungsstätten verlangt (vgl. ebd., S. 87f.). Hildegard Schymroch (1989) zeigt auf, dass die Gründe für das Fehlen einer theoretischen Grundlage in den personellen, strukturellen und institutionellen Bedingungen der Familienbildungsstätten zu suchen sind (vgl. ebd., S. 88f.).

Als ein zentrales Ergebnis kann festgehalten werden, dass die Verantwortlichen der Mütterschulen ihren Auftrag über lange Zeit in der *Frauenbildung* gesehen haben. Belegt wird das auch durch die klare Abgrenzung von den sich formierenden »Elternschulen«, die sich in der *Ablehnung* der Namensänderung in »Familienbildungsstätte« noch im Jahre 1960 niederschlägt (ebd., S. 80). Eine explizite Ansprache von Männern bzw. Vätern stand aber auch nach der Umbenennung nicht im Fokus der Familienbildungsstätten, sondern es ging im Wesentlichen darum, *ehevorbereitende* und *ehebegleitende* Maßnahmen in das Programm aufzunehmen (vgl. ebd., S. 79). Innerhalb der 42 Jahrestagungen der »Arbeitsgemeinschaft der Mütterschulen« (ab 1969 unter geändertem Namen), die zwischen 1947 und 1988 stattfanden, wird lediglich in zwei Tagungen mit den Titeln »Die Ansprechbarkeit von Mann und Frau« (im Jahre 1960) sowie »Er – Sie – Es« (im Jahre 1975) explizit auch der Mann einbezogen (ebd., S. 75, S. 77f.). Mit der Thematisierung der Problematik einer fehlenden Ansprache der Männer bzw. Väter, die in Kapitel 2.3.2 wieder aufgegriffen wird, soll der historische Überblick beendet werden. Anschließend wird die verflochtene Struktur der Eltern- und Familienbildung beleuchtet, die sich m. E. auch aus dem fehlenden theoretischen Fundament der Familienbildungsstätten speist.

2.2 Annäherung an ein komplexes Feld

Es sind unterschiedliche Strukturierungen von Familienbildung in der Literatur zu finden. Zwei sollen kurz dargestellt werden, da sich damit m. E. die Aussage verdeutlichen lässt, dass Familienbildung »ein hoch komplexes Feld« sei (Textor 2007, S. 375). Diese beiden Ordnungsbemühungen sind zum einen von Martin R. Textor (2007), einem Erziehungswissenschaftler, im »Handbuch Familie« zu finden und werden zum anderen von Beate Minsel (2009) im »Handbuch Erwachsenenbildung/Weiterbildung« vorgestellt.

2.2.1 Systematisierungsversuche

Textor (2007) differenziert zwischen institutioneller, informeller und medialer Familienbildung, die er unter dem Begriff »Formen« subsumiert, und unterscheidet weiter vier »Arten« von Familienbildung: Ehevorbereitung, Ehebildung, Elternbildung und Familienbildung im engeren Sinne (ebd., S. 375). Die Termini »Formen« und »Arten« werden von ihm jedoch nicht einheitlich gehandhabt; was später als »Arten« bezeichnet ist, wird einleitend als »Formen« vorgestellt (ebd., S. 369). Zusätzlich sieht er verschiedene »Ansatzpunkte« für eine Arbeit der Familienbildung, im Einzelnen sind dies: Familienzyklus, Familienfunktionen, besondere Lebenssituationen und besondere Familienbelastungen (ebd.). Ferner zählt Textor diverse »Ziele« einer Familienbildung auf, die in den »letzten Jahren [...] intensiv diskutiert« würden, darunter beispielsweise Väter als Zielgruppe zu gewinnen oder die Balance zwischen Familie und Beruf zu finden (ebd., S. 370f.). Für Textor ist »Familienbildung« der Oberbegriff, während er mit »Elternbildung« die Stärkung der Erziehungskompetenz der Eltern verstanden wissen will (ebd., S. 369).

Hingegen verwendet Minsel (2009) überwiegend den Begriff »Elternbildung« (ebd., S. 865). Minsel spricht ebenfalls von »Formen« einer Elternbildung, untergliedert allerdings in institutionelle, informelle und funktionelle Elternbildung und sieht »informelle« Elternbildung »durch Druckmedien und Massenmedien verbreitet« (ebd.). Damit ist die Verwirrung komplett, denn diese Form bezeichnet Textor (2007) als »mediale Familienbildung« (ebd., S. 379), während »informelle Familienbildung« aus seiner Sicht die »*Familienselbsthilfe*« darstellt, die zum Beispiel »Elterninitiativen, Mütter-, Familien- und Nachbarschaftszentren, Kontaktkreise für allein Erziehende, Selbsthilfegruppen (z. B. nach Geburt eines behinderten Kindes) oder selbstständige Eltern-Kind-Gruppen umfasst« (ebd., S. 378; Hervorhebung im Original). Was Minsel (2009) unter »funktioneller« Elternbildung als dritte eigenständige Form versteht, das heißt, die Einbindung der Eltern zur Mitarbeit und Mitbestimmung in die Arbeit der Betreuungseinrichtungen ihrer Kinder (vgl. ebd., S. 865), ist bei Textor (2007) lediglich eines von mehreren neuen Zielen der Familienbildung (vgl. ebd., S. 370).

An dieser Stelle soll keine Bewertung der referierten Klassifizierungen vorgenommen werden; die Darstellung diente einzig der Illustration der Komplexität des Feldes der Eltern- und Familienbildung. Der Schwerpunkt dieser Studie liegt jedoch auf der Rezeption der biowissenschaftlichen Erkenntnisse, um veränderte Anknüpfungspunkte für eine Eltern- und Familienbildung aufzuzeigen. Deshalb sollen im Folgenden die beiden Pole der »Familienbildung«, zum einen »Familie« und zum anderen »Bildung«, eingegrenzt auf das Feld der Erwachsenenbildung bzw. Weiterbildung, betrachtet werden.

2.2.2 Blickwinkel: Familie

Statt von dem viel zitierten »*Wandel der Familie*« sollte von einem gewandelten quantitativen Anteil der »Nicht-Familie« gesprochen werden (Wittpoth 2007, S. 358; Hervorhebungen im Original). Rüdiger Peuckert (2007), ein Soziologe, verwendet die Termini »*Nicht-Familiensektor*«, wozu er »Alleinwohnende, kinderlose nichteheliche Lebensgemeinschaften, getrennt Zusammenlebende [und; A.M.] kinderlose Ehepaare« zählt, und »*Familiensektor*«, gebildet aus »Ehepaare[n] mit Kindern, Ein-Eltern-Familien, Nichteheliche[n] Lebensgemeinschaften mit Kindern [und; A.M.] Stieffamilien« (ebd., S. 40; Hervorhebungen im Original). Die Aufzählungen, mit denen Peuckert diese beiden Gruppen konkretisiert, lassen bereits eine mögliche Definition von »Familie« erkennen: »›*Familie*‹ bezeichnet allgemein eine Lebensform, die mindestens ein Kind und ein Elternteil umfasst und einen dauerhaften und im Inneren durch Solidarität und persönliche Verbundenheit charakterisierten Zusammenhang aufweist« (ebd., S. 36; Hervorhebung im Original). Konsens herrscht in der Literatur über den ersten Teil der genannten Definition, der als »kleinste[r] gemeinsame[r] Nenner« zu sehen ist, das heißt, »Familie« beginnt mit dem Vorliegen einer Beziehung zwischen mindestens einem Elternteil und einem Kind (Wittpoth 2007, S. 357). Betrachtet man die Größenverhältnisse dieser beiden Sektoren, zeigt sich, dass die Eltern- und Familienbildung weiterhin einen wichtigen Stellenwert hat, denn dem etwa einen Drittel Nicht-Familiensektor stehen *zwei Drittel* Familiensektor gegenüber (vgl. Peuckert 2007, S. 40). Zudem muss davon ausgegangen werden, dass in dem Nicht-Familiensektor eine nicht unerhebliche Zahl von Paaren als »Noch-nicht-Familie« zu bestimmen ist, das heißt, dass diese sich noch Kinder wünschen (Wittpoth 2007, S. 358). Bestätigt wird diese Vermutung anhand der Zahlen, die Doreen Klein (2006) vorgelegt hat: In Deutschland wünschten sich demnach im Jahre 2003 drei Viertel (74,7 Prozent) der kinderlosen Paare mit gemeinsamen Haushalt im Alter zwischen 20 und 39 Jahren Kinder[4] (vgl. ebd., S. 76), wobei der Kinderwunsch auf der reinen Einstellungsebene nicht zwangsläufig verhaltensrelevant werden muss, wie die sinkenden Geburtenzahlen in Deutschland und Europa deutlich machen (vgl. Peuckert 2007, S. 36f.; Steinbach 2005, S. 15). In diesem Zusammenhang wirft Heike Diefenbach (2005), eine Soziologin, die Frage auf, ob die (scheinbare) Rationalität von Kinderwünschen, die vor allem den ökonomischen Erklärungsansätzen zum generativen Verhalten als Prämisse zugrunde liegt, nicht von der Forscherschaft *konstruiert* sei, da das tatsächliche reproduktive Verhalten der Individuen sich deutlich abweichend gestalte (vgl. ebd., S. 115ff.).

Dessen ungeachtet ist zu verzeichnen, dass die Gruppe der sich Kinder wünschenden – als »Familien im Wartestand« – von dem klassischen Angebotsprofil der Familienbildungsstätten *nicht* erreicht wird (Wittpoth 2007, S. 362). Angebote der Ehevorbereitung und Ehebildung greifen bei den »Familien im Wartestand« nicht, wie Peuckert (2007) anhand der sinkenden Heiratsneigung zeigt, das heißt, eine Schwangerschaft, der Kinderwunsch oder das Vorhandensein von Kindern stellt immer weniger einen Grund zur Eheschließung dar (vgl. ebd., S. 38). Gerade diese Gruppe könnte von geeigneten Maßnahmen profitieren, mit denen bereits im Vorfeld des Übergangs zur Elternschaft einer *regelmäßig* auftretenden Verschlechterung der Partnerschaft vorzubeugen wäre (vgl. Fthenakis et al. 2002, S. 473). Erkenntnisse der LBS-Familien-

4 Die Prozentangaben basieren auf Befragungen aus dem Jahre 2003 im Rahmen der »Population Policy Acceptance Study« (PPAS) des Bundesinstituts für Bevölkerungsforschung (vgl. Klein 2006, S. 45).

Studie[5] zur Partnerschaftsentwicklung im Übergang zur Elternschaft deuten darauf hin, dass der Mann in der Partnerschaft umso *zufriedener* ist, je *mehr* die Frau die Hausarbeit übernimmt (vgl. ebd., S. 470). Darüber hinaus verbessert sich das Partnerschaftserleben des Mannes in dem Maße, indem die Frau ihr berufliches Engagement zurücknimmt (vgl. ebd.). Interessanterweise hat aber eine *reduzierte* Berufstätigkeit der Frau einen *negativen* Effekt auf die Zufriedenheit des Mannes in seiner *Vaterrolle* (vgl. ebd.). Mit anderen Worten: Der Mann fühlt sich zufriedener in der Interaktion mit seiner Partnerin, aber unzufriedener in seiner Vaterrolle, je mehr die Frau aus dem Erwerbsleben aussteigt. Im Gegensatz dazu *sinkt* die Zufriedenheit der Frau in der Partnerschaft umso stärker, je mehr sie die Hausarbeit übernimmt und ihre Erwerbstätigkeit einschränkt bzw. aufgibt (vgl. ebd., S. 470f.). Diese Befunde demonstrieren, wie wichtig die praktizierte Rollenverteilung in der Partnerschaft ist; laut Fthenakis et al. (2002) die *zentrale* Schaltstelle für Interventionsmaßnahmen (vgl. ebd., S. 471).

2.2.3 Blickwinkel: Erwachsenen- und Weiterbildung

»Weiterbildung« wird häufig synonym mit »Erwachsenenbildung« verwendet (Wittpoth 2007, S. 343), wurde aber mit dem Strukturplan des Deutschen Bildungsrates aus dem Jahr 1970 als neuer Oberbegriff für die nunmehr als staatliche Aufgabe verstandene Erwachsenenbildung proklamiert und umfasst die berufliche Weiterbildung mit Fortbildung und Umschulung sowie die allgemeine Erwachsenenbildung mit der politischen Bildung (vgl. Nuissl et al. 2009, S. 332). Gemäß der Definition des Deutschen Bildungsrates wird unter Weiterbildung die »Fortsetzung oder Wiederaufnahme organisierten Lernens nach Abschluss einer unterschiedlich ausgedehnten ersten Bildungsphase« verstanden (Deutscher Bildungsrat 1970, S. 197 zitiert in Nuissl et al. 2009, S. 329). Jürgen Wittpoth (2007), ein Erziehungswissenschaftler, beginnt seinen Beitrag »Familie und Weiterbildung« im »Handbuch Familie« mit der Feststellung, »Arbeiten über Zusammenhänge zwischen Familie und Weiterbildung [sind; A.M.] eher rar« und bezeichnet dies »als verwunderlich« (ebd., S. 342). Verwunderlich deshalb, da

[5] Die LBS-Familien-Studie ist eine Längsschnittuntersuchung, die den Zeitraum von der Schwangerschaft bis drei Jahre nach der Geburt des Kindes umfasst; sie wurde in den 1990er-Jahren in zwei Regionen in Deutschland durchgeführt (vgl. Fthenakis et al. 2002, S. 12, S. 19, S. 49).

durchaus verschiedene Schnittstellen zwischen Familie und Weiterbildung existieren (vgl. ebd., S. 348). Wittpoth zeigt auf, dass bereits in der Herkunftsfamilie der Grundstein dafür gelegt wird, inwieweit im späteren Erwachsenenleben überhaupt Weiterbildungsangebote in Erwägung gezogen werden (vgl. ebd., S. 350f.). Minsel (2007) diskutiert diese Thematik unter dem Stichwort »Familie als Bildungsort« (ebd., S. 308). Sie weist darauf hin, dass sich die Eltern häufig gar nicht bewusst sind, welche indirekten Effekte, »im Rahmen des alltäglichen Interaktionsgeschehens«, aber auch direkten Effekte, zum Beispiel durch die Wahl des Bildungsweges ihrer Kinder, sie auf »die Bildungskarriere und den Bildungserfolg der Kinder haben« (ebd., S. 311).

Das berührt unmittelbar den Punkt der finanziellen Förderung der Eltern- und Familienbildung, denn wie die oben genannte Definition von Weiterbildung zeigt, wird »der weite Bereich der generationenübergreifenden Arbeit [...] ausgeklammert« (Pettinger, Rollik 2005, S. 133). Die Konsequenz ist, dass Eltern-Kind-Gruppen als generationenübergreifende Maßnahmen nach den meisten Weiterbildungsgesetzen nicht förderungsfähig sind, da sie nicht in die Definition von Weiterbildung passen (vgl. ebd., S. 132). Doch stellen diese Gruppen die häufigste Angebotsform der Familienbildungsstätten mit 52 Prozent dar, wie eine Bestandsaufnahme im Jahre 2004 ergab (vgl. Lösel 2006, S. 39). Eltern- und Familienbildung finanziert sich überwiegend aus den Beiträgen der Teilnehmenden (vgl. Pettinger, Rollik 2005, S. 135). Es überrascht deshalb nicht, dass hauptsächlich mittlere und höhere soziale Schichten (im Jahre 2004 zu 85 Prozent) erreicht werden (vgl. Lösel 2006, S. 82). Verkompliziert wird die Finanzierungsthematik noch dadurch, dass die Familienbildung im Sozialgesetzbuch Achtes Buch (SGB VIII) innerhalb des Kinder- und Jugendhilfegesetzes (KJHG), das seit Beginn des Jahres 1991 in Kraft ist, als Soll-Aufgabe verankert ist (vgl. Pettinger, Rollik 2005, S. 6). Dadurch wird Familienbildung zum »Förderungszwitter«, weil »in der Mehrzahl der Länder für die Weiterbildung die Kultusministerien, für die Jugendhilfe aber überwiegend die Sozialministerien zuständig sind«[6] (ebd., S. 131). Pettinger, Rollik (2005) betonen, dass es nach den Bestimmungen des KJHG nicht mehr zulässig sei, eine »Unterscheidung in Pflichtaufgaben und

---

[6] Eine umfangreiche Aufarbeitung des komplexen Felds der Familienbildung haben Pettinger, Rollik (2005) geleistet.

freiwillige Aufgaben« vorzunehmen und beklagen, dass dennoch in den letzten Jahren Landkreise und Kommunen, trotz Zuständigkeit für die Familienbildung, »massive Kürzungen ihrer Förderungen vorgenommen« hätten (ebd., S. 130).

Diese Gemengelage zeugt davon, wie wichtig Evaluationsstudien über die Effektivität der Familienbildungsangebote wären, die zusätzlich zur politischen Absicherung der Notwendigkeit dieser Angebote auch als »Argumentationshilfen gegenüber Geldgebern« fungieren könnten; doch diese fehlen größtenteils (Textor 2007, S. 383). An diesem Punkt setzte eine Meta-Evaluation von vorliegenden Studien an, die eines von zwei Zielen eines weitreichenden Forschungsprojekts darstellte, dessen Ergebnisse nachfolgend geschildert werden (vgl. Lösel 2006, S. 7).

2.3 Ergebnisse einer Bestandsaufnahme der Angebote

Ein umfangreiches Forschungsprojekt, gefördert und unterstützt vom Bundesministerium für Familie, Senioren, Frauen und Jugend (BMFSFJ), hatte sich zwei Ziele gesetzt: Zum einen die *systematische* Erfassung der Familienbildungsangebote im Jahre 2004 in Deutschland und zum anderen eine Meta-Evaluation von vorliegenden Studien zur Wirksamkeit von familienbezogenen Bildungsmaßnahmen (vgl. Lösel 2006, S. 7). Im Gegensatz zu bereits vorliegenden Untersuchungen erfolgte in dieser Studie keine Beschränkung auf einzelne Bundesländer oder auf bestimmte Familienbildungseinrichtungen und vor allem wurde die *konkrete* Ausgestaltung der einzelnen durchgeführten Maßnahmen untersucht (vgl. ebd., S. 21). Da die Angebote äußerst vielschichtig sind, wurden bestimmte Kriterien festgelegt, nach denen die Familienbildungsangebote in die Bestandsaufnahme einbezogen wurden: Es musste sich um eine *Präventionsmaßnahme* handeln, die primär die *Eltern bzw. die gesamte Familie* anspricht und das Ziel hat, die *Erziehungskompetenz in den Familien* zu stärken, wobei eine weite Definition für diesen letzten Punkt angelegt wurde, zum Beispiel wurden auch freizeitpädagogische Unternehmungen betrachtet (vgl. ebd., S. 23). Anschließend folgen Ausführungen zu drei Resultaten dieses Projekts. Zuerst werden Ergebnisse der Metaanalyse sowie zu den theoretischen Hintergründen der angebotenen Maßnahmen berichtet (2.3.1), danach wird die Teilnehmerstruktur der Familienbildungsangebote kritisch untersucht (2.3.2).

2.3.1 Blickwinkel: Maßnahmen

Ein Ergebnis der *Metaanalyse* ist der Befund, dass den jährlich fast 200.000 durchgeführten Familienbildungsangeboten generell nur »27 einigermaßen kontrollierte[.] Evaluationsstudien« bezüglich der Wirksamkeit von Familienbildungsangeboten gegenüberstehen (Lösel 2006, S. 165). Ein Großteil dieser Studien entstand in den letzten zehn Jahren (vgl. ebd., S. 141). Dass in der Metaanalyse lediglich 27 Untersuchungen berücksichtigt werden konnten – von »ca. 2.800 einschlägigen Literaturstellen« – liegt daran, dass die restlichen *keine* Kontrollgruppe ohne Familienbildung einbezogen haben (ebd., S. 11). Es ergaben sich im Durchschnitt moderate, aber signifikant positive Effekte, wobei bei den gemessenen Erfolgskriterien deutlichere Effekte auf Seiten der Eltern erzielt wurden als bei den Kindern (vgl. ebd.). Methodische Merkmale der einzelnen Studien haben »einen erheblichen Einfluss auf die Ergebnisse«; je *kurzfristiger* die Messung der Kriterien erfolgt, je *kleiner* die Stichproben sind und je *mehr subjektive* Einschätzungen einfließen, desto *größere* positive Effekte werden berichtet (ebd.). Hervorzuheben ist, dass die in die Metaanalyse einbezogenen Wirksamkeitsstudien nur einen *kleinen* Ausschnitt aus dem gesamten Familienbildungsangebot abdecken; für die besonders häufigen Eltern-Kind-Gruppen und die offeneren Angebotsformen »lassen sich letztlich keine fundierten Aussagen zur Wirksamkeit treffen« (ebd.).

Das zweite anzusprechende Ergebnis des Forschungsprojekts ist der *theoretische Hintergrund* der angebotenen Maßnahmen. Auffällig ist, dass die Kursleitungen an Familienbildungsstätten zu mehr als zwei Drittel (69,3 Prozent) mit *selbstentwickelten* Konzepten (und 5,7 Prozent modifizierten veröffentlichten Konzepten) arbeiten, jedoch fast ein Drittel (32 Prozent) *keine* Aussage zu einem theoretischen Hintergrund des selbstentwickelten bzw. modifizierten Konzepts macht (vgl. ebd., S. 63). Selbst wenn diesbezüglich Informationen geliefert werden, so verbleibt die Bezeichnung der Konzepte durch die Kursleitungen von fast einem Drittel als »gruppenpädagogisch« (30,3 Prozent) sowie knapp einem Fünftel als »systemisch« (19,7 Prozent) auf einem sehr globalen Niveau (ebd., S. 62). Mit großem Abstand folgen theoretische Hintergründe wie »lerntheoretisch« (8,8 Prozent), »psychodynamisch« (7,4 Prozent) und »humanistisch, klientenzentriert« (6,3 Prozent), die restlichen Angaben bilden ein Konglomerat von diversen Richtungen mit durchschnittlich je 1,8 Prozent (ebd.). Mit anderen Worten: Ein großer Teil der Kursleitungen arbeitet nach eigenem Gutdünken.

2.3.2 Blickwinkel: Teilnehmerstruktur

Die Teilnehmerstruktur besteht vorwiegend aus weiblichen Personen; nur knapp 17 Prozent sind männlichen Geschlechts, wobei durchaus eine Zunahme des Anteils männlicher Teilnehmer im Vergleich zum Jahr 1964 mit einem Anteil von 1,5 Prozent zu verzeichnen ist (vgl. Lösel 2006, S. 79). Überwiegend werden mittlere und höhere soziale Schichten (85 Prozent) erreicht (vgl. ebd., S. 82). Die Autorengruppe der Bestandsaufnahme stellt die Frage, ob es ausreichend sei, eine Bedarfsanalyse der Familienbildungsangebote nur nachfragegesteuert vorzunehmen, oder ob es nicht wichtig sei, »von einem normativen Standpunkt« auszugehen (ebd., S. 157). Sie verweisen darauf, dass die Väter weiterhin eine Randgruppe darstellen hinsichtlich der Beteiligung an Präventionsangeboten, obwohl »die erzieherische Bedeutung von Vätern durchaus anerkannt« sei (ebd.). Konkretisieren lässt sich diese sehr allgemeine Feststellung mit den Befunden zu den »Konsequenzen einer aktiven Vaterschaft«, die Fthenakis et al. (2002) in ihrer LBS-Familien-Studie berichten (ebd., S. 146). Ein Befund war die Erkenntnis, dass sich ein von Beginn an engagierter Vater auf den Entwicklungsstand eines *männlichen* Kleinkindes zum Zeitpunkt 18 Monate nach der Geburt positiv auswirkt, vor allem auf die grobmotorische Entwicklung und die Selbständigkeitsentwicklung (vgl. ebd., S. 168). Bei der Entwicklung *weiblicher* Kleinkinder konnte kein Zusammenhang zu einer aktiven Vaterschaft festgestellt werden (vgl. ebd.). Erwähnt werden soll aber, dass die Erfassung des Entwicklungsstandes auf *subjektiven* Einschätzungen der Eltern basierte (vgl. ebd., S. 169). Die Autorengruppe der LBS-Familien-Studie relativiert diese Beschränkung des eingesetzten Verfahrens durch den Hinweis, dass ebenfalls die Mütter eine fortgeschrittene Entwicklung ihrer männlichen Kleinkinder registrierten (vgl. ebd., S. 169f.). Diese Ergebnisse werden allerdings zu weitreichenden Schlussfolgerungen in Bezug auf die Legitimation einer Väterbildung herangezogen. Zum Beispiel rekurrieren Pettinger, Rollik (2005) auf die Ergebnisse der LBS-Familien-Studie, wobei sie berichten, deren Befunde hätten ergeben, dass »sich väterliches Engagement in frühen Jahren bis in die Jugend der Kinder auswirkt, so z.B. die Entwicklung kindlicher Eigenschaften wie Empathie, soziale Kompetenz, schulische Leistungsfähigkeit und Problembewältigungsfertigkeiten« (ebd., S. 112). Es muss offen bleiben, auf welche *konkrete* Stelle des Untersuchungsberichts sich Pettinger, Rollik mit ihren Aussagen beziehen. Fthenakis et al. (2002) stellen lediglich die positiven Zusammenhänge einer engagierten Vaterschaft zum Entwicklungsstand eines männlichen Kleinkindes mit 18 Monaten dar (vgl. ebd., S. 168f.).

Zusammengefasst lässt sich vermerken: Sehr allgemeine und weitreichende Ableitungen einer für Kinder förderlichen aktiven Vaterschaft werden u. a. in der Literatur als Begründung angeführt, dass Väterbildung notwendig sei, während gleichzeitig darauf hingewiesen wird, dass Väter als Zielgruppe nur zu gewinnen seien, wenn eine »konsequent *männerspezifische* Öffentlichkeitsarbeit« durchgeführt würde (Pettinger, Rollik 2005, S. 119; Hervorhebung A.M.; vgl. Prömper 2009, S. 388). Dagegen steht die – von der Autorengruppe der Bestandsaufnahme als »insgesamt überraschend« bezeichnete – seltene Erwähnung eines Mehrbedarfs an Angeboten für die Zielgruppe der Väter; nur 2,8 Prozent der an der Befragung beteiligten Einrichtungen sehen hierfür einen zusätzlichen Bedarf; das entspricht Rangplatz zwölf von 15 insgesamt genannten Zielgruppen[7] (Lösel 2006, S. 44). Resümierend wird von der Projektgruppe die Frage aufgeworfen, »ob nicht tatsächlich mehr Bedarf an ›Väterbildung‹ besteht« (ebd., S. 157).

2.4 Zusammenfassung und Diskussion

Der geschichtliche Überblick zeigte, dass die Problematik der Vereinbarkeit von Familie und Beruf schon immer Konjunktur hatte; jedoch in den verschiedenen historischen Epochen äußerst unterschiedlich »gelöst« wurde: Vom Aussetzen der Kinder über Findelhäuser und bezahlten Ammen bis zu Mütterschulen und den aktuellen politischen Bemühungen, wie sie im »Siebten Familienbericht« zum Ausdruck kommen. Die Mütterschulen entstanden vor allem als Mittel zur

---

[7] Es handelte sich bei diesem Punkt um eine offene Frage. Die Angaben wurden »einer systematischen Kategorisierung unterzogen« und u. a. zu Zielgruppen verdichtet (Lösel 2006, S. 42).

Reduzierung der Säuglingssterblichkeit, die zur Wende zum 20. Jahrhundert immer noch hoch war. Seit der Gründung im Jahre 1917 bis weit in die 1970er-Jahre hinein haben die Verantwortlichen der Mütterschulen ihren Auftrag explizit in der Frauenbildung gesehen. Die gesamte Familie wurde erst allmählich ab Mitte der 1960er-Jahre in das Angebotsprofil einbezogen. Letztendlich wurde bis Mitte der 1970er-Jahre die überfällige Namensänderung in »Familienbildungsstätte« vollzogen. Das komplexe Feld der Eltern- und Familienbildung krankt an einer mangelnden theoretischen Grundlage und bietet deshalb zu wenig Argumentationshilfen, die notwendig wären, um die schwierige Finanzierungsfrage aufgrund der Teilung der rechtlichen Zuständigkeiten zwischen Erwachsenenbildung und Jugendhilfe zu entschärfen. Die familialen Wandlungsprozesse finden noch keinen ausreichenden Niederschlag in den Angeboten der Familienbildungsstätten, und die vielfach geforderte Väterbildung scheitert daran, die Väter als Zielgruppe zu gewinnen. Dabei gilt die praktizierte Verteilung der familiären und beruflichen Rollen in der Partnerschaft als die zentrale Schaltstelle für Interventionsmaßnahmen. Weiterhin wurde aufgezeigt, dass die Kursleitungen von Familienbildungsangeboten hauptsächlich mit selbstentwickelten, theoretisch wenig fundierten Konzepten arbeiten, während Evaluationsstudien zu der Wirksamkeit der Angebote äußerst selten durchgeführt werden, wobei diese zudem ausgewiesenen wissenschaftlichen Standards methodisch oft nicht genügen.

Inwiefern liefern die bisher referierten Befunde Anschlussstellen im Rahmen der Diskussion um veränderte Anknüpfungspunkte für eine Eltern- und Familienbildung mittels der Einbeziehung biowissenschaftlicher Erkenntnisse? Es schälen sich zwei Themenkomplexe heraus, zum einen die gezielte Ansprache von Vätern im Kontext der Vereinbarkeit von Familie und Beruf und zum anderen theoretisch fundierte Angebote für die Zielgruppe der Väter. Beide Themenstellungen sind indes eng miteinander verwoben, denn eine auf Väter zugeschnittene Herangehensweise sollte umso besser gelingen, je mehr diese theoretisch verwurzelt ist (vgl. Fthenakis et al. 2002, S. 474). In der Literatur finden sich immer wieder Aufforderungen, aber auch Klagen wie: »Die Vorstellung, Väter könnten das Verhalten von Müttern einfach kopieren, ist unangemessen« (ebd., S. 172); interessierte Väter müssten mit »männlichem Vokabular« angesprochen werden (Pettinger, Rollik 2005, S. 119); »[v]ereinzelte Angebote, die sich dezidiert an Männer richten, fallen häufig aus. [...] Aber die Abwesenheit der Väter hat auch mit den spezifisch weiblich geprägten Welten zu tun, in die da geladen wird.« (Gesterkamp 2007, S. 105) Das Bildungsverständnis der Väter sei »zu sehr auf berufliche Bildung fixiert« (Textor 2007, S. 376); der »Mangel an männlichen Pädagogen« stelle ein Problem dar (Nuissl 2009, S. 862) und mündet schließlich in die rhetorische Frage von Prömper (2009): »Also nicht der Spielkreis in der Familienbildungsstätte, sondern das ›Väter-Kompetenz-Team‹ in der betrieblichen Weiterbildung?« (ebd., S. 385) Jedoch liefern die zuvor zitierten Autoren keine Begründung, *warum* es notwendig sei, die Väter *anders* als Mütter anzusprechen. Es bleibt bei vordergründiger Rhetorik, wie die Forderung zeigt, es gehe »eher um eine ›*Entgeschlechtlichung*‹ des Lebens und Lernens« (ebd., S. 377; Hervorhebung A.M.). Prömper hält sich m. E. nicht an seinen selbst aufgestellten Maßstab, wenn er acht Seiten weiter den »Spielkreis in der Familienbildungsstätte« als nicht Väter-adäquat diskreditiert (ebd., S. 385), obwohl es ihm doch nach eigenem Bekunden darum geht, »sparsamen Gebrauch« von geschlechtsbezogenen Begriffen zu machen (ebd., S. 377). Nichtsdestotrotz ist unübersehbar, dass ein entsprechender Bedarf an speziellen Angeboten für Väter existiert. Davon zeugt auch, dass sich in »den letzten zehn Jahren [...] in vielen Großstädten auch selbständige Väterinitiativen gegründet« haben (Pettinger, Rollik 2005, S. 118), das heißt, die Zielgruppe kümmert sich *aktiv* um ihre Belange[8]. Wenn Väter nicht mit den bisherigen Methoden der Familienbildungsstätten erreichbar sind, könnte das dann nicht eventuell daran liegen, dass es identifizierbare *Unterschiede* zwischen den Geschlechtern im Verhalten gibt?

In dieser Studie werden zwei Thesen formuliert. Die erste These lautet: *Die Nichterreichbarkeit der Väter als Zielgruppe für Familienbildungsangebote findet eine Ursache in identifizierbaren Unterschieden im Verhalten der Geschlechter.* Um eine detaillierte Begründung dieser These einzuleiten, sollen zuerst anhand ausgewählter empirischer Befunde zwei Phänomene herausgearbeitet werden, die im Kontext der Vereinbarkeit von Familie und Beruf stehen und sich in besonderer Weise aus biowissenschaftlicher Perspektive erhellen lassen, wie die spätere

[8] Im Rahmen der vorliegenden Studie wird keine Diskussion der Väterforschung vorgenommen. Einen, nach eigener Aussage, repräsentativen Überblick über die deutschsprachige Väterforschung mit internationalem Anschluss bietet zum Beispiel der umfangreiche Sammelband von Heinz Walter (2002, S. 10).

Analyse anhand der zweiten These zeigen wird, die am Ende des Kapitels 6.3 formuliert wird, nachdem die erforderlichen Grundlagen für die vorzunehmende Argumentation erarbeitet wurden.

3. Vereinbarkeit von Familie und Beruf – empirische Befunde

Die seit dem 30. November 2009 amtierende Bundesfamilienministerin Kristina Köhler[9] hat sich für ihre Amtszeit einiges vorgenommen. In einem Interview mit der »Frankfurter Allgemeinen Zeitung«, das am 30. November 2009 erschien, markiert sie die Vereinbarkeit von Familie und Beruf gerade für junge Väter als »großes Thema« (Bundesministerium für Familie, Senioren, Frauen und Jugend 2009a). So wundert es nicht, dass das Elterngeld, das seit Anfang 2007 für zwölf bzw. 14 Monate gezahlt wird, auf der Internetseite des BMFSFJ als »Erfolgsgeschichte« bezeichnet wird, und auf derselben Seite unter der Rubrik »Informationen für die Presse« eine Statistik aufrufbar ist (siehe Abbildung 1)[10], die den kontinuierlichen Anstieg des Anteils der Väter an allen bewilligten Elterngeldanträgen seit der Einführung dieses neuen Instrumentariums der Familienpolitik dokumentiert (Bundesministerium für Familie, Senioren, Frauen und Jugend 2009b).

[9] Die Bundesfamilienministerin hat am 12. Februar 2010 geheiratet und den Namen ihres Ehemanns, Schröder, angenommen. In dieser Studie wird ihr Geburtsname verwendet, da die zitierten Aussagen aus der Zeit vor ihrer Heirat stammen.

[10] Allerdings ist diese Statistik etwas missverständlich betitelt. Es handelt sich um bewilligte Elterngeldanträge für Kinder, die *seit* dem Jahr 2007 geboren wurden.

Abbildung 1: Anteil der Väter an allen bewilligten Anträgen für Kinder, die seit dem Jahr 2007 geboren wurden.

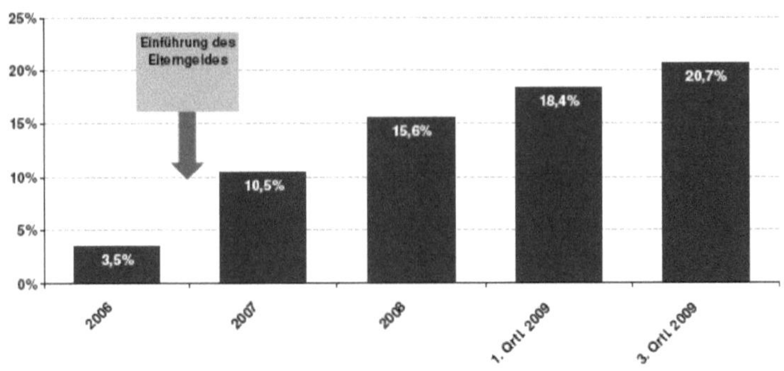

Quelle*:* Bundesministerium für Familie 2009d

Die positive Einschätzung relativiert sich, wenn man sich den Anteil der Väter von 20,7 Prozent, deren Elterngeldbezug im dritten Quartal 2009 beendet wurde, im Detail anschaut. Es zeigt sich, dass drei Viertel dieser Väter (75,1 Prozent) lediglich zwei Bezugsmonate aufzuweisen haben (vgl. Statistisches Bundesamt 2009b, Tabelle 2). Das entspricht genau den zwei *zusätzlichen* Monaten (sogenannte »Partnermonate«), die gewährt werden, wenn sich der Partner ebenfalls an der Betreuung des Kindes beteiligt und dabei Erwerbseinkommen entfällt (vgl. Deutscher Bundestag 2008, S. 7). Ein vertiefender Blick ernüchtert ein weiteres Mal: Fast drei Viertel aller Väter (73,2 Prozent) mit beendetem Elterngeldbezug im dritten Quartal 2009 und erstem Bezugsmonat im Jahre 2009 positionierten den Beginn ihrer Elternzeit in die Sommermonate Juni, Juli oder August (vgl. Statistisches Bundesamt 2009b, Tabelle 12). Auffällig ist dabei, dass der erste Bezugsmonat des Vaters in hohem Maße mit dem Geburtsmonat des Kindes, für das Elterngeld beantragt wurde, zusammenhängt. Zum Beispiel hat die Hälfte aller Väter (50,9 Prozent), die die Inanspruchnahme des ersten Elterngeldmonats in den Juni 2009 legten, ein Kind mit dem Geburtsmonat Juni 2008 oder Juni 2009 (ebd.). Das heißt, die Väter bezogen entweder für den ersten und/oder zweiten Lebensmonat des Neugeborenen oder im Anschluss an die vollständig beanspruchte Elternzeit (zwölf Monate) der Partnerin für den dreizehnten und/oder vierzehnten Lebensmonat des Kindes Elterngeld. Überspitzt formuliert lässt sich fragen: Beanspruchen hauptsächlich *die* Väter ihre Partnermonate, deren Kind in einem »passenden« Monat geboren ist? »Passend« auf die Jahreszeit bezogen, da in den Sommermonaten tendenziell abzusehen ist, dass sich die Kinderbetreuung mit angenehmen Aktivitäten, wie zum Beispiel Baden am Baggersee etc., verbinden lässt.

Doch trotz aller Skepsis, die durch die bisher vorgelegten Zahlen hervorgerufen wird, ist die Tatsache unbestritten, dass mittlerweile deutlich mehr Väter das im Jahre 2007 neu eingeführte Elterngeld, das nunmehr als Lohnersatzleistung konzipiert ist, nutzen. Nachfolgend wird skizziert, wie sich in den letzten Jahrzehnten die gesetzlichen Regelungen zur Vereinbarkeit von Familie und Beruf, insbesondere was die Einbindung der Väter betrifft, verändert haben[11] (3.1). Als nächstes wird die familienpolitische Maßnahme der neuen Elterngeldregelung kritisch beleuchtet (3.2), bevor ein Vergleich mit ausgewählten europäischen Ländern den Blick für mögliche Veränderungen schärfen soll, die für Weiterentwicklungen familienpolitischer Maßnahmen in Deutschland in Betracht gezogen werden könnten (3.3).

3.1 Vom Mutterschaftsurlaub zum Elterngeld

In den 1970er-Jahren fanden die ersten Reformen zur umfassenden Änderung des staatlichen Familienbildes im früheren Bundesgebiet statt (vgl. Bundesministerium für Familie, Senioren, Frauen und Jugend 2008, S. 11). Das »männliche Ernährer-Modell«, gekennzeichnet dadurch, dass der Mann die finanzielle Sicherung der Familie übernimmt und die Frau sich um Haushalt und Kinder kümmert, weicht immer mehr auf (ebd.). Diese Einschätzung kann zum Beispiel aus der Zielsetzung der Bundesregierung, »den Anspruch der Eltern auf partnerschaftliche Erziehung umsetzen« zu wollen, abgeleitet werden, formuliert im Vorwort der Studie »Väter und Erziehungsurlaub«, herausgegeben vom BMFSFJ

---

[11] Die diversen weiteren familienpolitischen Maßnahmen im Rahmen des Familienlasten- bzw. Familienleistungsausgleichs, wie zum Beispiel die zahlreichen Kindergeld- und Kinderfreibetragserhöhungen in den 1980er- und 1990er-Jahren, werden hier nicht referiert, da diese Instrumente m. E. nicht der Vereinbarkeit von Familie und Beruf dienen. Eine übersichtliche Darstellung liefert der internationale Vergleichsbericht zum Elterngeld und zur Elternzeit, herausgegeben vom BMFSFJ (vgl. Bundesministerium für Familie, Senioren, Frauen und Jugend 2008, S. 11–15).

(Vaskovics, Rost 1999, S. 6). Auch die Absicht, bis zum Jahr 2013 Betreuungsplätze für 35 Prozent der Kinder unter drei Jahren zu schaffen, kann als Hinweis dienen, dass das Alleinverdiener-Modell nicht mehr das gewünschte politische Familienbild darstellt, energisch unterstrichen von Bundesfamilienministerin Kristina Köhler: »Dafür stehe ich« (Köhler 24.01.2010). Faktisch ist derzeit tendenziell ein »Zweiverdiener-Modell«[12] etabliert, wobei die Frau zumeist die Rolle der teilzeitbeschäftigten »Zuverdienerin« übernimmt (Bundesministerium für Familie, Senioren, Frauen und Jugend 2008, S. 11). Dies wird auch belegt durch den stark angestiegenen Anteil teilzeitbeschäftigter Mütter mit minderjährigen Kindern zwischen 1998 mit 53 Prozent und 2008 mit 69 Prozent (vgl. Statistisches Bundesamt 2009a). Nachstehend werden vier Meilensteine, die sich auf dem Weg vom traditionellen Alleinverdiener-Modell zur anvisierten gleichwertigen Rollenteilung zwischen Frauen und Männern bestimmen lassen, kursorisch erläutert.

3.1.1 Mutterschaftsurlaub

Der erste Meilenstein bildete das im Jahre 1979 eingeführte Mutterschaftsurlaubsgesetz, das die Erwerbstätigkeit der Mütter gezielt fördern sollte (vgl. Bundesministerium für Familie, Senioren, Frauen und Jugend 2008, S. 11). In der Literatur finden sich auch andere Interpretationen über den Zweck der Einführung des Mutterschaftsurlaubsgesetzes. Zum Beispiel ist Gudrun Cyprian (2007), eine Soziologin, der Meinung, dass »das damit verfolgte Ziel keineswegs die rasche Wiedereingliederung der Frauen ins Berufsleben [war; A.M.], sondern im Gegenteil der Versuch, sie dadurch langfristig an die Haus- und Erziehungsarbeit zu binden« (ebd., S. 30). Da die Unternehmen lediglich ein halbes Jahr lang die Wiederbeschäftigung garantieren mussten (vgl. Bundesministerium für Familie, Senioren, Frauen und Jugend 2008, S. 11f.), waren die Rückkehrmöglichkeiten in die vormalige Berufstätigkeit sehr beschränkt. Mit einem sechsmonatigen Säugling lässt sich eine Erwerbstätigkeit ohne ein entsprechend ausgebautes Kinderbetreuungssystem kaum verbinden.

12 In der Literatur finden sich auch weitere Bezeichnungen, zum Beispiel spricht Jürgen Wittpoth von »modernisierte[r] Versorgerehe« (2007, S. 358).

3.1.2 Erziehungsurlaub

Die Väter wurden erstmals im Jahre 1986 durch das Bundeserziehungsgeldgesetz eingebunden (vgl. Vaskovics, Rost 1999, S. 13). Der Mutterschaftsurlaub wurde in Erziehungsurlaub umgewandelt, dessen Dauer von ursprünglich zehn Monaten stufenweise (über zwölf bzw. 18 Monate) auf maximal 36 Monate ab dem Jahr 1992 verlängert wurde (vgl. ebd.). Weiterhin hatten die Eltern die Möglichkeit, sich bis zu drei Mal (vor dem Jahr 1992 galt ein Mal) bei der Nutzung des Erziehungsurlaubs abzuwechseln (vgl. ebd.). Doch diese Wechselmöglichkeit wurde im Jahre 1992 nur von 0,46 Prozent aller berechtigten Eltern genutzt (vgl. ebd., S. 26). Der Anteil der Väter am Erziehungsurlaub betrug im Jahre 1987 in den alten Bundesländern 0,68 Prozent und steigerte sich bis zum Jahr 1994 auf 1,46 Prozent für Gesamtdeutschland (vgl. ebd.). Eine für Deutschland repräsentativ angelegte quantitative Studie, die im Jahre 1996 unter der Leitung von Laszlo Vaskovics durchgeführt wurde, ergab, dass es hauptsächlich finanzielle Gründe waren, die bewirkten, dass die Väter keinen Erziehungsurlaub nahmen (vgl. ebd., S. 44). Vor der Geburt des ersten Kindes verdienten drei Viertel der befragten Männer (78 Prozent) deutlich mehr als ihre Ehefrau (vgl. ebd.). Das damalige Erziehungsgeld hätte die Einkommensverluste nicht ausgeglichen. Der Vater sah sich demnach in der Rolle des Haupternährers bestätigt und hatte wenig Anreiz, sich für die Kinderbetreuung beurlauben zu lassen.

3.1.3 Elternzeit

Um die Ernährerrolle des Vaters zu relativieren, wurde im Jahre 2001 der Erziehungsurlaub in die Elternzeit überführt. Die Eltern konnten gleichzeitig bis zu drei Jahren Elternzeit nehmen und jeweils bis zu 30 Stunden pro Woche in Teilzeit arbeiten (vgl. Bundesministerium für Familie, Senioren, Frauen und Jugend 2008, S. 13). Durch den neuen Rechtsanspruch auf Teilzeitarbeit in Betrieben mit mehr als 15 Mitarbeiterinnen und Mitarbeitern sollte die Einbindung des Vaters darüber hinaus verstärkt werden (ebd.). Insgesamt erhöhte sich durch diese Neuregelungen der Anteil der Väter, die die Elternzeit in Anspruch nahmen, bis auf 3,5 Prozent Ende des Jahres 2006 (vgl. Deutscher Bundestag 2008, S. 19).

3.1.4 Elterngeld

Da auch durch die neu eingeführte Elternzeit das Einkommensdefizit enorm blieb – so erreichten Familien mit mittlerem Einkommen ca. 70 Prozent und Familien im hohen Einkommensbereich nur noch rund 60 Prozent des ursprünglichen Budgets –, wurde zum 01. Januar 2007 das Elterngeld eingeführt (vgl. Deutscher Bundestag 2008, S. 6). Das ausdrückliche Ziel dieser familienpolitischen Maßnahme ist die Vereinbarkeit von Familie und Beruf, wobei das neue Elterngeld eine Betreuung des neugeborenen Kindes ermöglichen soll, ohne »allzu große Einkommenseinbußen fürchten zu müssen« (ebd., S. 5). Diese Zielsetzung ist laut Bericht der Bundesregierung vom 30.10.2008 »weitgehend erfüllt [...] – vor allem Familien mit niedrigem und mittlerem Einkommen verzeichnen wenig Verluste; bei höheren Einkommen sind leichte Verluste zu verzeichnen, die allerdings sehr viel geringer ausfallen als noch beim Erziehungsgeld« (ebd., S. 20f.). Eine Förderung der partnerschaftlichen Aufgabenteilung in der Betreuung des Neugeborenen wird dadurch angestrebt, dass sich die Gesamtbezugsdauer des Elterngeldes nur dann von zwölf auf 14 Monate verlängert, wenn sich auch der Partner bzw. die Partnerin beteiligt und »sich in mindestens zwei Bezugsmonaten das Erwerbseinkommen mindert« (ebd., S. 7).

Nach diesem kurzen geschichtlichen Abriss der familienpolitischen Neuregelungen wird die aktuelle Situation kritisch beleuchtet. Hierzu werden die Daten von zwei vorliegenden empirischen Studien[13] aus einer anderen Perspektive interpretiert, indem die von den jeweiligen Autoren teilweise oder gänzlich *unkommentierten* Ergebnisse eingehender analysiert werden. Das anknüpfende Kapitel 3.2 widmet sich der Frage: Wie stellt sich nach fast dreißig Jahren, begonnen im Jahre 1979 mit dem Mutterschaftsurlaubsgesetz bis zum Jahr 2007 mit der Ablösung des Erziehungsgeldes durch das Elterngeld, das Projekt »Vereinbarkeit von Familie und Beruf« in Deutschland dar?

[13] Die Auswahl stützt sich auf aktuelle, durch die Bundesregierung initiierte bzw. geförderte, Forschungsprojekte. Im Einzelnen sind das die im Jahre 2009 erschienenen Studien »Männer in Bewegung. Zehn Jahre Männerentwicklung in Deutschland« (Volz et al. 2009) und der »Evaluationsbericht Bundeselterngeld- und Elternzeitgesetz 2009« (Bundesministerium für Familie, Senioren, Frauen und Jugend 2009c).

3.2 *Auswirkungen der neuen Elterngeldregelung – eine alternative Betrachtung*

Unstrittig ist, dass der Anteil der Väter, die eine Auszeit von der Erwerbstätigkeit nehmen, von 0,68 Prozent im Jahre 1987 (vgl. Vaskovics, Rost 1999, S. 13) bis auf 20,7 Prozent Ende des dritten Quartals 2009 gestiegen ist (vgl. Bundesministerium für Familie, Senioren, Frauen und Jugend 2009d). Cyprian (2007) weist darauf hin, dass sich jedes Ergebnis abhängig vom Blickwinkel unterschiedlich deuten lässt (ebd., S. 33). Sie fragt zum Beispiel, ob »die Erhöhung der Anzahl der Väter, die in den letzten Jahren Elternzeit wahrnehmen, als sensationelle Verdoppelung oder als bescheidener Anstieg von nur wenigen Prozentpunkten zu werten [ist; A.M.]?« (ebd.). Betrachtet man die große Teilgruppe (75,1 Prozent) der Väter, die nur die zwei Partnermonate (und mehrheitlich in den Sommermonaten) in Anspruch nehmen, drängt sich die letztere Einschätzung, »bescheidener Anstieg«, auf (vgl. Statistisches Bundesamt 2009b, Tabelle 2 und 12). Welche weiteren Änderungen in der Rollenteilung zwischen den Geschlechtern lassen sich benennen, die der Einführung des Elterngeldes geschuldet sein könnten?

3.2.1 Erwerbstätigkeit als Quelle der weiblichen Unabhängigkeit?

In Deutschland ist trotz Elterngeld, das als Lohnersatzleistung gerade auch den Frauen einen Wiedereintritt in die Erwerbsarbeit nach einer kurzen Pause ermöglichen soll, eine bemerkenswerte Entwicklung in Bezug auf die Einstellung zur weiblichen Erwerbstätigkeit zu beobachten. In der u.a. vom BMFSFJ finanzierten Studie »Männer in Bewegung. Zehn Jahre Männerentwicklung in Deutschland«, verfasst von Rainer Volz und Paul M. Zulehner, die im März 2009 veröffentlicht wurde, stimmten im Jahre 2008 67 Prozent der Frauen und damit drei Prozent *weniger* als im Jahre 1998 dem Item zu: »Berufstätigkeit ist der beste Weg für eine Frau, um unabhängig zu sein« (Volz et al. 2009, S. 26). Auch bei den Männern *verringerte* sich der Anteil der Befürworter von 56 Prozent auf 54 Prozent (vgl. ebd.). Den Zielen der deutschen Familienpolitik, die mit dem Elterngeld verfolgt werden, folgend, wäre zu erwarten gewesen, dass beide Geschlechter dieser These in einem weitaus *höheren* Maße als noch im Jahre 1998 zustimmen. Noch nachdenklicher stimmt ein detaillierter Blick auf die Zusammensetzung der Frauen und Männer nach Typen. Volz und Zulehner haben mithilfe einer Clusteranalyse vier unterschiedliche Geschlechtsrollentypen errechnet, die sie mit »Teiltraditionelle«, »Balancierende«, »Suchende« und »Moderne« bezeichnen (ebd., S. 28). Sie fügen hinzu, dass die Benennungen »nicht unumstritten« sind und »eine interpretatorische Entscheidung der Forschenden« darstellen[14] (ebd.). Erstere umfassen Frauen und Männer, »die überwiegend an *traditionellen* Rollenbildern orientiert sind« (ebd.; Hervorhebung im Original). Dieser Typus verkörpert den einen Pol. Gegenüberliegend finden sich »Personen jenes Typs [...], der traditionelle Bilder ablehnt und *moderne* Auffassungen bevorzugt« (ebd.; Hervorhebung im Original). Zwischen diesen beiden Polen stehen zum einen jene, »die in pragmatischer Weise *balancierend* (selektiv) traditionelle wie moderne Positionen verknüpfen«, und solche, »die mit den herkömmlichen Rollenbausteinen nichts mehr und mit den modernen noch nichts bzw. auch nichts anfangen können« und von den Urhebern als die »*Suchenden*« bezeichnet werden (ebd.; Hervorhebungen im Original).

Angesichts dieser Typenbeschreibungen könnte man vermuten, dass die »Modernen« sowie die »Balancierenden« ihre Zustimmung zu dem Item, dass auf die Unabhängigkeit der Frau mittels Berufstätigkeit fokussiert ist, gegenüber den »Teiltraditionellen« erhöht haben. Ebenso sollten die »Suchenden«, ermutigt durch die Elternzeit (seit dem Jahr 2001) und das Elterngeld (seit dem Jahr 2007), das Item vermehrt bestätigen. Doch genau das Gegenteil ist der Fall. Beide Geschlechter, die dem Typus der »Modernen« zuzuordnen sind, stimmen *weniger* als im Jahre 1998 zu: Die Quote der Frauen *sinkt* von 85 Prozent auf 80 Prozent, die der Männer von 75 Prozent auf 73 Prozent[15] (vgl. ebd., S. 32). Auch bei den »Balancierenden« *verringert* sich der Anteil, wenn auch nur jeweils um einen Prozentpunkt (vgl. ebd.). Bei den »Suchenden« zeigt sich dieser Trend noch drastischer: Lediglich 21 Prozent der Frauen (im Jahre 1998 34 Prozent)

---

[14] Volz und Zulehner haben in ihrer Vorgängerstudie »Männer im Aufbruch« aus dem Jahr 1998 etwas andere Benennungen gewählt. Zum Beispiel haben sie den Geschlechtsrollentyp »suchend« noch mit »unsicher« betitelt (Volz et al. 2009, S. 33). Speziell diese Notation kritisiert Cyprian (2007) als wenig »weiterführend«, ebenso wie die Typisierung an sich, die »scheinbar autonome Einzelpersonen« impliziert. Cyprian fordert ergänzende »paar- bzw. familienbezogene und milieuspezifische Strategietypen« (ebd., S. 35).

[15] Die Prozentangaben beziehen sich auf die Skalenwerte 1 (trifft voll zu) und 2 (trifft zu) auf einer fünfteiligen Skala (vgl. Volz et al. 2009, S. 32).

und 22 Prozent der Männer (im Jahre 1998 31 Prozent) sind der Meinung, dass die Berufstätigkeit der Frau wichtig für ihre Unabhängigkeit sei (vgl. ebd.). Darüber hinaus überrascht, dass bei den »Teiltraditionellen« *mehr* Personen (56 Prozent zu vormals 49 Prozent) zustimmen, allerdings nur Männer; »teiltraditionelle« Frauen bejahen zu stabilen 55 Prozent das Item (vgl. ebd.). Volz und Zulehner kommentieren dieses Ergebnis bei den »Teiltraditionellen« mit der Frage »Bestimmt das Sein das Bewusstsein?« (ebd., S. 31). Sie spielen darauf an, dass diese Gruppe »wohl auch aus finanzieller Notwendigkeit, weil immer weniger Familienhaushalte mit *einem* Einkommen allein ihr Auskommen finden« diese Position übernommen hat (ebd.; Hervorhebung im Original). Die Veränderungen im Antwortverhalten bei den anderen Typen in Bezug auf die Frage zur Unabhängigkeit der Frau mittels Berufstätigkeit werden in dem Forschungsbericht nicht diskutiert. Das kann sicher nicht an der Höhe der Prozentpunkte liegen, da die Veränderungen bei den »Suchenden« mit 13 Prozentpunkten bei den Frauen und neun Prozentpunkten bei den Männern stärker ausfallen als die von Volz und Zulehner kommentierten sieben Prozentpunkte Unterschied bei den »teiltraditionellen« Männern[16].

Zusammenfassend lässt sich feststellen: Es haben offenbar Entwicklungen stattgefunden, die die Rollenteilung zwischen den Geschlechtern berühren, allerdings nicht in die von den Verantwortlichen der deutschen Familienpolitik intendierten Richtung. Denn zumindest die Gruppe der »Modernen« sollte sich durch die neuen Instrumente der Elternzeit und des Elterngeldes bestätigt fühlen – bildlich gesprochen – auf dem Weg zu einem egalitären Geschlechterverhältnis voranzuschreiten und nicht wieder umzukehren, wie die gesunkene Zustimmung zur Unabhängigkeitsthese vermuten lässt. Gibt es weitere Hinweise, ob das Elterngeld die »Erfolgsgeschichte« ist, als die es seitens des BMFSFJ positioniert wird (Bundesministerium für Familie, Senioren, Frauen und Jugend 2009b)?

---

[16] In einem Artikel auf taz.de, anlässlich der Pressekonferenz, die die damalige Familienministerin Ursula von der Leyen der Studie »Männer in Bewegung« widmete, findet sich die folgende kritische Stellungnahme: »Die Studie ebenso wie ihre Kommentierung durch Rainer Volz spiegelt einen allgemeinen Trend in der omnipräsenten Männerfrage wider: Bislang ist die öffentliche Meinung wild entschlossen, stets das Positive zu betonen« (Kappert 18.03.2009).

3.2.2 Partnermonate als Weg zu einer höheren Väterbeteiligung?

Im Februar 2009 wurde durch die Bundesregierung eine weitere Untersuchung mit dem Titel »Evaluationsbericht Bundeselterngeld- und Elternzeitgesetz 2009« beauftragt[17] (vgl. Bundesministerium für Familie, Senioren, Frauen und Jugend 2009c, S. 5). Die befragten Mütter wurden auch um Angaben zu möglichen Weiterentwicklungen des Elterngeldes gebeten. Neben monetären Maßnahmen in der sechs Punkte umfassenden Liste waren zusätzliche Partnermonate den Befragungsteilnehmerinnen *weniger* wichtig als eine Verlängerung der Bezugsdauer des Elterngeldes bei gleichzeitiger Erwerbstätigkeit in Teilzeit; nur jede sechste Frau (16 Prozent) zählte die Ausweitung der Partnermonate zu den wichtigsten drei Maßnahmen, im Gegensatz zu jeder vierten Frau (26 Prozent), die das Teilzeit-Elterngeld wünschte (vgl. ebd., S. 41). Dazu passt auf den ersten Blick das Ergebnis, dass fast die Hälfte der Mütter (49 Prozent) angab, *keinen* Einfluss der Partnermonate auf die Intensität der Bindung zwischen Partner und Kind festgestellt zu haben (vgl. ebd., S. 22). Ein zweiter Blick auf die Zeitdauer, die der Partner mit dem Kind verbracht hat, verwundert etwas. Zwei Drittel der Frauen (67 Prozent) sagten, dass der Partner *ohne* die Partnermonate *weniger* Zeit mit dem Kind verbracht hätte (vgl. ebd.). Mit anderen Worten: Die Quantität der väterlichen Kinderbetreuung, gemessen anhand der mehr verbrachten Zeit mit dem Kind, entspricht *nicht* der Qualität der väterlichen Fürsorge, gemessen an der Intensität der Bindung zwischen Partner und Kind.

Schaut man sich zusätzlich die Aufteilung der Kinderbetreuung im ersten Lebensjahr des Kindes zwischen den Partnern an, wird die Wertung der Bindungsintensität seitens der Mütter etwas verständlicher. Ein Vater *mit* Partnermonaten beteiligt sich an der Kinderbetreuung zu durchschnittlich 23 Prozent, während ein Vater *ohne* Partnermonate durchschnittlich 8 Prozent Betreuungsanteil übernimmt (vgl. ebd., S. 23). Zusammengefasst zeigt sich: Der Umfang der Kinderbetreuung, den ein Vater mit Partnermonaten erzielt (von gut einem Fünftel der Gesamtbetreuung), scheint aus Sicht der Mutter nicht als ausreichend für

[17] Die Bundesregierung hat 2007 ein Forschungsprojekt »Evaluation des Gesetzes zum Elterngeld und zur Elternzeit« initiiert, das mehrere Evaluationsschritte vorsieht. Die im Februar 2009 beauftragte Studie ist Bestandteil des dritten Schrittes. Diese Studie hatte den Schwerpunkt, die Arbeitsmarkteffekte und die Vereinbarkeitsplanung von Familie und Beruf zu analysieren (vgl. Deutscher Bundestag 2008, S. 5).

einen stärkeren Aufbau der Bindungsintensität zwischen Vater und Kind empfunden zu werden. Die auch durch dieses Resultat etwas verhalten anmutende »Erfolgsgeschichte« (Bundesministerium für Familie, Senioren, Frauen und Jugend 2009b) spiegelt sich ebenfalls in dem Fazit der Evaluationsstudie, dass »die Vermutung nahe[liegt], dass das Elterngeld erst im Zusammenspiel mit einer umfassenderen Betreuungsinfrastruktur sowie flexibleren Arbeitszeitmodellen seine volle Wirkung entfalten wird« (Bundesministerium für Familie, Senioren, Frauen und Jugend 2009c, S. 47), wider.

3.2.3 Fazit der alternativen Betrachtung

Als Fazit, wie sich das Projekt »Vereinbarkeit von Familie und Beruf« in Deutschland nach dreißig Jahren präsentiert, lässt sich m. E. festhalten, dass die auf den Weg gebrachten familienpolitischen Maßnahmen offensichtlich nicht in dem Maße wie ursprünglich beabsichtigt die Realität der deutschen Familien verändert haben. Drei Punkte möchte ich summarisch hervorheben: (1) Väter nutzen nur sehr *begrenzt* die Elternzeit; begrenzt sowohl nach der Zahl der Väter als auch begrenzt in der zeitlichen Dauer. (2) Frauen *und* Männer sehen trotz aller »modernen« Bekenntnisse die weibliche Berufstätigkeit *nicht* als so *bedeutend* an, wie sie die Vertreterschaft der deutschen Familienpolitik verstanden haben will. Deren Anliegen drückt sich zum Beispiel in der Überlegung aus, dass »[k]ürzere Erwerbsunterbrechungen [...] vor allem Frauen [helfen; A.M.], ihre Rente zu erwirtschaften« (Deutscher Bundestag 2008, S. 23). (3) Die Bestrebung der Bundesregierung, »die Väterbeteiligung an der Kinderbetreuung weiter zu stärken« (ebd., S. 27), rückt in ein anderes Licht, wenn die Mehrheit der Mütter *keine* zusätzlichen Partnermonate wünscht.

Nach diesen kritischen Anmerkungen ist es aufschlussreich, die Entwicklung hinsichtlich der Vereinbarkeit von Familie und Beruf im europäischen Vergleich zu betrachten. Ein Schwerpunkt soll anschließend auf die skandinavischen Länder[18] gelegt werden. Bereits seit Beginn der 1980er-Jahre ist in diesen Ländern eine umfassende staatliche Vollbeschäftigungsförderung für beide Ge-

[18] In Anlehnung an den internationalen Vergleichsbericht zum Elterngeld und zur Elternzeit, herausgegeben vom BMFSFJ, fasse ich die Staaten Dänemark, Norwegen, Schweden und Finnland unter dem Begriff »skandinavische Länder« zusammen (vgl. Bundesministerium für Familie, Senioren, Frauen und Jugend 2008, S. 23).

schlechter umgesetzt (vgl. Hofäcker 2007, S. 165). Die ehemals sozialistischen osteuropäischen Staaten bilden ein zweites Hauptgewicht, da dort zu Zeiten des Sozialismus ähnliche familienpolitische Rahmenbedingungen wie in den skandinavischen Ländern vorherrschten, was Michaela Kreyenfeld (2004), eine Soziologin, explizit betont, indem sie ausführt »it has virtually remained unnoticed that most Eastern European states had introduced similar policies during the time of state socialism« (ebd., S. 3).

Die Überlegungen im anschließenden Kapitel 3.3 werden anhand dreier Leitfragen durchgeführt: (1) Wie gestaltet sich die Väterbeteiligung an der Familienarbeit[19] in diesen beiden europäischen Ländergruppen, die über eine hohe weibliche Erwerbsbeteiligung verfügen bzw. verfügten? (2) Führt eine hohe weibliche Erwerbsquote dazu, dass die Frauen ihre Berufstätigkeit als eine wichtige Quelle der persönlichen Unabhängigkeit empfinden? (3) Lässt sich durch die Erfahrungen anderer europäischer Länder erkennen, welche weiteren Schritte in der deutschen Familienpolitik Erfolg versprechend erscheinen, um die Gleichstellung beider Geschlechter in Familie und Beruf zu erreichen?

3.3 Väterbeteiligung an der Familienarbeit in ausgewählten europäischen Ländern

Nachdem Schweden als erstes Land der Welt im Jahre 1974 eine geschlechtsneutrale Elternurlaubsregelung eingeführt hat (vgl. Duvander, Andersson 2005, S. 4), hat – wenngleich fast dreißig Jahre später – auch der Europäische Rat im Jahre 2000 die Mitgliedstaaten der Europäischen Union aufgefordert, »Strategien zur Förderung einer ausgewogenen Teilhabe von Frauen und Männern am Berufs- und Familienleben festzulegen« (Europäischer Rat 2000). Mehrere familienpolitische Rahmenrichtlinien dienen der Steuerung der Strategieentwicklung in den einzelnen Staaten der Europäischen Union, darunter zum Beispiel die »Prüfung der Möglichkeit, männlichen Arbeitnehmern ein Recht auf Vater-

[19] Ich verwende den Ausdruck »Familienarbeit« als Oberbegriff für diverse Haushaltstätigkeiten, wie zum Beispiel Zubereitung von Mahlzeiten, Gartenarbeit etc. sowie Kinderbetreuung. Das Statistische Bundesamt subsumiert die genannten (und weitere) Tätigkeiten zu dem Oberbegriff »Haus- und Familienarbeit« und verwendet diese Tätigkeitenliste für die Zeitbudgeterhebungen (vgl. Statistisches Bundesamt 2003, S. 13).

schaftsurlaub [...] zuzuerkennen sowie Rechte, die ihnen eine stärkere Mitwirkung am Familienleben ermöglichen« (ebd.). Die beiden Maßnahmen in Deutschland, Umwandlung des Erziehungsurlaubs in Elternzeit im Jahre 2001 und dann im Jahre 2007 die Einführung der zwei Partnermonate zusammen mit dem neuen Elterngeld, sind vor diesem Hintergrund einzuordnen und erwecken dadurch den Eindruck einer »verordneten Modernisierung«.

Ausgehend von der ersten oben formulierten Leitfrage, soll eruiert werden, wie die Väter in den skandinavischen Ländern konkret eingebunden werden, um die angestrebte Gleichstellung der Mütter und Väter an der Erwerbs- und Familienarbeit zu erreichen. Die Ausführungen des folgenden Kapitels 3.3.1 stützen sich überwiegend auf den internationalen Vergleichsbericht zum Elterngeld und zur Elternzeit (vgl. Bundesministerium für Familie, Senioren, Frauen und Jugend 2008).

3.3.1 Umfang der Elternzeitnutzung durch die Väter

Schweden, Finnland und Norwegen führten sogenannte »Vatermonate« ein, um dem Ziel der paritätischen Teilnahme der Mütter und Väter an der Erwerbs- und Familienarbeit näher zu kommen (Bundesministerium für Familie, Senioren, Frauen und Jugend 2008, S. 23). In *Dänemark* wurden im Jahre 1997 zwei zusätzliche, nur dem Vater zustehende Wochen eingeführt, aber bereits im Jahre 2002 wieder abgeschafft (vgl. ebd., S. 28). Den dänischen Eltern stehen seit dem Jahr 2002 siebeneinhalb Monate (32 Wochen) Elternzeit zu, die beliebig zwischen beiden aufteilbar sind (vgl. ebd., S. 29). Von der gesamten Elternzeit nahmen im Jahre 2004 dänische Väter einen nur marginalen Anteil von 4,7 Prozent in Anspruch (vgl. ebd., S. 30). In *Schweden* war ab dem Jahr 1995 ein Monat von den insgesamt zur Verfügung stehenden 16 Monaten (480 Tage) für den Vater reserviert, seit dem Jahr 2002 können zwei Monate (60 Tage) beansprucht werden, die nicht auf den Partner bzw. die Partnerin übertragbar sind (vgl. ebd., S. 25f.). Im Jahre 2004 lag die durchschnittliche Anzahl der Tage, die ein schwedischer Vater von den zwei Monaten tatsächlich nutzte, bei lediglich 32 Tagen, und der Anteil der Väter an allen Elternzeitnutzern lag bei 43,2 Prozent (vgl. Duvander, Andersson 2005, S. 21). *Finnland* führte im Jahre 1978 als erstes Land der Welt Vatertage und Vaterschaftsgeld ein (vgl. Bundesministerium für Familie, Senioren, Frauen und Jugend 2008, S. 31). Das Vatergeld, das für maximal 18 Tage gezahlt wird, nahmen im Jahre 2005 70 Prozent der berechtigten finnischen Väter in Anspruch (vgl. ebd., S. 32). Das Angebot des Elterngeldes, das seit dem Jahr 1980 für maximal sechs Monate gezahlt wird und sowohl vom Vater als auch der Mutter bezogen werden kann (allerdings nicht gleichzeitig), wird im Gegensatz dazu nur von zwei bis drei Prozent aller anspruchsberechtigten finnischen Väter genutzt (vgl. ebd.). Bislang klingen die genannten Anteile der Väter, die sich an der Kinderbetreuung beteiligen, recht bescheiden in Anbetracht der in den skandinavischen Ländern angestrebten Gleichstellung der Mütter und Väter an der Erwerbs- *und* Familienarbeit. Wie zeigt sich die Lage in *Norwegen*, das in der bisher referierten Länderstudie des BMFSFJ besonders ausführlich betrachtet wird (doch ohne diese Entscheidung explizit zu begründen)? Die sechswöchige Vaterzeit wurde im Jahre 1993 eingeführt; die Elternzeit, die seit Ende der 1980er-Jahre kontinuierlich ausgedehnt wurde, umfasst seit dem Jahr 2007 12,5 Monate (54 Wochen) bei achtzigprozentiger Lohnfortzahlung bzw. zehn Monate (44 Wochen) bei hundertprozentiger Lohnfortzahlung (vgl. ebd. S. 35). Der Trend einer nur beschränkten Nutzung der Elternzeit durch den Vater, wie er ebenso in Deutschland zu verzeichnen ist, bestätigt sich ebenfalls. Die anspruchsberechtigten norwegischen Väter bezogen im Jahre 2006 durchschnittlich nur 23 Tage von der ihnen insgesamt zustehenden sechswöchigen Vaterzeit Elterngeld, das entspricht lediglich 7,7 Prozent der gesamten bezahlten Elternzeit, die norwegische Eltern in Anspruch genommen haben (vgl. ebd., S. 43).

Führt man sich vor Augen, dass die Vaterzeit in den betrachteten skandinavischen Ländern teilweise schon seit *dreißig* Jahren implementiert ist, andererseits der für die Väter reservierte Zeitraum von ihnen nur *partiell* genutzt wird, fällt eine Prognose für die Entwicklung hinsichtlich der Nutzung der Partnermonate durch die deutschen Väter nicht sehr optimistisch aus. Die reine Hoffnung, der Umfang der Väterbeteiligung würde sich *automatisch* erhöhen, wenn bloß geduldig gewartet werde, hat sich jedenfalls in den skandinavischen Ländern nicht erfüllt. Festzuhalten bleibt aber, dass in *Norwegen* der Zuspruch der Väter zur speziellen Vaterzeit mit 89 Prozent im Jahre 2006 am höchsten ausfällt (ebd., S. 42), im Vergleich zu *Finnland* mit 70 Prozent im Jahre 2005 (vgl. Bundesministerium für Familie, Senioren, Frauen und Jugend 2008, S. 32),

Schweden mit 43,2 Prozent im Jahre 2004 (vgl. Duvander, Andersson 2005, S. 21) und *Deutschland* mit 20,7 Prozent Ende des dritten Quartals 2009 (vgl. Bundesministerium für Familie, Senioren, Frauen und Jugend 2009d). Aufgrund dieser hohen Anteile der Väter, die die speziell für sie reservierte Elternzeit nutzen, werden u. a. die skandinavischen Länder in der Literatur häufig als Paradebeispiel für ein egalitäres Geschlechtermodell angeführt (vgl. z. B. Kreyenfeld 2004, S. 3; Hoem 2005, S. 6). Eine gleichgestellte Geschlechterbeteiligung in Erwerbs- und Familienarbeit sollte sich auch in den damit verbundenen individuellen Einstellungen der Frauen und Männer ausdrücken. Es ließe sich ableiten, dass Frauen in Ländern mit hoher weiblicher Erwerbsquote ihre Berufstätigkeit als eine wichtige Quelle der persönlichen Unabhängigkeit empfinden. Lässt sich diese Annahme empirisch untermauern?

3.3.2 Erwerbstätigkeit als Quelle der weiblichen Unabhängigkeit?

In diesem Zusammenhang erscheint überraschend, dass sowohl in Ungarn als auch in Norwegen, beides Staaten, die eine hohe weibliche Erwerbsbeteiligung verzeichneten bzw. verzeichnen, im Jahre 2002 nur etwas mehr als 40 Prozent der Meinung sind, dass Erwerbstätigkeit Frauen unabhängig macht[20] (vgl. Hofäcker, Lück 2004, S. 14). Wie lässt sich erklären, dass fast 60 Prozent der ungarischen und norwegischen Frauen in einer Erwerbstätigkeit *keinen* Königsweg zu ihrer persönlichen Unabhängigkeit sehen? Hofäcker, Lück (2004) finden in ihrer Datenanalyse des ISSP (»International Social Survey Program«), dass »sich die Zustimmung zu weiblicher Erwerbstätigkeit nicht selten umgekehrt proportional zu deren faktischer Etablierung [verhält; A.M.]. Frauen *befürworten* sie vor allem in *den* Ländern, in denen sie *geringer* verbreitet ist« (ebd., S. 15; Hervorhebungen A.M.). Die oben referierte Zustimmungsquote der deutschen Frauen (siehe 3.2.1) fügt sich gut in die Feststellung von Hofäcker und Lück ein: In Deutschland ist die Erwerbsquote der Frauen *geringer* als in Norwegen[21], die Zu-

---

[20] Die Prozentangaben stützen sich auf die Datenbasis des »International Social Survey Program« (ISSP), die Hofäcker, Lück (2004) für Frauen im Alter zwischen 25 und 50 Jahren ausgewertet haben (vgl. ebd., S. 14). Der genaue Fragetext lautete: »Having a job is the best way for a woman to be an independent person« (ebd.). Die Prozentzahlen beziehen sich auf die Skalenwerte 1 (»strongly agree«) und 2 (»agree«) auf einer fünfteiligen Skala (ebd.).

[21] Die Frauenerwerbsquote (weibliche Erwerbspersonen bezogen auf die weibliche Bevölke-

stimmung zu der weiblichen Berufstätigkeit aber *höher* (67 Prozent in Deutschland im Jahre 2008 zu 40 Prozent in Norwegen im Jahre 2002). Dirk Hofäcker und Detlev Lück vertagen die Antwort auf die Frage nach der Diskrepanz zwischen der institutionellen Realität und den individuellen Einstellungen, indem sie darauf verweisen, dass diese Widersprüchlichkeit »noch einer eingehenderen empirischen Untersuchung« bedarf (ebd.).

Bisher wurde unhinterfragt ein Kausalzusammenhang zwischen einer hohen weiblichen Erwerbsquote und einer ebenfalls hohen Zustimmung zu der Unabhängigkeitsthese angenommen und deshalb eine Diskrepanz konstatiert. Hohe weibliche Erwerbsbeteiligung lässt sich aber auch anders deuten. Betrachtet man die skandinavischen Länder, könnte diese auch durch die kurzen Elterngeldzahlungen bedingt sein, sodass die Mütter gar keine andere Möglichkeit haben, als frühzeitig in den Beruf zurückzukehren, weil der Familienunterhalt durch einen Verdienst alleine nicht abgesichert ist. Ein Gefühl der Unabhängigkeit stellt sich für diese Mütter vermutlich nicht ein. Diese Annahme wird unterstützt durch die Diagnose, dass zum Beispiel 42,5 Prozent der norwegischen Mütter unter 25 Jahren im Jahre 2006 den kürzeren Elterngeldbezugszeitraum von zehn Monaten bei hundertprozentiger Lohnfortzahlung wählten im Vergleich zu 22,3 Prozent in der Altersgruppe der 35- bis 39-Jährigen Mütter (vgl. Bundesministerium für Familie, Senioren, Frauen und Jugend 2008, S. 41f.). Die Verfasser der Länderstudie führen dieses Ergebnis u. a. darauf zurück, dass »sich Eltern unter 25 Jahren teilweise nicht in festen Lebenspartnerschaften befinden und somit die Unterstützungsstrukturen durch ein zweites Haushaltseinkommen nicht immer gesichert sind« (ebd., S. 41). An dieser Stelle sei noch einmal die oben genannte *tatsächliche* Dauer der durch die Väter beanspruchten Elternzeit in Erinnerung gerufen, die nur einen *geringen* Prozentanteil der gesamten zur Verfügung stehenden Elternzeit ausmacht (siehe 3.3.1). Dieser Befund gestattet es, die Hypothese aufzustellen, dass Frauen in den Staaten mit hoher

---

rung der genannten Altersgruppe) lag im Jahre 2008 in Deutschland bei 53,4 Prozent (im Alter von 15 und mehr Jahren) und in Norwegen bei 70,6 Prozent (im Alter von 15 bis 74 Jahren) (vgl. Statistisches Bundesamt 2009c, S. 694). Da in Norwegen eine andere Altersgruppe den Bezug darstellt, die deutsche Erwerbsquote (geschlechtsneutral) für die Altersgruppe von 65 und mehr Jahren mit vier Prozent (ebd.) aber relativ klein ausfällt, ist die Vergleichbarkeit, wenn auch etwas eingeschränkt, gegeben.

weiblicher Erwerbsquote eine starke Doppelbelastung empfinden, Familie und Beruf zu ihrer Zufriedenheit zu verbinden, wenn die Väter sich wenig an Hausarbeit und Kinderbetreuung beteiligen. Dieses Gefühl der Doppelbelastung könnte sich in der deutlichen Ablehnung der Unabhängigkeitsthese widerspiegeln. Kann diese Hypothese durch empirische Daten belegt werden?

3.3.3 Zeitlicher Aufwand der Väter an der Familienarbeit

Dirk Hofäcker (2007), ein Soziologe, hat die ISSP-Daten, die die Männer betreffen, für das Jahr 2002 analysiert. Schaut man sich die konkreten Zeitangaben an, die Männer in dem Doppelverdienerarrangement[22] für Hausarbeit nennen, fällt auf, dass der durchschnittliche Zeitaufwand für Hausarbeit sowohl in den skandinavischen Ländern als auch in den betrachteten osteuropäischen Staaten[23] ungefähr die *Hälfte* des Aufwandes der Frauen beträgt[24] (vgl. ebd., S. 190). Selbst in der Konstellation, dass die Frau Vollzeit arbeitet und der Mann erwerbslos ist, übernimmt sie in den skandinavischen Ländern noch das 1,4-fache des zeitlichen Aufwandes für die anfallende Hausarbeit, während es in der osteuropäischen Ländergruppe sogar das 2,2-fache ist (vgl. ebd.). Betrachtet man die Einkommensverhältnisse, ändert sich das Bild nur geringfügig: In Skandinavien liegt der zeitliche Mehraufwand für Hausarbeit bei Frauen, die *gleich*, *mehr* oder *viel mehr* verdienen als ihr Partner bei dem 1,3-fachen, bei den osteuropäischen Frauen der zugrunde liegenden Ländergruppe beträgt er das 1,5-fache (vgl. ebd., S. 191). Auch bei der Kinderbetreuung ist der Anteil des zeitlichen Aufwandes der Mütter im Vergleich zu dem der Väter ungefähr doppelt so hoch (vgl. ebd., S. 197). Kurz zusammengefasst: Die Frauen übernehmen, unabhängig von dem eigenen zeitlichen Aufwand für die Berufsarbeit und auch losgelöst von

---

[22] Mit »Doppelverdienerarrangement« bezeichne ich den Sachverhalt, dass beide Partner vollzeitbeschäftigt sind oder der männliche Part der Paarbeziehung in Vollzeit und der weibliche Part in Teilzeit tätig sind. Der umgekehrte Fall ist in Hofäcker (2007, S. 190) nicht ausgewiesen.

[23] Hofäcker (2007, S. 183) hat in der Ländergruppe »Osteuropäisch« in Bezug auf die Hausarbeit die folgenden Staaten subsumiert: Lettland, Polen, Russland, Slowakei, Slowenien, Tschechische Republik und Ungarn.

[24] Die zeitlichen Angaben beziehen sich auf die Selbst- und Fremdeinschätzung der befragten Männer (vgl. Hofäcker 2007, S. 187, Fußnote 22). Hofäcker verweist darauf, dass zusätzliche Analysen anhand der Zeitangaben von Frauen zeigten, dass »diese Werte eine gute Approximation der Haushaltsarbeitsverhältnisse darstellen« (ebd.).

dem Einkommensverhältnis zwischen ihnen und ihren Partnern, einen zum Teil beträchtlich höheren Anteil der anfallenden Hausarbeit und Kinderbetreuung und das sowohl in den skandinavischen Ländern als auch in den ehemals sozialistischen osteuropäischen Staaten, die den Anspruch auf egalitäre Rollenverteilung, zumindest was die Erwerbsarbeit angeht, haben bzw. hatten.

Vergegenwärtigt man sich, dass in den skandinavischen Ländern *fast alle* Männer *und* Frauen das Alleinverdiener-Modell *ablehnen*, während in der osteuropäischen Ländergruppe *fast die Hälfte* der Männer und immer noch *ungefähr jede dritte* Frau einer traditionellen Arbeitsteilung *zustimmt* (vgl. Hofäcker 2007, S. 182f.; Hofäcker, Lück 2004, S. 13), scheinen sich diese kulturellen Einstellungen nicht in dem tatsächlichen Verhalten widerzuspiegeln. Denn aus diesen Einstellungsmustern könnte man schlussfolgern, dass sich in Kulturräumen mit hoher Zustimmung zu dem Alleinverdiener-Modell die Männer wenig bis gar nicht an der Hausarbeit beteiligen, während bei Ablehnung der traditionellen Arbeitsteilung eine egalitäre Hausarbeitsbeteiligungsquote der Männer zu erwarten wäre. Schaut man sich die *absoluten* Wochenstunden an, so ergibt sich der paradoxe Sachverhalt, dass die Männer in der osteuropäischen Ländergruppe mit *hoher* Zustimmung zu dem Alleinverdiener-Modell sogar *mehr* Hausarbeit verrichten (ca. vier bis fünf Stunden in der Woche) als ihre Geschlechtsgenossen in den skandinavischen Staaten (vgl. Hofäcker 2007, S. 190), obwohl in den untersuchten osteuropäischen Ländern die Väter eine »vergleichsweise hohe in Erwerbsarbeit investierte Stundenzahl« leisten (ebd., S. 23, Fußnote 23). Mit anderen Worten: Individuelle Einstellungen zu den Geschlechterrollen können nicht als Indikator für konkretes Handeln herangezogen werden[25].

Die oben formulierte Frage, wie sich – aus Sicht der Frauen – die Diskrepanz einer einerseits hohen Erwerbsbeteiligung der Frauen und der andererseits niedrigen Zustimmung zu einer generellen Erwerbstätigkeit der Frau erklären lässt (siehe 3.3.2), konnte durch die vorangegangene Analyse des Zeitaufwandes für die Familienarbeit, den die Männer erbringen, erhellt werden. Die

---

25 Jens B. Asendorpf (2007) kommt zu ähnlichen Ergebnissen bei seiner Diskussion der Geschlechtsentwicklung und konstatiert, dass »sich Geschlechtsstereotyp, geschlechtstypische Einstellungen und geschlechtstypisches Verhalten so unterschiedlich und weitgehend unabhängig voneinander entwickeln, ist eine Tatsache, die jede Erklärung von Geschlechtsunterschieden berücksichtigen muss« (ebd., S. 393f.).

Hypothese, dass die Abweichung zwischen faktischem Handeln und individuellen Einstellungen infolge der Doppelbelastung der Frauen durch Familie und Beruf bedingt sein könnte, wird durch die berichteten empirischen Daten der betrachteten skandinavischen und osteuropäischen Länder unterstützt.

3.3.4 Fazit des Blicks auf andere Länder

Das in Kapitel 3.2.3 formulierte Ziel bestand darin herauszufinden, inwieweit sich aus den Erfahrungen anderer europäischer Länder lernen lässt. Diese Absicht kann als erreicht bezeichnet werden. Erreicht in Hinblick darauf, dass die Fehlschlüsse der Politikergenerationen anderer Länder nicht unhinterfragt wiederholt werden sollten. Vier Punkte möchte ich hierzu resümieren: (1) Das familienpolitische Instrument »Vatermonate« *reicht nicht*, um die Väter zu einer egalitären Beteiligung an der Familienarbeit zu motivieren. (2) Eine hohe weibliche Erwerbsquote *führt nicht ursächlich* zu einem Gefühl der Unabhängigkeit, das Frauen mit ihrer Berufstätigkeit verbinden könnten. (3) Die Beteiligungsquote der Väter an der anfallenden Familienarbeit *erhöht sich nicht proportional* zur steigenden weiblichen Erwerbsbeteiligung. (4) Die Aufteilung der Familienarbeit zwischen den Geschlechtern *gestaltet sich relativ unabhängig* von den individuellen Einstellungen zu den Geschlechterrollen.

3.4 Zusammenfassung und Diskussion

Das politische Ziel einer »ausgewogenen Teilhabe von Frauen und Männern am Berufs- und Familienleben« wird in Europa (Europäischer Rat 2000) seit mehr als dreißig Jahren verfolgt, begonnen im Jahre 1974 in Schweden mit der ersten geschlechtsneutralen Elternurlaubsregelung (vgl. Duvander, Andersson 2005, S. 4) und umfassend gefordert durch den Europäischen Rat für alle Mitgliedstaaten der Europäischen Union im Jahre 2000 (vgl. Europäischer Rat 2000). Im Verlauf dieses Kapitels wurde durch die kritische Betrachtung spezifischer Daten von ausgewählten aktuellen empirischen Studien gezeigt, dass dieses Ziel (noch) nicht erreicht ist. Die berichteten Befunde sollen nachfolgend zu zwei Phänomenen verdichtet werden, die in der sozialwissenschaftlichen Väter- und Familienforschung diskutiert werden: Das ist zum einen der »Traditionalisierungseffekt« und zum anderen die »Weichensteller-Funktion« der Mütter.

3.4.1 »*Traditionalisierungseffekt*«

Sowohl für Deutschland als auch für die skandinavischen Länder konnte dargelegt werden, dass Väter die Familienarbeit nach der Geburt des (ersten) Kindes weitgehend ihren Partnerinnen überlassen, was Fthenakis et al. (2002) – als eines der Ergebnisse ihrer LBS-Familien-Studie – mit »Traditionalisierungseffekt« bezeichnen (ebd., S. 133; vgl. Faulstich-Wieland 2008, S. 251; Rendtorff 2007, S. 100). Der Erklärungsbedarf hinsichtlich des »Traditionalisierungseffekts« ist in der sozialwissenschaftlichen Väter- und Familienforschung seit der viel zitierten Feststellung von Ulrich Beck (1986), einem Soziologen, über die »*verbale[.] Aufgeschlossenheit* [der Männer; A.M.] *bei weitgehender Verhaltensstarre*«[26] (ebd., S. 169; Hervorhebungen im Original) nach wie vor aktuell, und Daniela Grunow (2007), eine Soziologin, akzentuiert, dass »[b]islang [...] unklar [ist; A.M.], welche sozialen Mechanismen dieses traditionelle Handlungsmuster am stärksten reproduzieren« (ebd., S. 49). Sie verweist auf »zwei Erklärungsmechanismen für die Herausbildung und Persistenz komplementärer Geschlechtsrollen: (1) die relative Ausstattung mit ökonomischen und sozialen *Ressourcen* und (2) gesellschaftliche geschlechtsspezifische *Normen*«[27] (ebd., S. 53; Hervorhebungen im Original). Fthenakis et al. (2002) finden in ihrer Längsschnittuntersuchung, dass »bei der Erklärung des Traditionalisierungseffekts [...] keiner der diskutierten theoretischen Ansätze [Ressourcen- und Normenansätze; A.M.] überzeugen« kann (ebd., S. 132). Die in den vorangegangenen Unterkapiteln referierten – teilweise marginalen – Beteiligungsquoten der Väter an der Elternzeit sowie der Familienarbeit veranschaulichen diese Traditionalisierung des Geschlechterverhältnisses im Übergang zur Elternschaft und das *unabhängig* von den individuellen Einstellungen der Frauen und Männer zu den Geschlechterrollen. Diese Ergebnisse untermauern m. E. die Schlussbemerkung von Barbara

---

[26] Wobei diese Diagnose bereits 1978 von Helge Pross gestellt wurde, dessen nüchterne Erkenntnis »[w]omit sie [die Männer; A.M.] mit ihrem Kopf eintreten, setzen sie in die Tat nicht um« von Ulrich Beck plastischer nachgezeichnet wird (Pross 1978, S. 18, zitiert in Beck 1986, S. 169).

[27] Für einen informativen Überblick der verschiedenen ökonomischen und dazu konkurrierenden geschlechtsspezifischen Theorien familialer Arbeitsteilung siehe Grunow (2007, S. 54–60). Eine umfangreiche Zusammenstellung von empirischen Positiv- bzw. Negativbefunden zu den unterschiedlichen Theorien der familialen Arbeitsteilung haben Fthenakis et al. (2002, S. 100–103) vorgenommen.

Rendtorff (2007), einer feministisch orientierten Erziehungswissenschaftlerin: »Offenbar gibt es momentan ein Nebeneinander von enttraditionalisierten Aspekten, scheinbar und oberflächlich modernisierten und persistenten traditionellen Elementen, das nur schwer zu durchschauen ist.« (ebd., S. 109)

3.4.2 »Weichensteller-Funktion« der Mütter

Der zweite Punkt betrifft die »Weichensteller-Funktion« der Mütter (Fthenakis et al. 2002, S. 142). Diese Übersetzung hat die Autorengruppe der LBS-Familien-Studie für das als »maternal gatekeeping« im angloamerikanischen Raum seit Jahren diskutierte Phänomen vorgeschlagen (vgl. z. B. Beitel, Parke 1998, S. 269). Hiermit ist gemeint, dass Mütter ihren Partnern nicht die Möglichkeit geben (bewusst oder unbewusst), sich an der Familienarbeit zu beteiligen. Ruth Gaunt (2008), eine Soziologin, fasst den wissenschaftlichen Diskurs zu diesem Komplex zusammen: »*Maternal gatekeeping* is commonly defined as mothers' preferences and attempts to inhibit fathers' participation in family work« (ebd., S. 374; Hervorhebungen im Original). Peter Döge (2009), ein Politikwissenschaftler, bedauert, dass »in der bundesdeutschen Geschlechterpolitik das [...] ›maternal gatekeeping‹ noch immer ein Tabuthema und von daher kaum erforscht« sei (ebd., S. 340). Diese randständige Rolle spiegelt sich m. E. auch in der knappen Erwähnung in dem Beitrag von Rendtorff (2007) mit dem Titel »Geschlechteraspekte im Kontext von Familie« im »Handbuch Familie« (vgl. ebd., S. 103). Illustriert wurde die »Weichensteller-Funktion« der Mütter im vorliegenden Kapitel unter Zuhilfenahme der Befunde, dass die Mehrheit der deutschen Mütter *keine* zusätzlichen Partnermonate wünscht und dass ein beachtlicher Teil – in Norwegen und Ungarn sogar die Mehrheit – der betrachteten europäischen Frauen die eigene Berufstätigkeit nicht als Königsweg zu einer persönlichen Unabhängigkeit einschätzt.

4. Biowissenschaftliche Erklärungsansätze - ein neuer Rahmen

Cyprian (2007) stellt in ihrem Überblick über die Väterforschung im deutschsprachigen Raum heraus, dass »grundsätzlich erforderliche[.] Umorientierungen« der bisherigen »Forschungslogik« notwendig seien (ebd., S. 37). Sie sieht in »einer neuen Deutung dieser beklagten Diskrepanz zwischen den Einstellungen und der Verhaltensebene bei Männern« eine »lohnende Forschungsperspektive« (ebd., S. 39). Grunow (2007) fordert in ihrem Fazit zu der These vom Wandel der Geschlechterrollen, dass ein »theoriegeleiteter Beitrag zur Erklärung empirischer Befunde von Persistenz und Wandel rollen-, normen- oder identitätsbezogenen geschlechtsspezifischen Alltagshandelns [...] die Väter- und Familienforschung deutlich nach vorn bringen« würde (ebd., S. 72). Das ist der Punkt, an dem biowissenschaftliche Forschungsergebnisse ins Blickfeld gerückt werden können: Zum einen als eine »neue Deutung« - wie Cyprian (2007) engagiert einfordert - und zum anderen als ein Theorierahmen - wie Grunow (2007) vehement verlangt -, der geeignet ist, die empirischen Befunde des »Traditionalisierungseffekts« und der »Weichensteller-Funktion« der Mütter zu erhellen.

In diesem Kapitel soll der biowissenschaftliche Rahmen abgesteckt werden, in den die spätere Argumentation in Bezug auf eine mögliche Erklärung der empirischen Befunde der Persistenz der Geschlechterrollen eingebettet ist. Als Erstes wird für einen biowissenschaftlichen Ansatz geworben, indem weitverbreitete Kritikpunkte entkräftet werden und ein Angebot gemacht wird, wie die Ableitungslücke zwischen deskriptiven Aussagen und präskriptiven Empfehlungen überwunden werden kann (4.1). Anschließend wird aufgezeigt, wie mithilfe der vier Grundfragen der biologischen Forschung biowissenschaftliche Erkenntnisse grundlegend dazu beitragen können, Lebensphänomene umfassender zu erklären (4.2).

4.1 Plädoyer für einen biowissenschaftlichen Theorierahmen

In der Väter- und Familienforschung wird - teilweise unausgesprochen - von der Prämisse ausgegangen, dass das Geschlecht sozial konstruiert[28] sei. Als Beleg

[28] Ein aktueller Überblick über die Geschlechterforschung ist zum Beispiel in Nüberlin (2008), einer feministisch orientierten Erziehungswissenschaftlerin, zu finden. In dieser Studie er-

kann die Ermittlung der »sozialen Mechanismen« dienen, die das »traditionelle Handlungsmuster am stärksten reproduzieren« (Grunow 2007, S. 49). Dadurch wird verständlich, dass die Herausforderungen der Biowissenschaften dann – wie auf dem 33. Kongress der Deutschen Gesellschaft für Soziologie in Kassel im Jahre 2006 unter dem Leitthema »Die Natur der Gesellschaft« emphatisch diskutiert – eventuell als Kränkung erlebt werden. Das folgende Zitat, entnommen der Einleitung zu den Beiträgen der Arbeitsgruppe »Naturalisierung von Geschlecht«, kann in diesem Sinne interpretiert werden:

> »Der *soziologisch* als *gesichert* angenommene Wissensstand, dass Geschlecht im Kontext von Natur nur ideologiekritisch verhandelt werden kann, wird derzeit neu mit neurobiologischen und evolutionspsychologischen Forschungen konfrontiert. Hier werden Geschlechterdifferenzen (wieder) in Körperfeldern verortet, beispielsweise wenn von unterschiedlichen Hirnaktivitäten auf geschlechtsspezifisch unterschiedliche Fähigkeiten geschlossen wird.« (Löw, Bereswill 2008, S. 512; Hervorhebungen A.M.)

Oder, aus der Sicht von Döge (2009), lässt sich die obige Textstelle auch als eine Flucht vor der biowissenschaftlichen Diskussion »in einen orthodoxen Sozialkonstruktivismus« deuten (ebd., S. 324). Die Suche nach der Ursache des »Traditionalisierungseffekts« wird auf der gesellschaftlichen Ebene vorgenommen. Es wird nicht gefragt, ob Geschlechterdifferenzen bereits vorgeburtlich wirksam werden können und wie diese nach der Geburt in Wechselwirkung mit der sozialen Umgebung stehen und sich entwickeln (vgl. Asendorpf 2008, S. 77f.; Asendorpf 2007, S. 396; Bischof-Köhler 2006, S. 178-194, 347-349). Der Schwerpunkt dieser Studie liegt aber auf den evolutionären Mechanismen: *Warum* gibt es überhaupt zwei Geschlechter und *wozu* unterscheiden sie sich im Verhalten? Es geht um die ultimaten Ursachen, um die zentrale Frage: Hat es unterschiedlichen Selektionsdruck auf die Geschlechter im Laufe der Evolution gegeben (vgl. Bischof-Köhler 2006, S. 339)? Bevor versucht wird, diese Fragestellungen näher zu beleuchten, noch eine Vorwegnahme zweier häufig anzutreffender Kritikpunkte an biowissenschaftlichen Erklärungsansätzen: (1) Der »naturalistische Fehlschluss«, das heißt, »von beobachteten Fakten auf moralische Normen zu schließen« (Lexikon der Biologie 2005), und damit verbunden das Problem der

---

folgt keine Auseinandersetzung mit den »Gender Studies«, da der Fokus auf den evolutionären Mechanismen liegt.

Normsetzung und (2) die scheinbare Vernachlässigbarkeit von überlappenden Verteilungen psychologischer Merkmale bei Frauen und Männern.

4.1.1 Das Problem der Normsetzung

Die Einbeziehung biowissenschaftlicher Erkenntnisse – und das kann nicht deutlich genug hervorgehoben werden – darf nicht in Pauschalaussagen über vermeintliche »natürliche Tatsachen« stecken bleiben. Als ein m. E. treffendes Beispiel für einen naturalistischen Fehlschluss können die Lösungsvorschläge, die Lionel Tiger (2000), ein Anthropologe, für eine »neue Zukunft der beiden alten Geschlechter« unterbreitet, angesehen werden (ebd., S. 283). In seinem Buch »Auslaufmodell Mann«[29] beantwortet er seine selbst gestellte Frage »Wer wird die Kinder großziehen?« wie folgt:

> »Am besten geht man von einer Tatsache aus, die für alle Säugetiere gilt: Kleine Kinder sollten von der Mutter versorgt werden. Das ist der Plan von Mutter Natur. [...] Dieses alte Prinzip der Säugetiere sollte die Grundlage für neue Vorschläge bilden, und zwar nicht weil es logisch oder ideologisch wäre, sondern weil es *biologisch* ist.« (ebd., S. 318; Hervorhebung A.M.)

Nur weil sich in der Evolution ein Verhalten herausgebildet hat, folgt nicht unvermeidlich, dass es richtig wäre (vgl. Vollmer 1995, S. 55f.). Andererseits soll nicht einem »moralistischen Fehlschluss« Vorschub geleistet werden, dem Schluss vom moralischen Sollen auf den biopsychischen Ist-Zustand (Lexikon der Biologie 2005). Es muss klar getrennt werden zwischen dem Erkenntniswert einer Theorie und ihrem Anwendungswert, das heißt, die eventuellen negativen Folgen bei Anwendung eines moralisch wertfreien Wissens dürfen nicht dazu führen, dass von vornherein auf eine potenzielle Welterkenntnis verzichtet wird (vgl. ebd.). Doris Bischof-Köhler (2006), eine Entwicklungspsychologin, bringt diesen Trugschluss prägnant auf den Punkt: »Geschlechtsunterschiede gibt es nicht, weil man sie sonst zur Legitimation von Diskriminierung heranziehen könnte« (ebd., S. 43).

Es bleibt aber, wenn biowissenschaftliche Erklärungsversuche fruchtbar gemacht werden sollen, das Problem der Normsetzung – einer der kantischen

[29] Die amerikanische Originalausgabe erschien im Jahre 1999 unter dem Titel »The decline of males«.

Fragen: »Was soll ich tun?«. Das Angebot von Tiger (2000) wurde bereits als nicht adäquat abgewiesen. Auch andere Autorinnen und Autoren geraten in Gefahr, bestimmten Trugschlüssen zu unterliegen, wenn sie biowissenschaftliche Erkenntnisse für sozialwissenschaftliche Fragestellungen heranziehen. Zum Beispiel beklagt Becker (2006) – als ein zentrales Ergebnis ihrer Untersuchung über die Herausforderung der Erziehungswissenschaften durch die Neurowissenschaften – die weitgehend *unreflektierte* Ableitungslücke zwischen den *deskriptiven* Aussagen der Neurowissenschaften zu den *präskriptiven* Empfehlungen der Erziehungswissenschaftlerinnen und Erziehungswissenschaftler, deren Rezeptionsversuche sie analysiert hat (vgl. ebd., S. 190). Ihrer Meinung nach handelt es sich »nicht um einen naturalistischen Fehlschluss im klassischen Sinne«, sondern sogar noch zugespitzt um einen »*pädagogischen Fehlschluss*«, das heißt, es wird nicht nur von einem Ist-Zustand auf einen Soll-Zustand geschlossen, stattdessen werden zusätzlich »Aussagen über die *einzusetzenden Mittel* getroffen«, die sich aus den neurowissenschaftlichen Erkenntnissen gar nicht ableiten lassen (ebd., S. 207; Hervorhebungen im Original).

Die kantische Frage »Was soll ich tun?« führt unausweichlich – wenn Trugschlüsse, welcher Art auch immer, vermieden werden sollen – zu einer Auseinandersetzung mit den wissenschaftstheoretischen Unterschieden zwischen empirisch erzeugten Erkenntnissen und entsprechenden Handlungsempfehlungen. Hierzu schlägt Gerhard Vollmer (1995) vor, ein Physiker und Philosoph, von einer oder mehreren »Grundnormen« auszugehen, die »ihrerseits nicht mehr begründet« werden[30] (ebd., S. 57). Ein Beispiel soll diesen Gedankengang explizieren. Im Alltag werden häufig unausgesprochen Grundnormen vorausgesetzt. Ein Vater fordert sein Kind auf: »Mach bitte das Fenster zu, es regnet.« Dabei hat der Vater implizit die Grundnorm unterstellt, dass der Raum durch eintretenden Regen nicht nass werden solle. Ihm könnte vorgeworfen werden – in diesem Beispiel selbstverständlich sehr überspitzt –, einen naturalistischen Fehlschluss begangen zu haben, wenn er ausgehend von der Tatsache des Regnens die Hand-

[30] Diese Aussage stellt einen entscheidenden Baustein der Evolutionären Ethik dar, wie sie Mitte der 1980er-Jahre von Hans Mohr, Rupert Riedl, Gerhard Vollmer, Franz Wuketits u. a. wieder aufgegriffen »und zu einer eigenständigen Normtheorie entwickelt« wurde (Lexikon der Bioethik 2000, S. 719). Für eine Diskussion der Möglichkeiten und Grenzen einer Evolutionären Ethik siehe Vollmer (1995, S. 162–192).

lungsempfehlung ausgibt, das Fenster zu schließen. Aber bezieht man das Faktenwissen ein, dass durch Regen Dinge nass werden, *und* verbindet diese Kenntnis mit der Grundnorm »Der Raum soll nicht nass werden«, kann eine weitere Norm »Schließe das Fenster, wenn es regnet« abgeleitet werden. Mithilfe dieses Beispiels lässt sich zeigen, worin ein Beitrag der Vertreterinnen und Vertreter der Biowissenschaften zur Normenbegründung besteht: Ihre Forschungsergebnisse können das Wissen liefern, »mit dessen Hilfe aus Grundnormen weitere Normen gewonnen werden« (ebd., S. 58). Zu diesem Vorschlag sollen zwei wissenschaftskritische Aspekte näher besprochen werden: (1) die Theoriegeladenheit von Fakten (vgl. Schmitz 2006b, S. 197) und (2) die Trennung zwischen Normen und Fakten.

Erstens lässt sich einwenden, dass die sogenannten *Fakten* präziser als »(Zwischen-)Ergebnisse sozialer Konsensbildung« zu beschreiben sind (Bauer 2006, S. 260). In der feministischen Auseinandersetzung mit den Naturwissenschaften[31] wird vor allem die Annahme hinterfragt, »es könne Objektivität im Sinne wertneutraler Erkenntnis geben« (ebd., S. 265). Diese Kritik gilt zweifelsohne auch für alle Fakten der Biowissenschaften, die in der vorliegenden Studie referiert werden. Als einen Ausweg aus dieser Problematik ist die Anregung von Patricia Adair Gowaty zu sehen, einer feministischen Verhaltensökologin und einer Kritikerin bestimmter Schlüsselkonzepte der Soziobiologie. Sie legt dar, dass konstruktive Forschung am ehesten in einem ideologisch heterogen zusammengesetzten Team stattfinde: »One of my favorite ways is to collaborate with others who do not share my overt political commitments« (Gowaty 2003, S. 917). Ein Weg in diese Richtung kann m. E. auch die methodische Vorgehensweise verkörpern, die vier biologischen Grundfragen (Verursachungen, Ontogenese, Anpassungswert, Phylogenese) – wie sie unten in Kapitel 4.2 erläutert werden – an ein zu erklärendes Lebensphänomen zu stellen. Widersprüchliche Resultate, die sich aus deren Beantwortung ergeben, zeigen dann weiteren Forschungsbedarf an.

[31] Für einen Überblick über die *Feministische Naturwissenschaftskritik*, in der Geschlechterforschung mit Wissenschaftsforschung verbunden wird, siehe Robin Bauer (2006, S. 254–262), einen feministisch orientierten Pädagogen.

Zweitens gibt es auch eine andere Position in Hinblick auf das »Legitimationsdilemma der Evolutionären Ethik«, in der die – auch in dieser Studie – vorgenommene *Trennung* zwischen Normen und Fakten kritisiert wird (vgl. Voland 2004, S. 150). Eckart Voland ist der Ansicht, dass die Trennung sowohl »in der konventionellen Evolutionären Ethik ebenso wie in der traditionellen Moralphilosophie« als »nicht mehr konsequent aufrechtzuerhalten« anzusehen sei (ebd., S. 150). Er argumentiert, dass Moral durch Prägungen entstehe, neuronal verschaltet werde und »je nach individuellem Dateninput in sensiblen Phasen ontogenetisch plastisch« sei (ebd., S. 148). Dadurch seien moralische Intuitionen *Fakten*, denn es handele sich um »biologisch evolvierte subkortikale Affekt- und Gefühlsmodule«, die *sind* und nicht *gelten* könnten (ebd., S. 150). Voland beendet seine Erörterung mit der Feststellung, dass sich durch die Ineinssetzung von Moral und emotiven Zuständen »das Legitimationsproblem in Luft aufgelöst« habe und »der Naturalistische Fehlschluß seinen Fokus« verliere (ebd.). Nachfolgend wird dem Gedanken von Vollmer (1995) der Vorzug gegeben.

An dieser Stelle soll an die Zielsetzung der »ausgewogenen Teilhabe von Frauen und Männern am Berufs- und Familienleben«, niedergeschrieben vom Europäischen Rat, erinnert werden (Europäischer Rat 2000). Diese Zielvorstellung werde als eine Grundnorm im Sinne von Vollmer (1995) erwogen, dann helfen Kenntnisse, wie von den Biowissenschaften bereitgestellt, weitere und konkretere Normen als Gebote und Verbote aus der Grundnorm in Verbindung mit dem Faktenwissen zu gewinnen. Angewendet auf die Thematik dieser Studie lässt sich dann aus einem Faktenwissen (1) zu biologischen Geschlechtsunterschieden – wie sie zum Beispiel Bischof-Köhler (2006) herausgearbeitet hat – und (2) den empirischen sozialwissenschaftlichen Befunden des »Traditionalisierungseffekts« und der »Weichensteller-Funktion« der Mütter (3) in Verbindung mit der genannten Grundnorm (4) ein Gebot gewinnen: »*Gleichbewertung bei beibehaltenen Unterschieden*« (Bischof-Köhler 2006, S. 43; Hervorhebungen im Original) oder im Wortlaut nach Döge (2009): »Unterschiedlichkeit, benachteiligungsfrei gestaltet« (ebd., S. 339). Eine mögliche Umsetzung dieses so abgeleiteten Gebots könnte bedeuten, dass Frauen, die sich in bestimmten Lebensabschnitten überwiegend der Mutterrolle zuwenden möchten, und Männer, die Lebensabschnitte überwiegend der Vaterrolle widmen, sowie Frauen und Männer, die Lebensphasen mit Berufsarbeit und / oder Aus- und Weiterbildung, entweder ausschließlich oder zusätzlich zu anderen Tätigkeiten, füllen möchten, aufgrund dieses Gebots gesellschaftlich nicht nur vorstellbar, sondern explizit in ihrer »Normalität« akzeptiert wären und durch gesellschaftliche Institutionen bei der Ausübung dieser Aufgaben unterstützt würden. Durch die geschilderte Vorgehensweise in Bezug auf eine Normenbegründung könnte m. E. die Ableitungslücke zwischen den deskriptiven Aussagen der Biowissenschaften und einer präskriptiven Empfehlung, wie zum Beispiel »Gleichbewertung bei beibehaltenen Unterschieden«, überbrückt werden. Dieses Gebot beinhaltet, *dass* Unterschiede zwischen den Geschlechtern bestehen. Es ergibt sich die Frage: Wie groß muss die Kluft sein, damit sie wissenschaftlich relevant ist?

4.1.2 Das Problem der überlappenden Verteilungen

Ein weitverbreitetes Argument, das »häufig gegen die Biologie ins Feld geführt wird«, sind überlappende Verteilungen von psychologischen Merkmalen, bei denen die Variation *innerhalb* eines Geschlechts häufig größer ist als die Variation *zwischen* Frauen und Männern insgesamt (Bischof-Köhler 2006, S. 37). Solche geringen Unterschiede werden von Feministinnen infolgedessen ignoriert mit dem Hinweis, dass die Kultur diese Differenzen nivellieren könne (vgl. ebd.). Auch Sigrid Schmitz (2006a), eine feministische Biologin, geht m. E. implizit davon aus, dass die Abweichungen *ausreichend groß* sein müssten, um eine biologische Interpretation zu rechtfertigen, wenn sie bemängelt, dass bei einer Suche nach Geschlechterdifferenzen »eine ganze Reihe von Vorannahmen nicht benannt werden, derer es aber bedarf« (ebd., S. 215). Sie postuliert, dass »eine binäre Gruppierung festgelegt werden« müsse, die »eine *eindeutige Trennlinie*« aufweise, und »dass die beiden Gruppen diesseits und jenseits der Trennlinie *eindeutige Unterschiede* im Verhalten« aufweisen müssten (ebd.; Hervorhebungen A.M.).

In diesem Zusammenhang soll auch auf die Unterscheidung zwischen »geschlechtstypisch« und »geschlechtsspezifisch« hingewiesen werden, die in der Literatur zu finden ist. Tekla Reimers (1994), eine feministische Evolutionsbiologin, referiert, dass der Begriff »geschlechtstypisches Verhalten« ursprünglich von John Money und Anke A. Ehrhardt im Jahre 1972 geprägt wurde; damit werden Handlungen bezeichnet, die »jeweils eines der Geschlechter *deutlich* öfter ausführt« (Reimers 1994, S. 349, Anmerkung 100; Hervorhebung A.M.). »Geschlechtsspezifische« Merkmale hingegen sind »ausschließlich bei einem Geschlecht vorzufinden«, wie die Gebärmutter der Frauen und der Penis der Männer (Chasiotis, Voland 1998, S. 564). Wichtig ist m. E., dass es sich bei geschlechtstypischen Merkmalen nur um »statistisch-deskriptive Unterschiede« handelt, die »eine eindeutige Geschlechtszuordnung einer Person anhand eines Merkmals eigentlich unmöglich machen« (Kirchengast 2007, S. 131). Genau hier setzt Bischof-Köhler (2006) mit einem Gedankenexperiment an, das verdeutlichen soll, dass überlappende Verteilungen *keineswegs* vernachlässigbar sind und bereits kleine Differenzen die Tendenz haben, sich unter spezifischen Umständen »erheblich zu verstärken« (ebd., S. 37f.).

Diese Neigung zur Verstärkung kann anhand der Ergebnisse der Schülerinnen und Schüler in den Mathematik-Tests veranschaulicht werden, die jährlich in großer Zahl in den USA stattfinden (vgl. Asendorpf 2007, S. 396). Eine Metaanalyse von 259 Studien mit über drei Millionen Personen ergab, dass sich Jungen und Mädchen im Schulalter in den mathematischen Fähigkeiten insgesamt betrachtet *nicht* unterscheiden (vgl. ebd., S. 399). Anders sieht es bei den Hochbegabungen aus, die primär auf bessere mentale Rotationsleistungen[32] des *männlichen* Geschlechts zurückgeführt werden können, wie eine Studie nachweisen konnte, die mit nordamerikanischen Stichproben durchgeführt wurde (vgl. ebd., S. 400f.). Es soll nicht verschwiegen werden, dass es sich um stark kulturabhängige Geschlechtsunterschiede handelt. Jens B. Asendorpf (2007), ein Psychologe, berichtet von einer Studie aus dem Jahr 1976, bei der u. a. mentale Rotationsleistungen in 17 verschiedenen Kulturen untersucht wurden (vgl. ebd., S. 405). Die Ergebnisskala reichte von höheren Werten bei Frauen über egalitäre Leistungen zu höheren Ausprägungen bei Männern (vgl. ebd., S. 405ff.). Dieser Befund unterstützt das Konzept der Hirnplastizität, das bereits in den 1970er-Jahren entwickelt wurde, und zeigt, dass »die Auswirkungen der individuellen Erfahrung auf das Gehirn zeitlich und räumlich sehr spezifisch zu sein scheinen« (Schmitz 2006a, S. 226). Die Aussagen zu diesen speziellen Geschlechtsunterschieden können deshalb nicht verallgemeinert werden – doch

[32] Mentale Rotationsleistung bezieht sich darauf, dass zwei- oder dreidimensionale Objekte wiedererkannt werden, die aus verschiedenen Perspektiven gezeigt werden (vgl. Bischof-Köhler 2006, S. 216).

zumindest gelten sie für Nordamerika, eventuell noch generalisierbar auf westliche Industriegesellschaften (vgl. Asendorpf 2007, S. 408).

Nichtsdestotrotz lässt sich das Gedankenexperiment von Bischof-Köhler (2006) weiter ausführen: Sie zeigt auf, dass die Festlegung einer Mindestpunktzahl, die in einem Aufnahmetest zu erreichen sei, bereits *gravierende* Auswirkungen zuungunsten des weiblichen Geschlechts hätte, wenn der Durchschnittswert des männlichen Geschlechts, trotz einer weitgehenden Überlappung, zum Beispiel aufgrund der besseren mentalen Rotationsleistung, nur um *wenige* Punkte über dem des weiblichen Geschlechts läge (vgl. ebd., S. 38). Sie unterstreicht dabei, dass in diesen Fällen die »*stärksten* Ausprägungen eben auch *nur* bei diesem Geschlecht« vorkommen (ebd.; Hervorhebungen im Original). Anders ausgedrückt: Eine scheinbar geschlechtergerechte Maßnahme erweist sich als kontraproduktiv, die Benachteiligung eines Geschlechts wird sogar verstärkt.

Als Fazit dieses Plädoyers für die Heranziehung der Biowissenschaften als einen Theorierahmen, der geeignet ist, die empirischen Evidenzen der Persistenz der Geschlechterrollen zu erhellen, soll bei Ruso et al. (2007) angeknüpft werden, die wie folgt resümieren: Es gilt

> »*unaufgeregt* Unterschiede dahin gehend zu untersuchen, ob sie biologischer oder gesellschaftlicher Natur sind, und welche Implikationen sie auf die Gleichstellung und Gleichberechtigung in unserer Gesellschaft haben. Die Biologie kann und darf nicht einen gesellschaftlichen Soll-Zustand formulieren, aber sie ist sehr wohl in der Lage, die Analyse des Ist-Zustandes *maßgeblich zu unterstützen*« (Ruso et al. 2007, S. 117; Hervorhebungen A.M.).

Diese »maßgebliche Unterstützung« bei der Untersuchung des Ist-Zustandes mithilfe der Biowissenschaften wird durch das Eingehen auf die vier Grundfragen der biologischen Forschung gewährt, wie sie von Nikolaas Tinbergen in Fortführung der Gedanken von Julian S. Huxley formuliert wurden (vgl. Zrzavý et al. 2009, S. 16). Im Anschluss werden diese Grundfragen näher erläutert, da sich durch deren Beantwortung ein umfassenderes Bild eines zu erklärenden Lebensphänomens ergibt.

4.2 Ultimate Ursachen und proximate Mechanismen

Die vier Grundfragen der biologischen Forschung (Verursachungen, Ontogenese, Anpassungswert, Phylogenese[33]) gehen auf den Ethologen Nikolaas Tinbergen (1907–1988) zurück (vgl. Zrzavý et al. 2009, S. 16). Er erweiterte die bereits von Julian S. Huxley (1887–1975), Ornithologe und Verhaltensbiologe, im Jahre 1915 vorgeschlagenen »›three major problems of Biology‹: that of *causation*, that of *survival* value, and that of *evolution*« um die Frage nach der Ontogenese, »to which I should like to add a fourth, that of *ontogeny*« (Tinbergen 1963, S. 411; Hervorhebungen im Original). Wenn ein Lebensphänomen untersucht werden soll, kann zum einen nach den *ultimaten* Ursachen, den grundlegenden Zusammenhängen (die biologischen Grundfragen der Phylogenese und des Anpassungswertes), zum anderen nach den *proximaten* Mechanismen, den unmittelbaren Zusammenhängen (die biologischen Grundfragen der Verursachungen und der Ontogenese), geforscht werden (vgl. Zrzavý et al. 2009, S. 16). In Frageform gekleidet und an dem Beispiel des singenden Nachtigallmännchens verdeutlicht, das Zrzavý et al. (2009) geben, stellen sich die Mechanismen wie folgt dar: (1) Die *Warum*-Frage geht den phylogenetischen Zusammenhängen auf den Grund; das Nachtigallmännchen hat das Singen von seinen Vorfahren geerbt, die auch schon gesungen haben, während (2) die *Wozu*-Frage den Anpassungswert klärt; das Nachtigallmännchen signalisiert den Nachtigallweibchen, dass es ein ausgezeichnetes Revier besitzt und zur Fortpflanzung bereit ist; (3) die *Wie*-Frage untersucht die Beziehungen zwischen Ursachen und Wirkungen bei den Funktionsabläufen; das Nachtigallmännchen wird durch die Hormone zum Singen getrieben, und schließlich zielt (4) die *Was*-Frage auf die Ontogenese; der Singapparat hat sich während der Ontogenese entwickelt (vgl. ebd.).

Ultimate Erklärungen beziehen sich auf die Merkmale und Mechanismen, die sich in der Evolutionsgeschichte durchsetzen konnten und den Organismen zum Reproduktionserfolg (Anzahl der Nachkommen) verholfen haben (vgl. ebd.). Proximate Erklärungen berufen sich auf die *konkreten* Mittel, die ein Organismus einsetzen muss, um ein Merkmal auszubilden oder eine Leistung zu erbringen

[33] Mit »Phylogenese« (Stammesentwicklung) ist die historische Entwicklung gemeint, »also die Entstehung und Evolution, von konkreten Stammlinien im konkreten Raum während einer konkreten Zeit« (Zrzavý et al. 2009, S. 458).

(vgl. Bischof-Köhler 2006, S. 107). Für menschliches Verhalten und Erleben sind proximate Zusammenhänge als psychologische, physiologische und soziale Mechanismen zu verstehen (vgl. Asendorpf 2007, S. 114; Neyer, Lang 2007, S. 47). Regeln, die sich aus ultimaten Erklärungen ableiten lassen, müssen *nicht* notwendig *direkt* proximaten Mechanismen entsprechen (vgl. Asendorpf 2007, S. 114). Proximate Mechanismen können »deshalb (in Grenzen) ein Eigenleben jenseits ultimat abgeleiteter Prinzipien führen«; »sie dürfen ihnen aber *nicht widersprechen*« (ebd.; Hervorhebungen A.M.). Ein Beispiel zur Verwandtenselektion mag das Genannte veranschaulichen[34]: Vermutlich gibt es keinen proximaten Mechanismus, der den genetischen Verwandtschaftsgrad *direkt* wahrnimmt (vgl. Neyer, Lang 2007, S. 52). Neyer, Lang (2007) haben die These aufgestellt, dass »emotionale Nähe ein proximater Mechanismus sein könnte, durch den Verwandtschaftsbeziehungen aufrechterhalten und gepflegt werden« (ebd., S. 54). Die empirischen Befunde von Franz J. Neyer und Frieder R. Lang zeigen, dass es »eine klare Hierarchie für die subjektiv erlebte emotionale Nähe« zu Verwandten unterschiedlichen Grades gibt – »auch nach statistischer Kontrolle von Wohnentfernung und Kontakthäufigkeit« (ebd., S. 53). Mit zunehmendem Verwandtschaftsgrad steigt die Bewertung der subjektiv erlebten emotionalen Nähe, beispielsweise wird eine stärkere emotionale Nähe zu Nichten oder Neffen empfunden als zu Cousinen oder Cousins (vgl. ebd., S. 54). Die Forderung, dass proximate Mechanismen nicht im Widerspruch zu ultimaten Erklärungen stehen dürfen, ist Ausgangspunkt der in Kapitel 4.1.1 vorgeschlagenen methodischen Vorgehensweise, mit der auf die m. E. berechtigte feministische Kritik hinsichtlich fehlender wertneutraler Erkenntnisse der Biowissenschaften angemessen eingegangen werden könnte. Aufkeimende Unstimmigkeiten zwischen den ultimaten und den proximaten Erklärungen eines Lebensphänomens, die sich bei der Beantwortung der vier biologischen Grundfragen abzeichnen, *müssen* demnach Anlass zu neuen Untersuchungen geben.

Fritz Trillmich (2007), ein Verhaltensökologe, verweist auf die Missverständnisse, die immer wieder bei einem interdisziplinären Dialog zwischen Vertreterinnen und Vertretern der Sozialwissenschaften und der Biowissenschaften

---

[34] In Kapitel 5.3.1 wird die Verwandtenselektion als ein wichtiges soziobiologisches Konzept detaillierter erläutert.

auftreten, wenn bei Debatten über Begründungen von Lebensphänomenen die beiden Erklärungsebenen der ultimaten Ursachen und der proximaten Mechanismen nicht explizit berücksichtigt werden (vgl. ebd., S. 221; Voland 2009, S. 10). Wickler, Seibt (1998) stellen heraus, dass »in vielen Schriften über Geschlecht und Sexualität in erster Linie die Hormone, das Wachstum der Geschlechtsorgane oder andere Ursachen für die sexuellen Verschiedenheiten behandelt« werden (ebd., S. 22), also die proximaten Mechanismen. Doch die Frage, *wie* es im Laufe der Evolution dazu kam, dass sich die beiden unterschiedlichen Geschlechter so und nicht anders entwickelt haben, wird »meist [...] erst gar nicht gestellt« (ebd.).

In der vorliegenden Studie wird dieser ultimaten Perspektive der Vorrang gegeben. In der Literatur begegnet man jedoch Einwänden, die in Bezug auf ultimate Aussagen erhoben werden. Drei, m. E. sehr grundsätzliche Bedenken sollen aufgegriffen werden: (1) die mangelnde Prüfbarkeit, (2) die fehlende Sparsamkeit und (3) »Als-ob«-Redefiguren.

4.2.1 Kritik 1 – Mangelnde Prüfbarkeit

Vor allem das Merkmal der Prüfbarkeit von ultimaten Erklärungen wird beanstandet, wenn man von den wissenschaftstheoretischen Bewertungskriterien ausgeht, die erfüllt sein müssen, damit eine Theorie als erfahrungswissenschaftlich gelten könne (vgl. Vollmer 1995, S. 100f.). Lege man das »Poppersche Falsifikationskriterium« zugrunde, ließen sich die ultimaten Erklärungen empirisch nicht widerlegen (ebd., S. 35). Hierzu ist bereits eine ausführliche Stellungnahme durch Vollmer (1995) geleistet worden (ebd., S. 104f.). Gerhard Vollmer hat in seinem Beitrag »Der Status der Evolutionstheorie« zu jedem Merkmal, das notwendig erfüllt sein muss, um wissenschaftstheoretisch als eine »gute« erfahrungswissenschaftliche Theorie zu gelten, umfassend Gegenargumente zur Verteidigung der Evolutionstheorie zusammengetragen (ebd., S. 100–105).

Eine tiefere wissenschaftstheoretische Erörterung des Geltungsbereichs der Evolutionstheorie ist hier nicht beabsichtigt, doch soll dieser Einwand nicht unerwähnt bleiben, da ungenügende Überprüfbarkeit von feministischer Seite immer wieder reklamiert wird, wie zum Beispiel von Anne Fausto-Sterling (1988), einer feministischen Biowissenschaftlerin, die diese Kritik in Bezug auf die Soziobiologie, einen Zweig der Evolutionsbiologie, wie folgt radikalisiert: »*Die menschliche Soziobiologie ist eine Theorie, die im Grunde unbeweisbar ist.*« (ebd., S. 280; Hervorhebungen im Original) Andere Kritikerinnen der Soziobiologie wie Patricia Adair Gowaty versuchen, mögliche Lösungswege aufzuzeigen – anstelle eines Pauschalvorwurfs; in ihren Worten: »What I hope to show here is that the most efficient route to changing an entrenched scientific idea lies in carefully designed, well-controlled, empirical tests.« (Gowaty 2003, S. 903)

4.2.2 Kritik 2 – Fehlende Sparsamkeit

Der zweite Einwand betrifft das Argument, eine Erklärung auf proximater Ebene wäre hinreichend, und eine weitergehende Interpretation, die ultimate Ursachen einbezieht, würde das »gute alte wissenschaftliche *Prinzip der sparsamsten Erklärung* verletzen« (Paul 1998, S. 54; Hervorhebungen im Original). Dieses Sparsamkeitsprinzip, auch »Ockhams Rasiermesser« genannt, ist ein methodologisches Prinzip und geht zurück auf William von Ockham (1285–1347), der ein berühmter Mönch und Philosoph im Mittelalter war. Es ist eine wissenschaftstheoretische Regel, die besagt, dass wenn ein Phänomen mit unterschiedlichen Modellen erklärt werden könne, solle das einfachere Modell bevorzugt werden (vgl. Zrzavý et al. 2009, S. 40). Andreas Paul (1998), ein Primatologe, hat am Beispiel des Geschehens des Infantizids bei Primaten klargestellt, dass immer dann, wenn ein psychologischer Mechanismus *nicht* selektionsneutral ist – das heißt, der Reproduktionserfolg eines Individuums wird durch diesen beeinflusst – eine proximate Erklärung »eben *nicht* mehr *hinreichend* [ist; A.M.]. Nach den evolutionären Ursachen psychologischer Mechanismen zu suchen bedeutet dann eben *keine* Verletzung des Prinzips der sparsamsten Erklärung« (ebd. S. 54; Hervorhebungen im Original).

4.2.3 Kritik 3 – »Als-ob«-Redefiguren

Schließlich soll die Kritik aufgenommen werden, die in Bezug auf bestimmte Formulierungen erhoben wird, wie zum Beispiel, dass Tiere »wählen« oder »lügen«. Diese Wendungen sollten aber nicht fehlgedeutet werden. Um zu »wählen«, müsste ein Tier zumindest bewusste Zielvorstellungen entwickeln und dann danach handeln, wozu laut Gerhard Roth (2009), einem Neurobiologen, nach neueren Erkenntnissen »einige wenige Tiere wie Schimpansen« in Ansätzen fähig sind, leistungsmäßig sei dies jedoch nicht mit dem erwachsenen Menschen vergleichbar (ebd., S. 62). Bewusste Handlungsplanung ist mit dem Wort »wählen« auch gar nicht angesprochen, sondern es geht um die teleonome Perspektive, »die programmgesteuerte Zweckmäßigkeit von Organismen« (Voland 2009, S. 3). Vollmer (2003) definiert Teleonomie als »gen-erhaltende Zweckmäßigkeit aufgrund eines internen, evolutiv entstandenen Programms« und verweist auf den Biologen Colin S. Pittendrigh (1918–1996) als den Urheber des Begriffs (Vollmer 2003, S. 322). Dieser Ansatz muss strikt von dem Konzept der Teleologie unterschieden werden, bei dem eine zielsetzende Instanz angenommen wird (vgl. Voland 2009, S. 3). Bestimmte Phänomene erscheinen im *Nachhinein*, »als ob« sie bewusst gewählt wurden, um den Fortpflanzungserfolg zu erhöhen.

Diese »als ob«-Redefiguren sind ein wesentlicher Bestandteil der soziobiologischen Anschauungsweise, wie Richard Dawkins (1981), Verhaltens- und Evolutionsbiologe, in seiner Verteidigungsschrift »In Defence of Selfish Genes« im Jahre 1981 energisch betont: »The idea of animals behaving *as if* calculating odds without really doing so is fundamental to an understanding of the whole of sociobiology.« (Dawkins 1981, S. 562; Hervorhebungen im Original) Genau an solchen Formulierungen nimmt Fausto-Sterling (1988) Anstoß, obwohl sie zugesteht, »[w]er tierisches Verhalten untersucht, steht vor einem grundlegenden Problem – nämlich wie soll man das beobachtete Tierverhalten bezeichnen?« (ebd., S. 226). Als Lösung dieser Schwierigkeit sieht sie das Bemühen der Ethologen, die ausführlich beschreiben, »was mit dem Gebrauch eines bestimmten Wortes *nicht* gemeint ist« (ebd; Hervorhebung im Original). Ihre Argumentation in Bezug auf die soziobiologische Anwendung des Begriffs »Vergewaltigung« kulminiert in dem Vorwurf, bei dem soziobiologischen Sprachspiel handele es sich um einen »*linguistische[n] Taschenspielertrick*« (ebd., S. 227; Hervorhebungen im Original). Dawkins (1996) geht m. E. methodisch wie die von Fausto-Sterling angesprochenen Ethologen vor, denn er führt explizit aus, was er meint, wenn er Worte wie »täuschen« etc. bei der Beschreibung von Tierverhalten benutzt: »In diesem Buch [»Das egoistische Gen«; A.M.] benutze ich Worte wie ›täuschen‹ und ›lügen‹ in einem sehr viel direkteren Sinne [...]. Ich [...] spreche einfach von einer Wirkung, die *funktional* der Täuschung entspricht.« (ebd., S. 117f.; Hervorhebung A.M.)

Diese drei diskutierten Bedenken gegenüber ultimaten Aussagen können m. E. ebenso als *Hilfestellungen* interpretiert werden, die es durch sachdienliche Berücksichtigung ermöglichen, biowissenschaftliche Deutungsvorschläge mit sozialwissenschaftlichen Befunden zulässig zu verknüpfen. Sachdienlich kann heißen: Bei einem Lebensphänomen, das den Reproduktionserfolg eines Individuums beeinflusst, ist es erhellend, sich auf die Suche nach ultimaten Ursachen zu begeben sowie sorgfältig komponierte empirische Untersuchungen durchzuführen.

4.3 Zusammenfassung

Ziel dieses Kapitels war es, den biowissenschaftlichen Rahmen zu zeichnen, um »die grundsätzlich erforderlichen Umorientierungen«, die für die Väter- und Familienforschung nahe gelegt werden (Cyprian 2007, S. 37), durch eine neue Deutung einzuleiten, die sich aus den biowissenschaftlichen Erkenntnissen speist. Diese Forschungsergebnisse stehen jedoch immer wieder bezüglich der Frage nach einer legitimen Anwendbarkeit auf sozialwissenschaftliche Phänomene in der Kritik. Ein wichtiges Resultat, das herausgearbeitet wurde, ist die Idee, der Kritik des naturalistischen Fehlschlusses – dem Schluss vom Sein auf das Sollen – mit einem in der Evolutionären Ethik wurzelnden Vorschlag von Vollmer (1995) zu begegnen. Mit diesem Ansatz wird versucht, die *Beziehung* zwischen Normen und Fakten herauszustellen und sich weniger auf das Trennende oder Verbindende zu konzentrieren. Die Ableitungslücke zwischen den deskriptiven Aussagen der Biowissenschaften und präskriptiven pädagogischen Handlungsempfehlungen lässt sich überbrücken, indem aus einer Grundnorm im Sinne von Vollmer weitere konkrete Normen abgeleitet werden, wobei die biowissenschaftlichen Forschungsergebnisse als Fakten die Basis liefern. Dabei wird der Theoriegeladenheit von Fakten Rechnung getragen durch eine Verschränkung zweier Erklärungsebenen von Lebensphänomenen, zum einen der ultimaten Erklärungen und zum anderen der proximaten Mechanismen. Zu Nutzen macht man sich, dass die proximaten Mechanismen relativ unabhängig von ultimaten Erklärungen sein können, sich aber nicht widersprechen dürfen. Zu jeder der zwei Erklärungsebenen werden zwei Fragen gestellt, die vier Grundfragen der biologischen Forschung, formuliert von dem Ethologen Nikolaas Tinbergen (1907–1988). Sollten sich bei deren Beantwortung Inkonsistenzen ergeben, können demgemäß neue Untersuchungsbereiche aufgedeckt werden. Auf diese Weise lassen sich biowissenschaftliche Erkenntnisse und sozialwissenschaftliche empirische Befunde zulässig verknüpfen, und es wird möglich, pädagogische Empfehlungen begründet abzugeben.

Der biowissenschaftliche Rahmen wird in den nächsten beiden Kapiteln vervollständigt durch eine Rezeption der Geschichte der Evolutionsbiologie beginnend mit Darwin, einschließlich aktueller Entwicklungen. Der geschichtliche Abriss ist auf das für die vorliegende Studie Wesentliche beschränkt. Zielsetzung ist die Interpretationsfolie bereitzustellen, die es gestattet, die in Kapitel 3.2 und 3.3 berichteten empirischen Befunde einer möglichen evolutionären Erklärung zuzuführen.

5. Die Evolution der Evolutionstheorie

Evolution »(vom lateinischen *evolvere*: ausrollen, entwickeln, ablaufen)« ist definiert als »die allmähliche Entwicklung eines Systems, das in Abhängigkeit von den in der Vergangenheit bereits gesammelten Erfahrungen auf äußere Einflüsse reagiert« (Zrzavý et al. 2009, S. 2; Hervorhebung im Original). Diese Definition ist so allgemein, dass zum Beispiel ebenso von einer Evolution der pädagogischen Ideengeschichte gesprochen werden kann, wie Alfred K. Treml (2005), ein Erziehungswissenschaftler, diese herausgearbeitet hat. Er zeigt zum Beispiel auf, dass Erziehung in Altägypten zur Zeit der 22. Dynastie zum ersten Mal mit der *Gärtnermetaphorik* – als eine Arbeit im Garten der Kultur – beschrieben wird (vgl. ebd., S. 39). Klassisch darwinistisch ausgedrückt: Diese Idee hat die Jahrtausende überdauert und damit ihre »Fitness« bewiesen. Dennoch lässt sich mit Vollmer (1995) fragen: »Wann ist ein evolutionärer Prozeß überhaupt darwinistisch« zu nennen (ebd., S. 147)? Er kommt in seinem Aufsatz zu dem Schluss, dass der Evolutionsbegriff auf *alle* realen Systeme anwendbar sei; die Prinzipien der *biologischen* Evolution allerdings nur auf selbstreplizierende Systeme zutreffen würden, da ansonsten keine differenzielle Reproduktion stattfinden könne und damit keine Selektion (vgl. ebd., S. 77). Es erscheint somit legitim, auch eine Evolution der Evolutionstheorie auszuweisen (vgl. ebd., S. 93). Dieser Aspekt steht fortan im Vordergrund.

Die Struktur der Darstellung in diesem Kapitel folgt dem Aufbau, den Zrzavý et al. (2009) in ihrem Lehrbuch vornehmen. Der Postneodarwinismus (einschließlich der Soziobiologie) wird ausführlicher behandelt, da in nur vier Jahrzehnten bedeutende Entwicklungen stattfanden (5.2 und 5.3).

5.1 Wichtige Stationen einflussreicher Ideen

Abbildung 2 verbildlicht die wichtigsten Stationen der einflussreichen Ideen und deren Repräsentanten in der Geschichte der Evolutionsbiologie[35]. Für die ersten

[35] Zrzavý et al. (2009) weisen in ihrer Darstellung der geschichtlichen Chronologie der Evolutionsbiologie noch 16 weitere Vertreter aus, denen eine Schlüsselrolle als Wegbereiter, Ideengeber oder Popularisierer der jeweiligen bahnbrechenden Konzepte zukommt (vgl. ebd., S. 29).

vier Stadien (Darwinismus, Genetik, Populationsgenetik und Neodarwinismus) sind die Vertreter angegeben, die als die jeweiligen Begründer dieser evolutionsbiologischen Strömung gelten (5.1.1 bis 5.1.3). Im weiteren Verlauf dieses Kapitels werden die maßgeblichen Entdeckungen bzw. Konzepte in der Geschichte der Evolutionsbiologie skizziert, wobei der klassische Darwinismus als bekannt vorausgesetzt wird. Die Aufmerksamkeit ist auf unterschiedliche Auslegungen hinsichtlich zentraler Erkenntnisse gerichtet, die in der Literatur zu finden sind.

Abbildung 2: Wichtigste Stationen der einflussreichen Ideen und ihrer Repräsentanten in der Geschichte der Evolutionsbiologie. Der kleine schwarze Kasten an den jeweiligen Balken kennzeichnet das Jahr der Publikation der wegweisenden Konzepte.

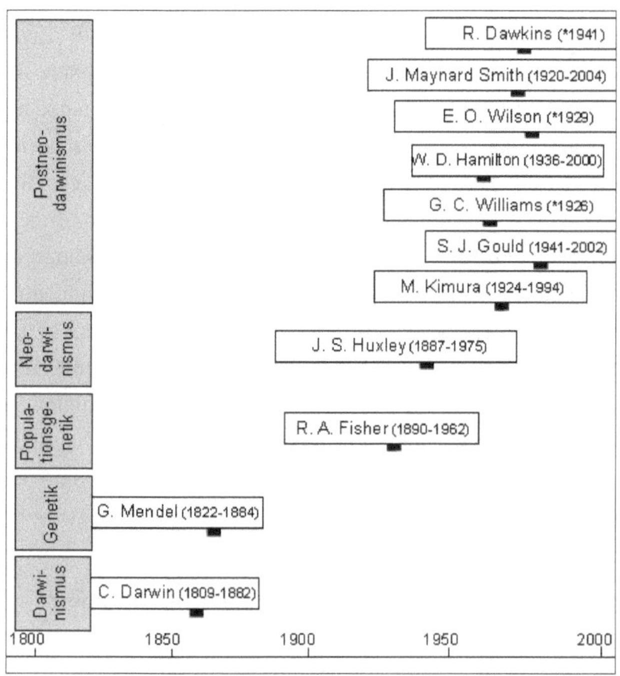

Quelle: Modifiziert nach Zrzavý et al. (2009, S. 29)

5.1.1 Darwinismus

Charles Darwin (1809–1882), einer der bedeutendsten Naturwissenschaftler der Neuzeit, hat die allgemeine Weltanschauung durch seine Abstammungslehre verändert (vgl. Zrzavý et al. 2009, S. 10f.). Bisher hatte man die auffällige Zweckmäßigkeit der Organismen teleologisch erklärt, das heißt, mit zielgerichteten Interventionen höherer Kräfte (vgl. ebd., S. 9). Darwin führte eine neuartige, teleonome Perspektive in die Wissenschaft ein (siehe 4.2.3), die die Evolution als ziel- und planlos beschreibt, die »keine im absoluten Sinn besten Lösungen für das Lebensproblem« hervorbringt (Voland 2009, S. 3). Der Darwinismus wird weitgehend mit der Selektionstheorie gleichgesetzt, doch ist in Darwins berühmter Publikation »On the Origin of Species by Means of Natural Selection, or the Preservation of Favoured Races in the Struggle for Life«, die im Jahre 1859 veröffentlicht wurde, ein Komplex von fünf Theorien enthalten: (1) »Die Theorie der Evolution von Arten« zeigte, dass die Arten in der Zeit veränderlich sind; (2) die »Theorie der gemeinsamen Abstammung aller Arten« stellt »eine radikale Abkehr von den bisherigen Vorstellungen der unabhängigen Entstehung einzelner Arten« dar; (3) die »Theorie der allmählichen Divergenz der Arten« beschreibt, dass sich die Arten im Laufe der Zeit immer mehr voneinander unterscheiden; (4) die »Theorie des Gradualismus« geht davon aus, dass sich die Evolution in kleinen Schritten vollzieht, und (5) die »Theorie der natürlichen Selektion« als Kernstück des Darwinismus, die die natürliche Auslese als Hauptmechanismus der Evolution betrachtet (Zrzavý et al. 2009, S. 10f.; Hervorhebungen gestrichen). Zwölf Jahre später, im Jahre 1871, veröffentlichte Darwin mit »The Descent of Man, and Selection in Relation to Sex« die »Theorie der sexuellen Selektion«, die vor allem den sekundären Geschlechtsdimorphismus, das heißt, die Unterschiede zwischen den Geschlechtern einer Art in Gestalt, Physiologie und im Verhalten durch die intersexuelle Wahl und die intrasexuelle Konkurrenz erklärt (ebd.; Hervorhebungen gestrichen).

Der Definition der natürlichen Selektion und der biologischen Fitness wird von den Kritikern unterstellt, dass sie tautologisch sei (vgl. ebd., S. 12). Karl Popper (1902–1994), ein Philosoph, hat die Selektionstheorie im Jahre 1974 als nicht falsifizierbare Theorie klassifiziert, aber dieses Urteil im Jahre 1977 selbst widerrufen, indem er erklärte, die »Theorie der natürlichen Auslese sei doch eine *prüfbare* Theorie« (Vollmer 1995, S. 104f.; Hervorhebung im Original). Laut Zrzavý et al. (2009) besteht das Missverständnis darin, dass »einmal Fitness als Anpassung bzw. adaptive Eigenschaft und einmal als ›Fortpflanzungserfolg‹ definiert wird und dass diese Definitionen *gleichgesetzt* werden« (ebd., S. 12; Hervorhebung A.M.). Zurück geht das auf Herbert Spencer (1820–1903), Philosoph und Soziologe, der der »Urheber der Metapher ›*Survival of the fittest*‹ war« (ebd.; Hervorhebungen im Original). Es muss ausdrücklich zwischen den beiden Begriffen Fitness und Anpassung differenziert werden. *Fitness* bezeichnet den *relativen* Fortpflanzungserfolg eines Individuums, das heißt, gemessen am Erfolg *anderer* Individuen in dem *jeweiligen sozialen und ökologischen Kontext* (vgl. ebd.). *Anpassung* bezeichnet den evolutionären Prozess aufgrund der natürlichen Selektion, dessen Ergebnis, die adaptive Eigenschaft, als Angepasstheit bezeichnet wird (vgl. Voland 2009, S. 3; Tooby, Cosmides 1992, S. 61f.).

In der Literatur wird nicht immer klar zwischen dem Prozess und dem Ergebnis unterschieden. Zrzavý et al. (2009) differenzieren explizit nicht zwischen diesen beiden Begriffen und benutzen einheitlich den Terminus »Adaptation« (ebd., S. 287). Eine andere interessante Auffassung zu dem Begriff Fitness vertritt Thomas P. Weber (2003), Wissenschaftshistoriker und Biowissenschaftler. Er postuliert, dass Fitness nicht auf der Individualebene definiert sei, sondern als Lebensstrategie anzusehen sei und Individuen lediglich Repräsentanten solcher Strategien wären (vgl. ebd., S. 96). Dadurch löse sich seiner Ansicht nach der Tautologie-Vorwurf auf, da die statistische Überlebenswahrscheinlichkeit der Organismen ausschlaggebend sei, die eine bestimmte Strategie verfolgten (vgl. ebd.). Auch wenn ein konkretes Individuum aus unvorhergesehenen Gründen ohne Nachkommen stürbe, sei die von ihm verkörperte Strategie fit (vgl. ebd.). Es bleibt die Frage nach dem Ursprung der Variabilität der Eigenschaften in der Nachkommenschaft, die Darwin noch nicht erklären konnte (vgl. Zrzavý et al. 2009, S. 24). Das leisteten erst die Forschungsergebnisse innerhalb der Genetik.

5.1.2 Genetik und Populationsgenetik

Johann Gregor Mendel (1822–1884), ein Augustinermönch und Naturforscher, gilt als der Begründer der modernen Genetik, dessen Regeln der Vererbung heute als Mendelsche Regeln bekannt sind (vgl. Zrzavý et al. 2009, S. 25). Für den Darwinismus bedeuteten Mendels Versuche vordergründig eine Niederlage, da Mendel zeigte, dass die Variabilität durch die Rekombination von bereits *existierenden* Anlagen entsteht (vgl. ebd.). Doch als Anfang des 20. Jahrhunderts die Mutationen entdeckt wurden, erschien es verständlicher, wie sich *neue* Varianten bilden können (vgl. ebd.). Während die Mendelianer mit Erbsen und ähnlichem arbeiteten und dabei relativ klare Ergebnisse erzielten, das heißt, diese waren schrumpelig oder rund, bemerkten andere Genetiker, dass es fließende Übergänge zwischen Eigenschaften gab, zum Beispiel bei der Körpergröße, und nannten diese Merkmale »quantitativ« (Reimers 1994, S. 236). Dies war die Geburtsstunde der Populationsgenetik, die die Evolution »als Änderung in den prozentualen Anteilen einzelner Erbanlagen in den Populationen«[36] betrachtet (vgl. Zrzavý et al. 2009, S. 26). Sir Ronald Aylmer Fisher (1890–1962), Genetiker und Evolutionstheoretiker, war einer der Mitbegründer der Populationsgenetik und zugleich einer der großen Pioniere des Neodarwinismus (vgl. ebd., S. 30). Dawkins (1996) sieht in den Schriften Fishers viele der späteren Gedanken, die den Postneodarwinismus auszeichnen, bereits implizit enthalten (vgl. ebd., S. 14). Ein wichtiges Konzept, auf das in der soziobiologischen Literatur größtenteils rekurriert wird, ist in Fishers einflussreichem Buch »The Genetical Theory of Natural Selection«, das im Jahre 1930 erschien, erstmalig formuliert: Die Fishersche Regel, die besagt, dass das Geschlechterverhältnis bei der Geburt (sekundäre Sexualproportion) in etwa ausgeglichen ist, also ein 1:1-Verhältnis zwischen männlichem und weiblichem Geschlecht darstellt (vgl. Voland 2009, S. 184f.). Nachdem die ersten vier Jahrzehnte des 20. Jahrhunderts sowohl durch Anfeindungen als auch durch gegenseitige Ignoranz zwischen den Mendelianern und den Populationsgenetikern gekennzeichnet waren (vgl. Reimers 1994, S. 237), evolvierte eine neue Form der Evolutionstheorie, kurz »Neodarwinismus« genannt, die die Kontroversen überwiegend auflösen konnte (Zrzavý et al. 2009, S. 25).

5.1.3 Neodarwinismus

Der Neodarwinismus ist, vor allem in Deutschland, auch unter dem Namen »Moderne Synthese« (neben weiteren, wie zum Beispiel »Synthetische Evolutionstheorie«) bekannt (Zrzavý et al. 2009, S. 32). Unter diesem Begriff wird in erster Linie das Konzept verstanden, das Julian S. Huxley in den 1940er-Jahren unter dem Titel »Evolution: The Modern Synthesis« publizierte (vgl. ebd.). Dieser Terminus wird nicht einheitlich in der Literatur verwendet, wie zum Beispiel daran zu erkennen ist, dass Dirk Richter (2005), ein Soziologe, der Meinung ist, dass »die soziobiologische Position in der Literatur zumeist als neodarwinistisch be-

[36] Laut Zrzavý et al. (2009) wird in der Populationsgenetik unter »Population« die »Gesamtheit der Individuen einer Art [verstanden; A.M.], die einen geographisch begrenzten Raum besiedeln und im Idealfall untereinander unbegrenzt fortpflanzungsfähig sind« (ebd., S. 459).

schrieben« werde (ebd., S. 525). Zrzavý et al. (2009) betonen, »dass das eigentliche Wesen der Synthese (und damit des Neodarwinismus) in der Vereinigung des Darwinismus mit der Genetik liegt, und zwar durch das Konzept der unterschiedlichen Ausbreitung der Allele in der Population« (ebd., S. 32; Hervorhebungen gestrichen). Was genau ist mit diesem Konzept gemeint? Darauf soll etwas detaillierter eingegangen werden, da einige der späteren Gedankengänge der vorliegenden Studie darauf aufbauen.

Die Gene bei höher spezialisierten Organismen (und beim Menschen) können als bestimmte Orte (Loci) auf den Chromosomen (fadenartige Strukturen im Zellkern) räumlich identifiziert werden (vgl. ebd., S. 26). Bei der Zellteilung erfolgt eine Replikation des genetischen Materials, der Desoxyribonukleinsäure (DNA), wobei unvermeidlich Kopierfehler auftreten, die Mutationen genannt werden (vgl. ebd., S. 27). Mutationen können zusätzlich aufgrund von Umwelteinflüssen, wie zum Beispiel Chemikalien oder Strahlung, entstehen. Die dadurch entstehenden Varianten eines Gens sind die Allele, wobei an einem Locus eines Chromosoms nur jeweils *ein* Allel, also eine *bestimmte* Version eines Gens, sitzen kann (vgl. ebd., S. 26). Eine Eigenschaft oder Funktion wird durch dieses Set von Allelen bestimmt (vgl. ebd.). Anhand des AB0-Blutgruppensystems lässt sich die Aussage des letzten Satzes veranschaulichen. Beim Menschen liegt auf dem Chromosom 9, vereinfacht ausgedrückt, das AB0-Gen (vgl. Groth 2004, S. 50). Ein Individuum erbt von *jedem* Elternteil *eines* der Allele, sodass ein Kind mit der Blutgruppe A einen Vater mit der Blutgruppe B haben kann (vgl. ebd., S. 52). Dies ist möglich, wenn der Vater den Genotyp[37] B0 und die Mutter entweder den Genotyp A0 oder AA oder AB hat *und* das Kind von dem Vater das Allel 0 und von der Mutter das Allel A erhält, sodass das Kind im Ergebnis über den Genotyp A0 verfügt (vgl. ebd.). Die Allele A sowie B werden dominant vererbt, sodass der Genotyp A0 zur Blutgruppe A führt (vgl. ebd.). In der neodarwinistischen Auffassung bedeutet die natürliche Auslese, dass für eine Eigenschaft oder Funktion die sie bestimmenden Allele um den jeweiligen Locus eines Chromosoms »kon-

[37] Mit »Genotyp« wird die Gesamtheit aller Allele bezeichnet, die sich im Genom (Gesamtheit der vererbbaren Informationen einer Zelle) eines Individuums befinden (vgl. Zrzavý et al. 2009, S. 447). Hier ist die engere Definition von »Genotyp« angesprochen, das heißt der »partielle Genotyp«, Allelpaare eines oder weniger Loci (Lexikon der Biologie 2005).

kurrieren«, das heißt unterschiedlich lange in der Population bleiben (vgl. Zrzavý et al. 2009, S. 28).

An dieser Stelle soll auf ein terminologisches Problem verwiesen werden, dass immer wieder Verwirrung stiftet, weil in vielen Diskussionen nicht zwischen »molekularen« Genen und »evolutionären« Genen unterschieden wird (Weber 2005, S. 240). Nach Sahotra Sarkar (1998), Wissenschaftstheoretiker und Biowissenschaftler, stammen viele der Ambiguitäten in der Verwendung des Terminus »Gen« in der Evolutionsbiologie daher, dass der Begriff »Gen« manchmal für »Allel« und manchmal für »Locus« benutzt wird, während in der Molekulargenetik der Ausdruck »Gen« für ein aktuelles Segment der DNA Verwendung findet (ebd., S. 6). Die Aussage, dass Menschen etwa 96 Prozent ihrer Gene mit Schimpansen teilen, ist nach heutigem Wissensstand korrekt (vgl. Varki, Altheide 2005, S. 1746) – ebenso richtig ist die Angabe, dass Geschwister im Durchschnitt 50 Prozent ihrer Gene teilen (vgl. Asendorpf 2007, S. 111). Aber im ersten Fall sind tatsächlich *Gene* gemeint, im zweiten Fall jedoch *Allele* (vgl. ebd.).

Dawkins (1996) definiert ein Gen »als ein Stück Chromosom, das so kurz ist, daß es potentiell *lange genug* leben kann, um als eine signifikante Einheit der natürlichen Selektion zu fungieren« (ebd., S. 74; Hervorhebungen im Original). Diese Art von Gen bezeichnet Weber (2005) als »evolutionäres« Gen, um diese Anwendungsweise unmissverständlich von dem Gebrauch innerhalb der Molekularbiologie abzuheben (ebd., S. 240). Er kritisiert die Definition von Richard Dawkins, da seiner Meinung nach implizit die Annahme enthalten ist, dass es »völlig nebensächlich« sei, was »dieses Stück des Erbmoleküls nun tatsächlich« bewirke, solange es regelmäßig in einem erfolgreichen Organismus zu finden sei (ebd., S. 241). Weber bezieht sich darauf, dass die molekularen Gene (präziser: die Eiweiße) – entstanden durch die Transkription der Nucleotide, als Bausteine der DNA, in eine Abfolge von Aminosäuren und die anschließende Translation in die Proteine (Eiweiße) – *gleichzeitig* gänzlich *verschiedene* Rollen in unterschiedlichen Teilen des Organismus spielen können (vgl. ebd., S. 240f.). Er fasst zusammen, dass »ein molekulares Gen [...] also oft kein eindeutiges Verhältnis zur Struktur und Funktion des Organismus« hat (ebd., S. 241). Schlussendlich bezweifelt Weber, »ob der Besitz eines bestimmten Gens überhaupt als die Ursache für Erfolg in der Evolution angesehen werden kann« (ebd.). Dieser Gesichtspunkt findet sich ebenfalls in der aufkommenden Molekularbiologie in den 1960er-Jahren, als man versuchte, Evolutionsprozesse auf der molekularen Ebene, und damit »außerhalb der direkten Reichweite der Selektion«, zu erklären (Zrzavý et al. 2009, S. 34). Wieder evolvierte eine neue Form der Evolutionstheorie, von Zrzavý et al. (2009) als »Postneodarwinismus« betitelt (ebd.).

5.2 Postneodarwinismus

Drei einschneidende Konzepte erweiterten die Evolutionsbiologie in den 1960er- und 1970er-Jahren: Die »Theorie der neutralen Evolution«, das Konzept der »Spandrillen« und »die genozentrische Sichtweise« (Zrzavý et al. 2009, S. 34). Jedem Denkmodell ist ein Abschnitt gewidmet, wobei - obwohl innerhalb der »genozentrischen Sichtweise« angesiedelt - die Soziobiologie als eine beachtliche Teildisziplin der Evolutionsbiologie separat betrachtet wird (siehe 5.3).

5.2.1 Theorie der neutralen Evolution

Die Theorie der neutralen Evolution wurde von Motoo Kimura (1924–1994), Populationsgenetiker und Evolutionsbiologe, begründet (vgl. Zrzavý et al. 2009, S. 35). Er vereinigte die Populationsgenetik mit der Molekularbiologie (vgl. ebd.). Eine wichtige Erkenntnis ist, dass die überwiegende Mehrheit der genetischen Änderungen *selektiv neutral* ist, das heißt, sie unterliegen *nicht* der natürlichen Selektion (vgl. ebd.). Kimura erkannte, dass »die zufällige genetische Drift immer und überall wirkt« (ebd., S. 58), wobei die Theorie der genetischen Drift zuerst von Sewall G. Wright (1889–1988), theoretischer Biologe und Genetiker, formuliert wurde (vgl. ebd., S. 31). Präziser müsste es »Alleldrift« lauten, da es sich um die zufällige Veränderung der Allelhäufigkeiten im Genpool einer bestimmten Population handelt (ebd., S. 59). Zwei bekannte Formen der Gendrift, der Flaschenhals- und der Gründereffekt, beide gekennzeichnet durch eine genetische Verarmung der Population, sollen näher beschrieben werden, da diese Effekte auch für die menschliche Geschichte bedeutsam waren.

Der *Flaschenhals-Effekt* tritt auf, wenn eine Population durch irgendeinen unvermittelt auftretenden Faktor in ihrer Größe stark vermindert wird (vgl.

ebd.). Dadurch ändert sich die Allelverteilung, sodass gerade seltene Allele verschwinden (vgl. ebd.). Aber auch neu entstandene, unter Umständen leicht schädliche Allele können sich in der Population verbreiten, da dem Populationswachstum in der ersten Zeit nach der Dezimierung kaum Grenzen gesetzt sind (vgl. ebd.). Ob ein Allel fixiert wird, das heißt, eine Frequenz von 100 Prozent in einer Population erreicht, hängt stark von der Populationsgröße ab (vgl. ebd.). Wichtig ist, dass die »effektive Größe der Population« bestimmt wird, die sich aus der Zahl der *fortpflanzenden* Individuen ergibt – und nicht die tatsächliche Anzahl der Individuen in der Population als Grundlage dient, um ein Allel als fixiert zu bezeichnen (ebd., S. 63). Kurz: Auch eine Population, die reich an Individuen ist, kann als »genetisch klein« gelten (ebd.). Als ein Beispiel für einen Flaschenhals-Effekt, der den Menschen in der jüngeren Evolutionsgeschichte betraf, kann die Beulenpest in Europa im 14. Jahrhundert betrachtet werden (vgl. ebd.).

Der *Gründereffekt* hat eine andere Ursache als der Flaschenhals-Effekt. Hierbei entsteht eine neu gegründete und von der Stammpopulation isolierte Population (vgl. ebd.). Es sind aufgrund der geringen Anzahl der Gründungsindividuen nur noch wenige Allele vorhanden (vgl. ebd.). Dieser Gründereffekt könnte nach neueren Studien auch für die Entwicklung des Menschen eine Rolle gespielt haben. Die Ergebnisse einer kürzlich vorgenommenen Untersuchung anhand der mitochondrialen DNA (mtDNA), das heißt, das Erbmaterial, das nur mütterlicherseits über die Eizelle weitergegeben wird, erhärten die These, dass aus einer frühen hypothetischen Migrationszone in Afrika heraus zwei kleine Gruppen von Homo sapiens geografisch und genetisch isoliert voneinander in Süd- und Ostafrika evolvierten und das über einen sehr langen Zeitraum hinweg, bevor dann vor ungefähr 70.000 Jahren verstärkte Migrationen in westliche Teile Afrikas und Afrika verlassend (»Out of Africa«) stattfanden (Behar et al. 2008, S. 1137f.).

Zusammenfassend lässt sich feststellen, dass davon ausgegangen werden kann, dass einige menschliche anatomische Besonderheiten auf die genetische Drift zurückzuführen sind und *nicht* durch die natürliche Selektion entstanden sind, das heißt, im darwinistischen Sinne gar nicht adaptiv sind (vgl. Zrzavý et al. 2009, S. 63). Belegt wird diese Ansicht auch durch eine Studie, in der die Evolution von menschlichen Gesichtsformen analysiert wurde mit dem Ergebnis, dass die genetische Drift einen beträchtlichen Anteil an der Entstehung der heutigen menschlichen Gesichtsformen hat (vgl. Balter 2005, S. 235). Dadurch stellt sich die Frage, welche Eigenschaften streng genommen als adaptiv betrachtet werden können. Eine potenzielle Antwort führt zu einem Phänomen, das in der Evolutionsbiologie als »Spandrille« firmiert.

5.2.2 Konzept der »Spandrille«

In den 1970er-Jahren tauchte das Konzept der »constraints« (»Zwang«) in der Geschichte der Evolutionsbiologie auf (Zrzavý et al. 2009, S. 340). Stephen Jay Gould (1941–2002), Paläontologe und Evolutionsbiologe, und Richard Charles Lewontin, Genetiker und Evolutionsbiologe, kritisierten die neodarwinistische Ansicht zur Adaptation, indem sie zeigten, dass die »Eigenschaften der Organismen [...] oftmals nur Folgen der genetischen, entwicklungsbiologischen und historischen Zwänge« sind (ebd.). Sie führten den Begriff »Spandrille« »als Bezeichnung für funktionelle, aber nicht durch natürliche Selektion evolvierte Strukturen« ein (ebd., S. 341). Spandrillen (engl. »spandrels«) oder Bogenzwickel sind zwangsläufig entstehende architektonische Nebenprodukte (vgl. ebd.). Gould und Lewontin benutzten die Pendentifs aus dem Markusdom in Venedig (die sie fälschlicherweise als Spandrillen bezeichneten) als eine anschauliche Metapher, um das Konzept der »constraints« zu verdeutlichen (vgl. ebd.). Die Pendentifs im Markusdom tragen kunstvolle Mosaike, die die vier Evangelisten abbilden (vgl. ebd.). Die vier Hängezwickel der Kuppel erscheinen daraufhin den betrachtenden Personen als *bewusst* gewählte Elemente – obwohl die Mosaike der Evangelisten erst mehrere Jahrhunderte später entstanden –, was Gould und Lewontin in ihrem Aufsatz mehrfach hervorheben: »Spandrels do not exist to house the evangelists.« (Gould, Lewontin 1979, S. 583)

Zrzavý et al. (2009) bezeichnen diese Phänomene auch als »Nichtadaptationen« und illustrieren ein derartiges Nebenprodukt eines Evolutionsprozesses anhand der Vierfingrigkeit des in Amerika lebenden Zwergsalamanders mit dem Namen *Thorius* (ebd., S. 325; Hervorhebung im Original). Da alle Salamander sehr große Körperzellen besitzen, ist bei *Thorius* nur Platz für vier Zehen an allen Beinen, denn er ist nur 1,5 bis zwei Zentimeter lang (vgl. ebd., S. 325f.). Zrzavý und Kollegen beschließen ihre Erörterung mit dem Hinweis: »Wir können zwar fragen, warum die Salamander klein sind [...], aber wir sollten nicht fragen, warum sie vier Finger haben.« (ebd., S. 326)

5.2.3 *Genozentrische Sichtweise*

Das letzte der drei richtungsweisenden Konzepte, die »genozentrische Sichtweise«, führte laut Zrzavý et al. (2009) zur »genozentrischen Revolution« und ist untrennbar verbunden mit den Namen George C. Williams, Evolutionsbiologe und Zoologe, William D. Hamilton (1936–2000), Verhaltensbiologe und Genetiker, Edward O. Wilson, Entomologe und Ethologe, John Maynard Smith (1920–2004), Verhaltensforscher und Genetiker, und dem bereits mehrfach erwähnten Richard Dawkins (ebd., S. 35ff.). Letzterer entwickelte die Gedanken von Williams, Hamilton und Wilson u. a. weiter und machte sie in seinem im Jahre 1976 erschienenen Buch »The Selfish Gene« populär (vgl. ebd., S. 37). Die Hauptaussage der genozentrischen Sichtweise (präziser »allelozentrisch«) ist die, dass der »Evolutionserfolg [...] nicht an der Fortpflanzung der Individuen gemessen [wird; A.M.], sondern am langfristigen Überleben der Allele« (ebd., S. 38). Der Genozentrismus ist nach Zrzavý et al. (2009) »von allen formalen Beschreibungen der Evolution die sparsamste« (ebd.). Auch Gene, die sich auf Kosten der Fitness ihrer Träger verbreiten, sind durch diesen Standpunkt begründbar (vgl. ebd., S. 117; Dawkins 1996, S. 374). Ein Beispiel für einen derartigen »intragenomischen Konflikt« sind die cytoplasmatischen Gene, die »hauptsächlich über die weiblichen Gameten [Keimzellen; A.M.] an die nächste Generation weitergegeben werden, sodass die Männchen und männliche Gameten eine Sackgasse für solche Gene darstellen« (Zrzavý et al. 2009, S. 117). Einige dieser Gene in cytoplasmatischen Bakterien können Männchen in Weibchen umwandeln, wie dies beispielsweise bei Landkrebsen der Fall ist (vgl. ebd., S. 115). Kurz zusammengefasst: »Der Organismus ist eine fragile Koalition von Genen, die gemeinsam in die nächste Generation übertragen werden, deren Interessen aber nicht immer identisch sind.« (ebd., S. 141) Oder anders ausgedrückt: Die Organismen sind die relativ kurzlebigen »Vehikel«, die den »Replikatoren« (den Allelen) dazu verhelfen, sich zu vermehren (Dawkins 1996, S. 401). Durch diesen radikalen neuen Blickwinkel, den Richard Dawkins in die Evolutionsbiologie einführte, wird auch verständlicher, dass die Vertreterinnen und Vertreter der Soziobiologie, die im Folgenden vorgestellt wird, das *Fortpflanzungsverhalten* in den Vordergrund rücken (vgl. Zrzavý et al. 2009, S. 39).

5.3 Soziobiologie – Die neue Synthese

Eine wesentliche Richtung dieser neuen genozentrischen Anschauungsweise ist die »Soziobiologie«, die durch Edward O. Wilson geprägt wurde (Zrzavý et al. 2009, S. 39). Dieser Begriff geht zurück auf sein im Jahre 1975 publiziertes Buch »Sociobiology: The New Synthesis«, dessen Titel eine bewusste Abwandlung von »Evolution: The Modern Synthesis« von Julian S. Huxley darstellt (vgl. Reimers 1994, S. 235). Er definiert dort Soziobiologie als »the systematic study of the biological basis of all social behavior« (Wilson 1977, S. 4). Wilson hat bewusst den Menschen als einen Vertreter der Ordnung der Primaten in sein Projekt mit einbezogen (vgl. ebd., S. 547). Im weiteren Verlauf wird »Soziobiologie« als Oberbegriff sowohl für die Tier- als auch die Humansoziobiologie verwendet, wohl wissend, dass ein Begriff wie »Angepasstheit« in Bezug auf menschliche Verhaltensweisen (siehe 6.2.1) zu präzisieren ist (vgl. Voland 2009, S. 14). Bezogen auf die vier biologischen Grundfragen (siehe 4.2) liegt der Forschungsschwerpunkt dieser Disziplin auf der *Wozu*-Frage, der Frage nach dem adaptiven Wert (vgl. Zrzavý et al. 2009, S. 39). Die phylogenetischen Zwänge, die zum Beispiel Stephen Jay Gould und Richard Charles Lewontin mit dem oben beschriebenen Konzept der »constraints« erkannt haben (siehe 5.2.2), werden jedoch »vernachlässigt bis ignoriert« (Zrzavý et al. 2009, S. 37). Im Gegensatz zur klassischen Ethologie im Stile von Konrad Lorenz (1903–1989), Ethologe und Evolutionsbiologe, der die These der Selektion »zum Wohle der Art« vertrat (ebd., S. 39), wird der Gedanke der Gruppenselektion von den Soziobiologen völlig abgelehnt und die Individualselektion, wie vom klassischen Darwinismus und auch vom Neodarwinismus repräsentiert, durch die Idee der Genselektion ersetzt (vgl. ebd., S. 35).

Zwei einflussreiche soziobiologische Schlüsselkonzepte werden im Anschluss näher beschrieben: (1) Die Verwandtenselektion und (2) die Spieltheorie, vor allem das Konzept der »evolutionär stabilen Strategie«. Diese beiden Ansätze, gemeinsam mit der genozentrischen Sichtweise, generalisieren weitere Modelle, wie zum Beispiel das Konzept des Elterninvestments sowie das Konzept des reziproken Altruismus, die beide Anfang der 1970er-Jahre von Robert L. Trivers, Evolutionsbiologe und Anthropologe, ausgearbeitet wurden. Ersteres spielt im Rahmen der Analyse der Geschlechterdifferenzen eine ideengeschichtliche Rolle und wird in Kapitel 7.5 skizziert. Das Konzept des reziproken Altruismus wird nicht im Einzelnen vorgestellt, da sich nach neuerer Auffassung häufig zitierte Beispiele[38] »ebenso als Ausdruck der Verwandtenbevorzugung« interpretieren lassen (Voland 2009, S. 77).

5.3.1 Verwandtenselektion

Ein Phänomen, wie zum Beispiel der Altruismus gegenüber Verwandten, das sich von dem klassischen Darwinismus nur »mithilfe von Verrenkungen der Sprache« erklären ließ, erhält eine elegante Deutung durch das Konzept der *Verwandtenselektion*, das vor allem auf William D. Hamilton zurückgeht[39] (Zrzavý et al. 2009, S. 37f.). Durch die Unterstützung verwandter Individuen ist die Wahrscheinlichkeit groß, die gleichen Allele zu fördern (vgl. ebd., S. 39). Hamilton beschrieb in seinem Aufsatz ein mathematisches Modell, das später als »Hamiltons Regel« bekannt wurde: $k > 1/r$, wobei k das Verhältnis von Nutzen zu Kosten abbildet und r den genetischen Verwandtschaftskoeffizienten bezeichnet (Hamilton 1964, S. 16). Der Verwandtschaftskoeffizient drückt die Wahrscheinlichkeit aus, mit der ein Allel des jeweiligen Elternindividuums in das Genom der Zygote kopiert wird (vgl. Voland 2009, S. 4). Bei Populationen mit zweigeschlechtlicher Fortpflanzung und ohne Inzucht ist zwischen Eltern und ihren Kindern, ebenso zwischen Vollgeschwistern, r = 0,5 bzw. ½ und nimmt mit jeder Generation um die Hälfte ab, sodass zum Beispiel zwischen Großeltern und ihren Enkelkindern, wie auch zwischen Halbgeschwistern, r =0,25 bzw. ¼ gilt (vgl. ebd.). Eine plastische Übersetzung seiner mathematischen Formel liefert Hamilton, indem er konstatiert, man müsse nur genügend Verwandte zur Kompensation des Verlustes der eigenen Allele retten, um seiner Selbstaufopferung Sinn zu verleihen:

> »To express the matter more vividly, in the world of our model organisms, whose behaviour is determined strictly by genotype, we expect to find that no one is prepared

---

[38] Gemeine Vampire (»*Desmodus rotundus*«), in Zentralamerika lebend (Voland 2009, S. 77; Hervorhebungen im Original).

[39] »Verwandtenselektion« ist die deutsche Übersetzung des Begriffs »kin selection«, der von John Maynard Smith eingeführt wurde (Maynard Smith 1964).

to sacrifice his life for any single person but that everyone will sacrifice it when he can thereby save more than two brothers, or four half-brothers, or eight first cousins ...« (ebd.)

Hamilton prägte für dieses Verhalten den Terminus »inclusive fitness« (ebd., S. 15f.) und beschreibt damit die *Gesamtfitness*, die sich aus der durch eigene Fortpflanzung, *direkte* Fitness (auch »Darwin-Fitness« genannt), *und* die durch Verwandtenunterstützung erreichte *indirekte* Fitness ergibt (Voland 2009, S. 6). Edward O. Wilson war einer der Ersten, der die Bedeutung von Hamiltons Idee erkannte (vgl. Laland, Brown 2002, S. 78). In seinem Klassiker »Sociobiology« hebt er dieses Konzept als *die* Lösung des zentralen Problems der Soziobiologie hervor: »[...] the central theoretical problem of sociobiology: how can altruism, which by definition reduces personal fitness, possibly evolve by natural selection? The answer is kinship.« (Wilson 1977, S. 3) Erstaunlicherweise musste Hamilton seine Arbeit auf Umwegen in zwei Artikeln im Jahre 1964 veröffentlichen, da er »had considerable trouble getting approval for his Ph. D. thesis on the genetics of altruism« (Laland, Brown 2002, S. 77). Knapp zusammengefasst: Die Verwandtenunterstützung (Nepotismus) gilt als »perfekter Ausdruck genetischen Eigennutzes« und als »eine der ersten Errungenschaften der sozialen Evolution« (Voland 2009, S. 87).

5.3.2 Spieltheoretische Elemente

Ein weiteres Schlüsselkonzept der Soziobiologie ist die Anwendung der *Spieltheorie*, die von John Maynard Smith, als einer seiner bedeutendsten Leistungen, eingeführt wurde, um Evolutionsstrategien zu verstehen (vgl. Zrzavý et al. 2009, S. 37). Die Spieltheorie, ein Teilgebiet der angewandten Mathematik, versucht »u. a., das rationale Entscheidungsverhalten in sozialen Konfliktsituationen abzuleiten« (ebd., S. 84). Eine sehr wichtige Anwendung innerhalb der Spieltheorie ist das »Gefangenendilemma«-Spiel, das verdeutlicht, »warum es in Konfliktfällen oft so schwierig ist, zu einer kooperativen Lösung zu kommen« (Vollmer 1995, S. 175). Dieser Konflikt zeichnet sich dadurch aus, dass jede Person vordergründig einsieht, dass Kooperation alle besser stellen würde, doch ebenso geht jede Person davon aus, dass alle *anderen* Beteiligten kooperieren würden, sie *selbst* aber schneide durch unkooperatives Verhalten am besten ab (vgl. ebd.). Das Dilemma besteht genau darin, dass *alle* Beteiligten so denken und der Konflikt somit nur suboptimal gelöst werden kann (vgl. ebd.). Ein klassischer Fall ist die sogenannte »Tragödie der Allmende«, bei der natürliche Ressourcen wie zum Beispiel Fischbestände jedem Abnehmer frei zugänglich sind (Weber 2003, S. 102). Für jeden Nutzer lohnt es sich scheinbar, die Ressource maximal zu beanspruchen, doch wenn alle Benutzer dieser Ressource so vorgehen, erschöpft sie sich, wie beispielsweise die Überfischung von Fischbeständen zeigt (vgl. ebd.).

John Maynard Smith führte im Jahre 1973 in Zusammenarbeit mit George R. Price (1922–1975), einem Populationsgenetiker, das Konzept der »evolutionär stabilen Strategie« (ESS) in die Soziobiologie ein (Zrzavý et al. 2009, S. 37). Unter »Strategie« wird spieltheoretisch »eine evolvierte Regelsammlung [verstanden; A.M.], die festlegt, mit welcher Wahrscheinlichkeit welches Verhalten unter welchen Bedingungen gezeigt wird«[40] (Voland 2009, S. 128). Die Definition für eine ESS, die Dawkins (1996) liefert, ist nicht »so mathematisch präzise wie die von Maynard Smith«, aber m. E. sehr nachvollziehbar: »Eine ESS ist eine Strategie, die gegen Kopien ihrer selbst gut abschneidet.« (ebd., S. 447) Wichtig ist, zu betonen, dass *keine* bewussten Entscheidungen notwendig sind, auch wenn Bewusstsein oder Wertvorstellungen beim Menschen eine Rolle spielen können, »aber man spricht auch beim Computer von einer logischen Folge von Entscheidungen« (Wickler, Seibt 1998, S. 132). Ein Beispiel soll das Prinzip erläutern. Das Verlassen des Elternhauses von erwachsenen Nachkommen kann als eine ESS interpretiert werden (vgl. Zrzavý et al. 2009, S. 84). Es pendeln sich sogar zwei ESS ein: *Erstens* die Strategie der Abwanderung, die darauf abzielt, abseits des Elternhauses eine eigene Familie zu gründen oder *zweitens* zu Hause zu bleiben, zwar auf eigene Fortpflanzung zu verzichten, aber seine indirekte Fitness zu erhöhen durch Mithilfe bei der Aufzucht der Kinder der verwandten Familienmitglieder (vgl. ebd.). Die beiden anderen möglichen Varianten sind nicht evolutionär stabil (vgl. ebd.). Sich gar nicht fortzupflanzen, das heißt sowohl auf die direkte als auch die indirekte Fitness zu verzichten, würde eine Sackgasse für die eigenen Allele darstellen, und wenn alle Geschwister ihre Familie im Elternhaus gründen wollten, würden sich die verfügbaren Ressourcen zu schnell erschöpfen

[40] In der vorliegenden Studie wird der Terminus »Strategie« im Zusammenhang mit Fortpflanzung bzw. Reproduktion in der genannten Bedeutung verwendet.

und der Fortpflanzungserfolg aller verminderte sich (vgl. ebd.). Kurz zusammengefasst: Es können gleichzeitig mehrere ESS herrschen, womit erneut unterstrichen wird, dass es in der Evolution nicht die *eine optimale* Lösung gibt (siehe 5.2.1 und 5.2.2).

5.4 Zusammenfassung

Der geschichtliche Abriss der Evolutionsbiologie knüpfte an der Universalität des Evolutionsbegriffs an und illustrierte, dass ebenso eine »Evolution der Evolutionstheorie« stattfindet, deren Ende nicht in Sicht und deren Ziel unbekannt ist. Diese Präsentationsweise erlaubte es, die Dynamik in diesem Forschungsfeld aufzuzeigen und gleichzeitig festzustellen, dass von dem ursprünglichen Darwinismus nur noch die grundlegenden Annahmen im wissenschaftlichen Diskurs konsensfähig sind. Vollmer (1995) notiert dazu: »So muß man paradoxerweise feststellen, daß Darwin selbst gar kein Darwinist oder Neodarwinist im modernen Sinne war« (ebd., S. 94), und Zrzavý et al. (2009) machen darauf aufmerksam, dass die heutigen »Antievolutionisten« gegen den »überholten Neodarwinismus« der 1940er-Jahre polemisieren (ebd., S. 50). Die Ansicht Darwins und auch noch der klassischen Neodarwinisten in den 1940er-Jahren, dass die natürliche Auslese der Hauptmechanismus der Evolution sei, wurde durch die aufkommende Molekularbiologie nachhaltig in Frage gestellt. Neu entstandene Ideen-Variationen, wie zum Beispiel die Theorie der neutralen Evolution, konnten sich aber noch nicht im »Pool der evolutionären Ideen fixieren«. G. Ledyard Stebbins (1906–2000) und Francisco J. Ayala, beide Genetiker und Evolutionsbiologen, diskutierten bereits im Jahre 1981 in ihrem Aufsatz »Is a New Evolutionary Synthesis Necessary?«, ob eine neue evolutionäre Synthese notwendig sei, die die Debatte Selektionismus versus Neutralismus auflösen könne (Stebbins, Ayala 1981, S. 967). Laut Zrzavý et al. (2009) ist diese Auseinandersetzung noch nicht beendet (vgl. ebd., S. 61).

Zrzavý et al. (2009) beschließen ihre Rezeption des Postneodarwinismus mit der genozentrischen Sichtweise und ihrem Popularisierer Richard Dawkins und dem Begründer der Soziobiologie Edward O. Wilson (vgl. ebd., S. 37). Doch wie geht es mit der »Evolution der Evolutionstheorie« weiter?

6. Evolutionstheorie im Übergang zum 21. Jahrhundert

Es gibt viele »Soziobiologien«, wie es Ullica Segerstråle (2000), eine Wissenschaftssoziologin, formuliert hat: »But there are many ›sociobiologies‹, of which Wilsonian sociobiology is just one.« (ebd., S. VII) Allerdings hat es derzeit den Anschein, dass die evolutionäre Psychologie[41] (siehe 6.2) im Begriff ist, ein »de facto label« für alle evolutionären Ansätze zu werden (Liesen 2007, S. 57). Anders ausgedrückt stellt sich die Frage, ob »es sich nicht nur einfach um Soziobiologie unter einem anderen, politisch genehmeren Namen handelt (was zum Teil durchaus zutrifft)« (Hrdy 2000, S. 453).

6.1 Soziobiologische Varianten

Die Soziobiologie, die durch Wilson begründet wurde, war mannigfaltigen Attacken ausgesetzt – im wahrsten Sinne des Wortes, wie Ullica Segerstråle selbst als Hörerin eines Symposiums in Washington im Februar 1978 erlebt hat: »Just as Wilson is about to begin, about ten people rush up on the speaker podium [...] and pour a jug of ice-water over his head [...]. Wilson – still wet – gives his talk, in spite of the shock of the physical attack.« (Segerstråle 2000, S. 23) Segerstråle hat in ihrer detaillierten Analyse der Soziobiologie-Debatte herausgearbeitet, dass ein Charakteristikum dieser Auseinandersetzung die unzulängliche Kommunikation über die möglichen sozialpolitischen Folgen der soziobiologischen Sichtweise darstellte: »With hindsight, I believe that ›bad communication‹ is indeed one way of characterizing the sociobiology debate.« (ebd., S. 24). Bevor auf die evolutionäre Psychologie näher eingegangen wird, sollen nachfolgend drei weitere derzeit in der Literatur diskutierte soziobiologische Varianten erwähnt werden, um das Bild zu komplettieren: (1) die Human-Verhaltensökologie, (2) die Theorie der Gen-Kultur-Koevolution und (3) die Memetik.

[41] Im Anschluss an Ulrich Hoffrage, der die deutsche Übersetzung des Standardwerks von David M. Buss »Evolutionary Psychology« verantwortet, wird der Terminus »evolutionäre Psychologie« verwendet, da der Begriff »Evolutionspsychologie« implizieren würde, die Evolution bedinge Intentionalität (Buss 2004, S. 20).

6.1.1 Human-Verhaltensökologie

Während die Soziobiologie-Debatte noch andauerte, entwickelte sich aus der Soziobiologie Ende der 1970er-Jahre eine neue Forschungsrichtung, die *Human-Verhaltensökologie.* Anhand von quantitativen demographischen Studien wird die Variabilität von individuellen Fortpflanzungsstrategien in den unterschiedlichen sozio-ökologischen Lebenskontexten untersucht (vgl. Voland, Engel 2000, S. 437). Da aber dieser Zweig – bildlich gesprochen – nicht so kräftig ist, Laland, Brown (2002) umschreiben es so, »In terms of the number of researchers, human behavioural ecology is dwarfed by its cousin evolutionary psychology« (ebd., S. 151), wird auf dieses Forschungsgebiet nicht näher eingegangen.

6.1.2 Gen-Kultur-Koevolution

Anfang der 1980er-Jahre erweiterte eine neue Sichtweise die Soziobiologie. Die Theorie der *Gen-Kultur-Koevolution* nimmt sich der Wechselwirkungen genetischer und kultureller Evolution an (vgl. Laland 2008, S. 3578). Ohne umfassender in diesen Komplex einzusteigen, soll zumindest durch ein Beispiel, der Evolution der Laktose-Toleranz, die Ergiebigkeit dieses Ansatzes verdeutlicht werden. Erst kürzlich konnte in einer Studie die Annahme bestätigt werden, dass die Fähigkeit erwachsener Menschen, die Laktose in Milchprodukten abzubauen, sich erst parallel zur Einführung der Domestikation von milchproduzierenden Tieren in Europa vor ca. 8.000 Jahren verbreitet hat (vgl. Burger et al. 2007, S. 3739). Voraussetzung für den Abbau der Laktose ist das Vorhandensein eines bestimmten Allels (vgl. ebd.). Menschliche Populationen, in denen seit Beginn der Milchwirtschaft kontinuierlich Milch konsumiert wurde, bestehen zu mehr als 90 Prozent aus Individuen, die die Fähigkeit zum Laktose-Abbau besitzen. Im Gegensatz dazu können in Populationen ohne diese Tradition nur ca. 20 Prozent der Individuen Laktose aufnehmen, ohne zu erkranken (vgl. Weber 2003, S. 91). Dieser Theorieansatz ist m. E. besonders geeignet in Verbindung mit der evolutionären Psychologie, die in Kapitel 6.2 detaillierter besprochen wird, die Basis zu bieten, menschliche Verhaltensweisen evolutionär zu erklären.

6.1.3 Memetik

Die letzte der drei soziobiologischen Varianten, die in diesem Streifzug angesprochen wird, ist die *Memetik,* die auf Richard Dawkins zurückgeht, der den Begriff »Mem« in der ersten Auflage seines Buches »The Selfish Gene« im Jahre 1976 eingeführt hat (Dawkins 1996, S. 309). Er leitete Mem als Kunstwort von einer griechischen Wurzel ab (ohne diese explizit zu erwähnen), verweist aber auch auf die Ähnlichkeit mit dem lateinischen »*memoria*« oder dem französischen »*même*« (ebd.; Hervorhebungen im Original). Dawkins' Grundidee ist, Meme als Replikationseinheiten der kulturellen Evolution zu identifizieren, wie beispielsweise »Melodien, Gedanken, Schlagworte, Kleidermoden«, die sich in einem Mempool verbreiten, analog zu Genen, die sich in einem Genpool vermehren (ebd.). Der bereits zu Beginn des Kapitels 5 erwähnte Alfred K. Treml importierte die Mem-Idee in die Pädagogik; er definiert: »Meme sind Selektionseinheiten der Kommunikation und ›kämpfen‹ mit anderen Memen um ein ›Weiterleben‹ in und durch weitere Kommunikation.« (Treml 2005, S. 11) Eine soziologische Anwendung nehmen Gilgenmann, Schweitzer (2006) vor. Sie greifen den Vorschlag von Dawkins auf, verwenden aber »eine engere Definition der Replikationseinheiten«, indem sie auf den Begriff »Institution« der »älteren soziologischen Theorietradition« rekurrieren (ebd., S. 354). Für Klaus Gilgenmann und Berthold Schweitzer gilt, dass »Institutionen innerhalb der menschlichen Kommunikation [...] einen besonderen Teil des Wissensvorrats darstellen, der in einer kulturellen Population tradiert wird« (ebd.). Damit möchten sie einen kritischen Haupteinwand vorwegnehmen, die kulturellen Replikationseinheiten seien nicht ausreichend informationell geschlossen (vgl. ebd.). Der Vorschlag von Gilgenmann und Schweitzer, Institutionen als funktionales Äquivalent zu Genen zu betrachten, scheint m. E. sehr fruchtbar zu sein, wird aber hier nicht weiter verfolgt, da eine bereits erwähnte einflussreiche Weiterentwicklung der Soziobiologie, die *evolutionäre Psychologie*, im Anschluss genauer betrachtet werden soll.

6.2 Evolutionäre Psychologie

Laland, Brown (2002) bezeichnen dieses Forschungsfeld als den derzeit populärsten Ansatz (vgl. ebd., S. 290), wobei Kevin N. Laland (2008) nichtsdestoweniger dieses Forschungsgebiet stark kritisiert (vgl. ebd., S. 3586). Weber (2003) ist der Ansicht, dass dieses Programm »in der akademischen Evolutionsbiologie nur wenige Freunde« gefunden hätte (ebd., S. 89). Dessen ungeachtet bedient sich diese Fachrichtung aber einer interessanten Methode, der »bottom-up«-Strategie: Ausgehend von einem beobachteten Lebensphänomen werden evolutionäre Hypothesen entwickelt, mit denen sich eine mögliche adaptive Funktion des Phänomens zuordnen lässt. Diese Herangehensweise soll für die vorliegende Studie genutzt werden. Zuvor werden in einem Überblick die wichtigsten Schlüsselkonzepte der evolutionären Psychologie erläutert, das sind (1) die klare Trennung zwischen adaptiver Verhaltensweise und Angepasstheit, (2) das »Environment of Evolutionary Adaptedness« und (3) die »evolvierten psychologischen Mechanismen«.

6.2.1 Adaptive Verhaltensweise oder Angepasstheit?

Die Soziobiologie im Generellen geriet aufgrund der Missachtung des Unterschieds zwischen *Angepasstheit*, die durch natürliche Selektion geformt wurde, und *adaptiver Verhaltensweise*, die aktuell die Fitness erhöht, von der sich neu formierenden Disziplin der evolutionären Psychologie Ende der 1980er-Jahre unter Beschuss (vgl. Laland, Brown 2002, S. 132). Vertreterinnen und Vertreter dieser Richtung monierten, dass Forschende der Human-Verhaltensökologie Reproduktionserfolg mit menschlichen Verhaltenseigenschaften korrelierten und diese dann als angepasst klassifizierten, wenn eine entsprechende Korrelation nachgewiesen werden konnte (vgl. ebd.). Das heißt, durch diese Methode wird implizit unterstellt, die so entdeckte adaptive Verhaltensweise hätte sich aufgrund natürlicher Selektion entwickelt (vgl. ebd., S. 139). Bereits George C. Williams hatte in seinem Klassiker »Adaptation and Natural Selection« im Jahre 1966 auf diesen Unterschied hingewiesen, der aber erst im Jahre 1982 unter dem Begriff »Exaptation« von Stephen Jay Gould und Elisabeth Vrba, Paläontologin und Evolutionsbiologin, in den Wortschatz der Evolutionsbiologie dauerhaft eingeführt wurde (ebd., S. 134). Exaptationen sind nützliche Eigenschaften, die *aktuell* zu erhöhter Fitness führen, aber ursprünglich zu einem anderen Zweck evolvierten (vgl. ebd.). Klassisches Beispiel ist das Vogelgefieder, das »sehr wahrscheinlich aus Gründen der Thermoregulation« entstand und »nicht als Mittel zum

Fliegen« (Zrzavý et al. 2009, S. 322). Ein weiteres Beispiel, das Laland, Brown (2002) anführen, ist, dass die menschliche Sprache eine Adaptation sei, während die menschliche Intelligenz eine Exaptation darstelle (vgl. ebd., S. 134).

6.2.2 Konzept des »Environment of Evolutionary Adaptedness«

Der zweite wesentliche Unterschied zu der Soziobiologie im Allgemeinen ist die These, dass die meisten Adaptationen in der evolutionären Vergangenheit der Gattung Homo (Hominisation) stattgefunden hätten und inzwischen häufig – wenn nicht sogar meistens – aufgrund der geänderten Lebensbedingungen in heutigen Umwelten *nicht* mehr der Fitness dienen würden (vgl. Laland, Brown 2002, S. 142). Diese Klasse der Adaptationen (»past adaptation«) werden aufgrund ihrer Untersuchungsmethoden von den Forschenden der Soziobiologie nicht wahrgenommen, da sie sich auf aktuell adaptives Verhalten konzentrieren (ebd., S. 133). Diese verschiedenen Blickwinkel sollen anhand eines Beispiels veranschaulicht werden, das in der Literatur häufig als Exempel dient (z. B. Voland 2009, S. 15; Asendorpf 2007, S. 122; Weber 2003, S. 86f.). Die Vorliebe für Süßes ist unter heutigen Bedingungen des Zuckerüberflusses gesundheitlich bedenklich und steigert vermutlich nicht die Fitness, folglich wird sie von der Vertreterschaft des soziobiologischen Ansatzes nicht als adaptiv bewertet; im Gegensatz dazu stellt diese Präferenz eine »past adaptation« im Sinne der evolutionären Psychologie dar, da zuckerhaltige Nahrungsquellen in frühen Zeiten der Hominisation mit kohlenhydratarmen Umwelten wichtig waren für eine Optimierung des Energiehaushalts (vgl. Voland 2009, S. 15). Die Grundidee, eine adaptive Verhaltensweise »aus seiner ehemaligen Funktion während der Epoche seiner evolutiven Entstehung« zu verstehen (Voland 2009, S. 14), stammt von John Bowlby (1907–1990), Psychoanalytiker und Kinderarzt, der dafür den Begriff »Environment of Evolutionary Adaptedness« (EEA) in seinem Klassiker »Attachment and Loss« im Jahre 1969 geprägt hat[42] (Hrdy 2000, S. 127). Bowlby ging es um die »emotionale[.] Bindung eines menschlichen Kindes an seine Mutter«, dessen »Umwelt der evolutionären Angepasstheit« sich während der Hominisation kaum gewandelt habe (ebd.).

[42] »Bowlby bediente sich eines Konzepts, das in den späten dreißiger Jahren [1930er; A.M.] von einem deutschen Psychologen [Heinz Hartmann; A.M.] entwickelt worden war.« (Hrdy 2000, S. 127, S. 634)

Kritisiert wird die Übernahme dieses Konzepts in die evolutionäre Psychologie von Laland, Brown (2002), die darauf hinweisen, dass viele Unstimmigkeiten hinsichtlich der Verwendung des Terminus EEA aus einem Stereotyp genährt werden, das das EEA fest in Raum und Zeit verortet, als »Pleistocene[43] African savannah« (ebd., S. 177). Laland und Brown führen aus, dass bei dieser Analogie die Variabilität der Steinzeitmenschen nicht berücksichtigt wird, die nicht nur in Afrika in Savannen, sondern auch in Wüsten, an Flüssen, an Meeren, in Wäldern und in der Arktis lebten (vgl. ebd., S. 178). Ebenso ist es nicht ausreichend, unsere Vorfahren als Jäger und Sammler zu bezeichnen (vgl. ebd.; Liesen 2007, S. 58). Andere Auffassungen zur Menschwerdung fokussieren zum Beispiel auf die Nahrungsbeschaffung durch Aasräubern (vgl. Schmitz 2006b, S. 204). Leda Cosmides, eine Psychologin, und ihr Ehemann John Tooby, ein Anthropologe, die als Gründer der evolutionären Psychologie gelten, haben ihre Position zu dem EEA-Ansatz klargestellt, indem sie betonen, dass das EEA sich nicht auf einen bestimmten Zeitpunkt oder Ort beziehe, sondern auf die natürliche Selektion, die während der Evolutionsperiode, in der die Anpassung evolvierte, geherrscht habe (vgl. Tooby, Cosmides 1992, S. 69). Komprimiert ausgedrückt: »Daher hat jede Adaptation ihr eigenes EEA.« (Buss 2004, S. 72) Diese Annahme scheint m. E. bestätigt zu werden durch die Theorie der Gen-Kultur-Koevolution, wie anhand des Beispiels der erst – evolutionär gesehen – kürzlich bei Menschen entwickelten Laktose-Toleranz referiert (siehe 6.1.2). Dennoch beharrt Laland (2008) auf seiner Kritik an dem EEA-Design, das seiner Meinung nach impliziere, Menschen seien passive Opfer der natürlichen Selektion (vgl. ebd., S. 3585). Das Problem löst sich m. E. auf, wenn beide Ansätze, Gen-Kultur-Koevolution und evolutionäre Psychologie, verknüpft werden, denn im Anschluss an Gilgenmann, Schweitzer (2006) lässt sich feststellen: »Die kommunikative Weitergabe von Informationen beschleunigt alle evolutionären Prozesse weit über das Maß hinaus, das auf der Basis genetischer Vererbung möglich ist.« (ebd., S. 352) Dieser Gedanke – der noch eine zusätzliche Erläuterung im nächsten Abschnitt erfordert – führt unmittelbar zu einem zentralen Bestandteil des Programms der evolutionären Psychologie, den »evolvierten psychologischen Mechanismen«.

---

[43] Das Pleistozän ist eine erdgeschichtliche Epoche, die vor 1,8 Millionen Jahren begann und vor 11.800 Jahren endete (vgl. Zrzavý et al. 2009, S. 458).

6.2.3 Konzept der »evolvierten psychologischen Mechanismen«

Als ein Schlüsselkonzept der evolutionären Psychologie gilt der von Tooby, Cosmides (1992) eingeführte Gedanke des »evolvierten psychologischen Mechanismus« (EPM) (Asendorpf 2007, S. 114). Asendorpf (2007) fasst die detaillierten Ausführungen von Tooby, Cosmides (1992) wie folgt übersichtlich zusammen: »Unter einem EPM wird ein bereichs- und kontextspezifischer proximater Mechanismus verstanden, der als Anpassungsleistung an die Umwelt unserer Vorfahren (also ultimat) verständlich ist und von dem angenommen wird, dass er genetisch fixiert ist und deshalb vererbt wird.« (Asendorpf 2007, S. 114) Die für die vorliegende Studie wesentliche Aussage ist die, dass *ultimate* Erklärungen durch natürliche Selektion – auf die die klassische Soziobiologie sich beschränkt – »in evolutionspsychologischen Erklärungen ergänzt werden [müssen; A.M.] durch Angabe *proximater* evolvierter psychologischer Mechanismen« (ebd.; Hervorhebung A.M.). Dadurch wird nachvollziehbar – um den obigen Gedankengang von Gilgenmann, Schweitzer (2006) zu Ende zu führen –, dass es *immer* ein EEA geben muss, da *grundsätzlich* ein zeitlicher Graben zwischen der viel schnelleren kommunikativen Transmission der kulturellen Informationen und den sich langsamer entwickelnden EPMs aufgrund deren genetischer Fixierung vorliegt. Dadurch kommt die Pädagogik ins Spiel. Aber bevor diese Idee in Kapitel 6.3 näher betrachtet wird, bedarf es noch der Einführung weiterer Konzepte.

Grundlage der evolutionären Psychologie ist die Annahme, dass »Menschen über eine große Anzahl spezialisierter psychologischer Mechanismen [EPMs; A.M.] verfügen, von denen ein jeder spezifische adaptive Probleme lösen soll« (Buss 2004, S. 91). Für die Beantwortung der Frage, was denn ein adaptives Problem sei, werden von der genozentrischen Sichtweise ausgehend (siehe 5.2.3) diejenigen Probleme bestimmt, die der Reproduktion im weitesten Sinne dienen (vgl. ebd., S. 101). David M. Buss (2004), ein Psychologe, hat acht solcher adaptiver Problemfelder identifiziert: Überlebensprobleme, Herausforderungen von Sexualität und Partnerwahl, Probleme im Kontext von Elternschaft sowie Verwandtschaft und Probleme sozialer Gemeinschaften, die er weiter in Kooperation, Aggression, Konflikte zwischen den Geschlechtern und soziale Dominanz unterteilt (vgl. ebd., S. 103f.). Wie lassen sich diese vielfältigen EPMs forschungsmethodisch identifizieren? Es gibt zwei Strategien, wie evolutionäre Hypothesen entwickelt werden können, zum einen die »top-down«-Strategie und zum anderen die »bottom-up«-Strategie (Buss 2004, S. 79). Bei der theoriegeleiteten Strategie oder *»top-down«-Strategie* werden ausgehend von einer evolutionären Theorie, wie zum Beispiel Hamiltons Theorie der inklusiven Fitness (siehe 5.3.1), evolutionäre Hypothesen generiert, beispielsweise dass Menschen abhängig von dem Verwandtschaftsgrad ihre Hilfebemühungen dosieren würden (vgl. ebd.). Diese so abgeleiteten Annahmen lassen sich dann mittels geeigneter Operationalisierungen einer empirischen Prüfung unterziehen. Bei der erfahrungsgeleiteten Strategie oder *»bottom-up«-Strategie* ist der Startpunkt ein beobachtetes Phänomen und darauf basierend wird eine evolutionäre Hypothese über eine mögliche adaptive Funktion entwickelt (vgl. ebd.). Aus dieser Hypothese können dann wiederum empirisch prüfbare Annahmen abgeleitet werden. Tooby, Cosmides (1992) sprechen von »form-to-function approach« und sind sich bewusst, dass dieser Ansatz anfällig ist gegenüber den Anschuldigungen, die Stephen Jay Gould und Richard Charles Lewontin erhoben haben, es handle sich lediglich um das Erzählen von adaptiven Geschichten (ebd., S. 76f.; Gould, Lewontin 1979, S. 586ff.). Als ein Beispiel für die »bottom-up«-Strategie und zugleich als ein Beweis der Nützlichkeit eines derartigen Vorgehens zitieren Tooby, Cosmides (1992) eine Studie, die Schwangerschaftsübelkeit zusammen mit Aversionen gegen bestimmte Nahrungsmittel als eine *adaptive* Verhaltensweise enttarnt hat, obwohl die Morgenübelkeit der ersten drei Schwangerschaftsmonate bisher als Funktionsstörung betrachtet wurde (vgl. ebd., S. 76; Buss 2004, S. 118). Die Übelkeit sowie die Lebensmittel-Aversionen helfen der Schwangeren, die Aufnahme von Giftstoffen – sogenannte »Teratogene« – zu vermeiden, die dem Embryo schaden könnten (Buss 2004, S. 116). Das Vermeidungsverhalten hat seinen Höhepunkt genau während der sensiblen Phase – die ersten zwei bis vier Wochen nach der Empfängnis – in der der Fötus besonders empfindlich auf Teratogene reagiert (vgl. ebd., S. 117). Eine vermeintliche »Krankheit« entpuppt sich als adaptiv funktionell. Eine überraschende Lösung, was Asendorpf (2007) als Chance hervorhebt, die die Verzahnung ultimaten Nutzens und vermittelnder proximater Prozesse biete (vgl. ebd., S. 123).

Asendorpf (2007) sieht allerdings ebenso die Risiken, Scheinerklärungen zu produzieren, das heißt, die Umweltbedingungen in der evolutionären Vergangenheit werden so angenommen, dass sie den EPM erklären (vgl. ebd., S. 121). Diese Risiken können vermindert werden durch das Aufspüren homologer Mechanismen, vor allem bei unseren nahen Verwandten in der Primatenfamilie Hominoidea (vgl. ebd.). Diese Gruppe umfasst die Hominini, bestehend aus Mensch, Bonobo und Schimpanse sowie Gorilla, Orang-Utan und Gibbons mit ihren verschiedenen Gattungen und Unterarten (vgl. Zrzavý et al. 2009, S. 149). Homologien sind »Merkmale, die auf die gleiche genetische Information der Stammart zurückgehen« (ebd., S. 160). Das heißt nicht, dass homologe Merkmale sich ähnlich sein müssen, sondern im Gegenteil, sie weichen häufig sogar stark voneinander ab, wie verdeutlicht werden kann anhand der Homologie der Vorderflosse des Delfins mit dem Flügel der Fledermaus (vgl. ebd., S. 160f.). Wichtig für die Argumentation dieser Studie ist die Tatsache, dass das Homologie-Konzept auch auf Verhaltensweisen angewandt werden kann, wie Konrad Lorenz nachwies (vgl. ebd., S. 163). Erneut zeigt sich, dass ein Verhalten nicht *aktuell* adaptiv sein muss (siehe 5.2.1 sowie 5.2.2), sondern die einfache Erklärung völlig ausreichend sein kann, dass sich die Tiere (und der Mensch) so und nicht anders verhalten, »weil sich bereits ihre Vorfahren schon so verhalten haben« (ebd., S. 318). Zum Beispiel zieht der Rothirsch beim Drohen die Lippen hoch, obwohl er über keine Eckzähne mehr verfügt, die den Gegner einschüchtern könnten (vgl. ebd., S. 319f.). Der Mensch kennt immer noch die »Gänsehaut«, obwohl er das Fell seiner nahen Primatenverwandten, deren Haare sich bei Kälte oder als Dominanzgebaren sträuben, um größer zu wirken, nur noch in rudimentärer Form besitzt (vgl. ebd., S. 320). Auch hier erweist sich, dass ein EEA zwangsläufig existiert (siehe 6.2.2), denn die »Gänsehaut« erfüllt sicherlich nicht mehr die adaptive Funktion der Überlegenheitsdemonstration oder des Schutzes vor Kälte. Prinzipiell sind Homologien schwer nachzuweisen (vgl. ebd., S. 180). Für psychologische Mechanismen ist es förderlich, wenn diese sich in ähnlicher Form bei möglichst vielen nah verwandten Arten zeigen (vgl. Asendorpf 2007, S. 121). Notwendig ist der Nachweis homologer EPMs nicht, da es *artspezifische* EPMs sowohl bei Menschen als auch bei verwandten Primaten geben kann (vgl. ebd., S. 122).

6.3 Zusammenfassung und erste Schlussfolgerung

Die fünf verschiedenen »Allele« der genozentrischen Sichtweise konkurrieren weiterhin um die Ausbreitung im evolutionären Ideen-Pool: Die klassische Soziobiologie, geprägt von Edward O. Wilson, die Human-Verhaltensökologie, die Gen-Kultur-Koevolution, die Memetik und schließlich die evolutionäre Psychologie – wobei das Forschungsgebiet der evolutionären Psychologie derzeit am populärsten erscheint. Festzuhalten ist, dass alle fünf beschriebenen Ansätze unterschiedlich stark die drei Betrachtungsebenen eines Lebensphänomens gewichten; im Einzelnen ist das die Ebene der psychologischen Mechanismen, des Verhaltens und des kulturellen Kontextes (vgl. Laland, Brown 2002, S. 304). Daraus kann aber nicht abgeleitet werden, dass eine grundsätzliche Trennlinie zwischen den einzelnen Forschungsprogrammen gezogen werden müsste (vgl. ebd.).

Weitgehender Konsens herrscht zwischen den Vertreterinnen und Vertreter der fünf Denkschulen in der Auffassung, dass eine als vollständig zu betrachtende evolutionäre Erklärung für Verhaltensweisen fünf Komponenten umfassen sollte: (1) Genetisch vererbbare Merkmale, die (2) für psychologische Mechanismen relevant sind, die (3) das Verhalten auslösen, das (4) auf kontextspezifische Umweltreize reagiert und sich in (5) Reproduktionserfolg, also Fitness, niederschlägt (vgl. ebd., S. 305). Die klassische *Soziobiologie* studiert das (3) Verhalten und die Beziehung zu den (1) Genen und zur (5) Fitness; die *Human-Verhaltensökologie* beleuchtet die (3) individuellen Verhaltensweisen, die flexibel auf (4) Umweltreize antworten und (5) die Fitness beeinflussen; die *Gen-Kultur-Koevolution* untersucht, wie (1) die genetischen und kulturellen Vererbungen sich auf (2) psychologische Mechanismen und (5) Reproduktionserfolg auswirken; die *Memetik* nimmt sich der (1) kulturellen Komponente der Vererbung an, die sich im (3) Verhalten widerspiegelt, und schließlich fokussiert die *evolutionäre Psychologie* auf (2) die psychologischen Mechanismen und deren Verbindungen zu (3) Verhalten und (4) Umwelt (vgl. ebd.).

Zwei weitere Punkte lassen sich als Bilanz der Rezeption festhalten: (1) Menschliches Verhalten muss *nicht* (mehr) *adaptiv* sein und (2) auch für die jeweilige Population als Gesamtheit *schädliche* Allele können sich fixieren. Beide Folgerungen sind m. E. für eine Eltern- und Familienbildung bedeutsam, da mit

Gilgenmann, Schweitzer (2006) die Pädagogik als »Mittel zur Überbrückung zwischen Steinzeitgehirn und Anforderungen der Gesellschaft« betrachtet werden kann (ebd., S. 367). Der Begriff des »Steinzeitgehirns« lässt sich im Lichte der Argumentation im Abschnitt 6.2.2 hinsichtlich eines *variablen* »Environment of Evolutionary Adaptedness« (EEA) generalisieren zu einem Verstand, der aus vielen »evolvierten psychologischen Mechanismen« (EPMs) nach Art eines Schweizer Taschenmessers[44] besteht, die zu unterschiedlichen historischen Zeiten entstanden sind. Wie kann man sich diese Brückenfunktion der Pädagogik konkret vorstellen? Wenn es gelänge, die jeweils ursprüngliche adaptive Funktion zu ermitteln, ließen sich die durch die einzelnen EPMs begründeten Verhaltensdispositionen eventuell pädagogisch beeinflussen. Bei einem gut dokumentierten EPM, die leichte Erlernbarkeit von Angst Schlangen gegenüber (vgl. Asendorpf 2007, S. 114), lässt sich die Fruchtbarkeit dieser Idee demonstrieren. Schlangenangst ist in Umwelten, in denen Schlangen essbar oder ungefährlich sind, kaum verbreitet, während in Mitteleuropa etwa ein Viertel aller Personen starke Angst vor Schlangen hat (vgl. ebd.). Zeigt eine andere Person in Gegenwart einer Schlange große Angst, so wird die beobachtende Person, wenn sie über dieses EPM verfügt, ebenfalls mit Angst reagieren (vgl. ebd.). Durch Vermittlung dieses Wissens in einer Elternbildungsveranstaltung, vorzugsweise noch während der Schwangerschaft, könnte es einigen Eltern gelingen, ihre eigene Angst vor Schlangen durch geeignete Trainingsmaßnahmen abzubauen. Das EPM »leichte Erlernbarkeit von Angst Schlangen gegenüber«, über das ihre Kinder verfügen, würde bei einer zukünftigen Begegnung mit einer Schlange nicht durch das Verhalten ihrer Eltern ausgelöst.

Die Schlussfolgerungen, die sich vor allem aus den Erkenntnissen des Forschungsprogramms der evolutionären Psychologie (siehe 6.2) ergeben, lassen es zu, die zweite These der vorliegenden Studie zu formulieren: *Die Persistenz der Geschlechterrollen, die sich in den beiden Phänomenen des »Traditionalisierungseffekts« und der »Weichensteller-Funktion« der Mütter widerspiegelt, ist als eine Folge der unterschiedlichen Selektionsdrücke auf die Geschlechter im Laufe der Evolution zu werten.* Zur Begründung dieser These wird nach einer Antwort gesucht,

---

[44] Die Metapher verwenden Laland, Brown (2002), anknüpfend an Leda Cosmides und John Tooby, »the mind is described as being like a ›Swiss army knife‹, with each psychological mechanism analogous to a single blade« (Laland, Brown 2002, S. 163).

wie die beiden Erklärungsebenen zusammenspielen, das heißt, die ultimaten Ursachen sowie die proximaten Mechanismen (siehe 4.2). Es geht zum einen um die phylogenetischen Zusammenhänge, die Warum-Frage, und den Anpassungswert, die Wozu-Frage: (1) *Warum* gibt es überhaupt zwei Geschlechter, und (2) *wozu* unterscheiden sie sich im Verhalten (vgl. Bischof-Köhler 2006, S. 107)? Zum anderen werden die kausalen Wirkmechanismen betrachtet, die dazu führen, dass die empirischen Evidenzen hinsichtlich der Geschlechterrollen zu beobachten sind. Hier stehen die Verursachungen, die Wie-Frage, und die ontogenetischen Zusammenhänge, die Was-Frage, im Vordergrund: (3) *Wie* muss man sich die physischen und psychologischen Mechanismen vorstellen, die erforderlich sind, damit sich das unterschiedliche Verhalten der Geschlechter manifestieren kann, und (4) *was* ist während der individuellen Ontogenese an inneren und äußeren Faktoren notwendig, damit sich die geschlechtstypischen Verhaltensbesonderheiten entwickeln[45] (vgl. ebd.)?.

Die *erste* Frage, die Warum-Frage, wird in Kapitel 7 ausführlich analysiert, indem vier Teilfragen nacheinander behandelt werden. Die Struktur dieser Aufteilung folgt der Argumentation, wie sie von Wickler, Seibt (1998) entwickelt wurde. Danach wird die *zweite* Frage, die Wozu-Frage, in Kapitel 8 einer Antwort zugeführt, die sich auf das darwinistische Konzept der sexuellen Selektion stützt. In Hinblick auf die *dritte* Frage, die Wie-Frage, soll zum einen das in Kapitel 3.4.2 verdichtete Phänomen der »Weichensteller-Funktion« der Mütter, als EPM (siehe 6.2.3) betrachtet werden und zum anderen eine ultimate Ursache für den »Traditionalisierungseffekt« (siehe 3.4.1) begründet werden. Methodisch wird mit der aus der evolutionären Psychologie entlehnten »bottom-up«-Strategie gearbeitet, wie sie in Kapitel 6.2.3 erläutert wurde. Ausgehend von den beiden identifizierten Phänomenen, die für die Persistenz der Geschlechterrollen verantwortlich zeichnen, soll in Kapitel 9 eine evolutionäre Hypothese über eine mögliche adaptive Funktion abgeleitet werden.

[45] Die vierte Frage, nach den ontogenetischen Zusammenhängen, wird in aller Ausführlichkeit zum Beispiel von Bischof-Köhler (2006) behandelt; eine Auseinandersetzung mit dieser Thematik würde den Rahmen dieser Studie sprengen.

7. Phylogenetische Sicht – Warum zwei Geschlechter?

Abbildung 3 bietet einen Orientierungsrahmen zur Persistenz der Geschlechterrollen, der in den folgenden Unterkapiteln sukzessive konkretisiert wird. Zuerst wird die Evolution der zwei Geschlechter behandelt, die im oberen Teil der Abbildung 3 durch das Quadrat A und das abgerundete Quadrat B illustriert werden. Die beiden Geschlechter erhalten die neutralen Namen A und B, um jedwede negative Konnotation, die mit den Begriffen männlich bzw. weiblich auftreten könnten, von vornherein zu vermeiden. Die Symbole sind bewusst so gewählt, dass sie sich nur geringfügig unterscheiden, denn anfänglich kleine Differenzen können im Laufe der Evolutionsgeschichte immer größer werden, wie noch zu zeigen sein wird (siehe 7.3).

Abbildung 3: Persistenz der Geschlechterrollen – proximate Mechanismen

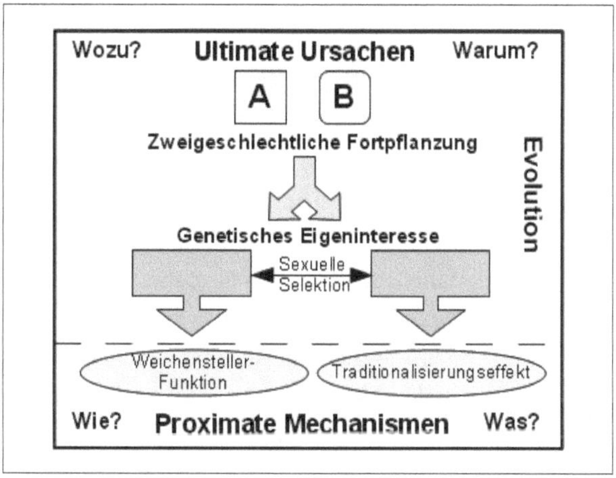

Quelle: Eigene Darstellung

Um einer potenziellen Antwort auf die erste Frage näher zu kommen – *warum* gibt es überhaupt zwei Geschlechter –, soll zuerst geklärt werden, warum *Sexualität* entstehen konnte (vgl. Wickler, Seibt 1998, S. 23ff.). Mit Vermehrung hat das noch nichts zu tun. Diese stellt erst den zweiten Schritt dar: Die *sexuelle Fortpflanzung* (vgl. ebd., S. 36ff.). Als dritten Schritt kristallisiert sich die Frage heraus, warum *zwei Sorten* von Keimzellen entstanden sind (vgl. ebd., S. 70ff.). Der vierte Schritt widmet sich der Fragestellung, warum die Individuen in *zwei Geschlechter* zerfallen, die jeweils nur eine Sorte von Gameten produzieren (vgl. ebd., S. 97ff.). Im Folgenden werden die genannten vier Schritte detaillierter ausgeführt.

7.1 Warum Sexualität?

Schaut man im »Lexikon der Biologie« unter dem Stichwort »Sexualität« nach, so wird erklärt, dass damit im engeren Sinn »die mit der sexuellen Fortpflanzung verknüpften Vorgänge« gemeint sind (Lexikon der Biologie 2005). Erst bei vertiefter Beschäftigung mit der Materie findet sich der Hinweis, dass bei manchen Einzellern ein *Austausch* von genetischem Material durch »Konjugation« erfolgt (ebd.). Hierbei legen sich zwei Einzeller, zum Beispiel zwei Bakterien, aneinander und beginnen über Cytoplasmabrücken Teile ihres Erbmaterials auszutauschen (ebd.). Es handelt sich dabei nicht um Fortpflanzung, denn es sind sowohl vor als auch nach dem Austausch genau dieselben zwei Individuen vorhanden. Schließlich wird unter dem Stichwort »sexuelle Fortpflanzung« erwähnt, dass Sexualität der genetischen Neu- bzw. Rekombination diene und »*unabhängig* von Fortpflanzung und Vermehrung, aber meist mit diesen verknüpft« sei (ebd.; Hervorhebung A.M.). Sowohl Bischof-Köhler (2006) als auch Wickler, Seibt (1998) verwenden jeweils eigene Kapitel bzw. Unterkapitel, in denen, im Detaillierungsgrad variierend, dargelegt wird, dass Sexualität *nicht zwangsläufig* eine Geschlechterdichotomie impliziere. Wenn sich »zwei Pantoffeltierchen konjugieren, spielt keines von ihnen die ›männliche‹ oder ›weibliche‹ Rolle«, fasst Bischof-Köhler (2006) den Befund knapp zusammen (ebd., S. 109). Ähnlich hebt auch Reimers (1994) hervor, »Sexualität per se erfordert keine morphologischen Geschlechtsunterschiede [...]« (ebd., S. 65). Diese Bilanz wird nicht überall in der Literatur so gezogen.

Unter dem Stichwort »Konjugation« heißt es im »Lexikon der Biologie«: »Bei einer Konjugation wird genetisches Material über eine Cytoplasmabrücke aus einer ›*männlichen*‹ Donorzelle [Spenderzelle; A.M.] in eine ›*weibliche*‹ Rezeptorzelle [Empfängerzelle; A.M.] übertragen.« (Lexikon der Biologie 2005; Hervorhebungen A.M.) Für Smilla Ebeling (2006), eine feministische Biologin, unterstreicht eine derartige Auffassung, »dass die dichotome Zuschreibung von Männlichkeit / Aktivität und Weiblichkeit / Passivität auch unter erschwerten Gegebenheiten strukturgebend bleibt, was wiederum auf ihre kulturelle Verankerung hinweist« (ebd., S. 90). Sie diskutiert in ihrem Aufsatz, wie die Geschlechterverhältnisse des Menschen in die evolutionsbiologischen Aussagen eingeschrieben sind (vgl. ebd., S. 92). Werden diese Theorien erneut als Folie für die Interpretation der vorherrschenden Geschlechterrollen herangezogen, wird ihrer Meinung nach die Norm der bipolaren Geschlechterkonzeption in westlichen industriellen Gesellschaften immer wieder neu bestätigt (vgl. ebd.). Fausto-Sterling (1988) kommentiert diese Vorgehensweise scharfzüngig als »*linguistische[n] Taschenspielertrick*« (ebd., S. 227; Hervorhebungen im Original). Auch die Überlegungen der vorliegenden Studie könnten aus dieser Perspektive kritisiert werden. Eine mögliche Lösung für dieses Problem stellt der bereits in Kapitel 4.2 formulierte Vorschlag dar, an ein zu erklärendes Lebensphänomen die vier Grundfragen der biologischen Forschung zu richten und bei deren Beantwortung eventuelle Widersprüche herauszuarbeiten.

Festgehalten sei der Punkt, in dem Einigkeit unter den zitierten Quellen herrscht: Sexualität dient der Erhöhung der Variabilität des Erbguts durch Austausch von genetischem Material (vgl. Bischof-Köhler 2006, S. 109; Wickler, Seibt 1998, S. 31; Lexikon der Biologie 2005). Zwei Fragen lassen sich aufwerfen: Wozu gibt es eine Variabilität des Erbguts und welchen Anpassungswert hat das? Für Wickler, Seibt (1998) kristallisiert sich eine primäre Erklärung heraus: Sexualität ist eine adaptive Strategie im Kampf gegen Parasiten (vgl. ebd., S. 26ff.). Verdeutlicht wird das anhand von Bakterien, die sich sehr schnell durch Teilung vermehren, bis zu 50 Generationen an einem Tag (vgl. ebd., S. 27). Durch Genmutationen, die bei der Zellteilung durch Kopierfehler des Genmaterials auftreten, können sich für die Parasiten vorteilhafte Mutationen sehr schnell fixieren (vgl. ebd., S. 28). Die Adaptation des Wirts zur Abwehr der Parasiten ist damit hinfällig, wie zum Beispiel Grippeepidemien zeigen (vgl. ebd., S. 29). Durch die genetische Variabilität infolge der Sexualität sind die Parasiten immer wieder mit neuen Umwelten in ihren Wirtsorganismen konfrontiert und können ihre schädigenden Einflüsse nicht mehr ausüben (vgl. ebd.). Wickler, Seibt (1998) beziehen sich auf William D. Hamiltons Parasitentheorie aus dem Jahr 1980 (vgl. ebd., S. 30), für Dawkins (1996) die »aufregendste neue Idee« zur Erklärung des Phänomens Sexualität (ebd., S. 434). Zrzavý et al. (2009) relativieren diese Ansicht und nennen die Strategie des Wettrüstens zwischen Parasiten und ihren Wirten als *eine* von *zahlreichen* Erklärungen für die Sexualität, die »nicht unbedingt alternativ zu sehen sind« (ebd., S. 66). Zrzavý und Kollegen sehen ein Grundproblem darin, dass die verschiedenen Modelle die Vorteile der Sexualität auf der Populationsebene beschreiben und nicht auf der Ebene der Allele, an der die natürliche Selektion ansetzt (vgl. ebd.).

Inzwischen ist dieses Prinzip, generalisiert als »Red Queen«-Hypothese, in den 1990er-Jahren von Matthew White Ridley in die Evolutionsbiologie eingeführt worden (vgl. ebd., S. 88). Kurz zusammengefasst besagt die Hypothese, dass wenn ein Organismus an das Zusammenleben mit einem anderen Organismus angepasst ist, eine Veränderung des einen Organismus eine erneute Anpassung des jeweils anderen Organismus bewirkt (vgl. ebd., S. 86). Die Evolution kommt also nie zum Stillstand und verhindert alleinig, dass es den Organismen (noch) schlechter geht; das Ziel der Evolution ist keine, wie auch immer geartete, »Verbesserung« (vgl. ebd.). In Anlehnung an die Rote Königin aus Lewis Carrolls Buch »Alice hinter den Spiegeln« (»Hierzulande musst du so schnell rennen, wie du kannst, wenn du am gleichen Fleck bleiben willst. Und um woandershin zu kommen, muss man noch mindestens doppelt so schnell laufen!«) wurde dieses Prinzip als »Red Queen Principle« bezeichnet (ebd.). Als ein Beispiel wird die Evolution der Dinosaurier genannt, die anschaulich belegt, wohin ein Wettrüsten zwischen Räubern und Beutetieren führen kann; ein anderes Beispiel bildet die stetige Notwendigkeit, neue Antibiotika zu entwickeln, um die Resistenz mancher Bakterien zu umgehen (vgl. ebd., S. 87).

Es lässt sich im Anschluss an Wickler, Seibt (1998) verzeichnen, dass die Vorteile der Sexualität, gekennzeichnet durch den Austausch von genetischem Material, »in der Parasitenabwehr, im Abpuffern von Umweltänderungen und im Ausbessern von Erbschäden« liegen (ebd., S. 31). Als zweiter Schritt auf dem Weg einer Annäherung an die Antwort auf die Frage, warum es zwei Geschlechter gibt, soll nachstehend die geschlechtliche Fortpflanzung, die eine Kopplung des sexuellen Vorgangs mit Vermehrung darstellt, betrachtet werden.

7.2 *Warum sexuelle Fortpflanzung?*

Die Vermehrung ist im Zusammenhang mit der Sexualität im Laufe der Evolution als *Nebenprodukt* aufgetreten (vgl. Wickler, Seibt 1998, S. 37). Die Höherentwicklung der Organismen begann durch einfache mehrzellige Verbände, das heißt, eine Aneinanderreihung von Zellen, die durch Teilung auseinander entstanden sind, wie zum Beispiel bei einem Algenfaden (vgl. ebd.). Bei einem Vielzeller ist es erforderlich, dass die Zellen sich gegenseitig als zu demselben Organismus zugehörig erkennen (vgl. ebd., S. 28). Wenn jetzt Zellen konjugieren, also Erbmaterial austauschen, die zu zwei *verschiedenen* Algenfäden gehören, kann es passieren, dass die Nachbarzellen diese im Erbmaterial veränderten Zellen nicht mehr als zugehörig erkennen und aus dem Verband ausstoßen (vgl. ebd., S. 37f.). Diese als Fremdlinge abgestoßenen Zellen sind auf sich selbst gestellt und bilden nach und nach durch Teilung einen neuen Faden, das heißt, durch den sexuellen Vorgang der Konjugation kommt es »*automatisch* zu einem Vermehrungsschritt« (ebd., S. 38; Hervorhebung A.M.). Die Variabilität des Erbmaterials ist außerordentlich wichtig, sodass »die Abstoßung der auf sexuelle Vorgänge spezialisierten Zellen in Kauf genommen und sogar systematisch betrieben wird« (Wickler, Seibt 1998, S. 38). In den höher spezialisierten Lebewesen evolvierten aus diesen Fremdlingen die speziellen Keimzellen, die »zur sexuellen Verschmelzung ausgestoßen werden und *gleichzeitig* der Vermehrung dienen« (ebd.; Hervorhebung A.M.). Diese Geschlechtszellen sind haploid, denn sie enthalten den einfachen Chromosomensatz, wobei bei dem sexuellen Vorgang zwei Zellen zu der Zygote verschmelzen (ebd., S. 39). Da bei höheren Tieren (und beim Menschen) die Körperzellen (somatische Zellen) *doppelte* Chromosomensätze enthalten (diploide Zellen), machen die Gameten, die in den Keimdrüsen hergestellt werden, eine besondere Reifeteilung (Meiose) durch, bei der jede Keimzelle zum einen auf den *einfachen* Chromosomensatz zurückgeführt wird, und zum anderen die genetische Rekombination und Segregation stattfindet, die die Basis der genetischen Variabilität darstellen[46] (vgl. ebd.).

[46] Dieser im Detail komplizierte Vorgang wird hier nicht weiter vertieft, da dies zu weit vom Thema dieser Studie wegführen würde. Zrzavý et al. (2009) bieten eine verständliche Übersicht zu dieser Thematik (vgl. ebd., S. 24–28).

Es sei an dieser Stelle auf die Mehrdeutigkeit des Begriffs »Vermehrung« hingewiesen. Wickler, Seibt (1998) verwenden ihn für die ungeschlechtliche, asexuelle Vermehrung, auch vegetative Vermehrung genannt, über *somatische* Zellen durch Ableger oder Teilung (vgl. ebd., S. 42). Die so entstandene Nachkommenschaft ist *genetisch identisch* zu dem Elternorganismus, der sich dadurch *vermehrt* hat (vgl. ebd.). Bei der geschlechtlichen Fortpflanzung – präzise: biparental (zweielterlich) und bisexuell (zweigeschlechtlich) – hingegen hat sich keines der beiden Elternindividuen vermehrt, denn jedes Elternindividuum gibt nur je eine Hälfte seines Erbguts an jeden Nachkommen weiter (vgl. ebd.). Diese Interpretation des Begriffs entspricht einer molekularbiologischen Sichtweise. Im Gegensatz dazu ist im »Lexikon der Biologie« unter dem Stichwort »Vermehrung« eine Betrachtungsweise aus Populationssicht zu finden (vgl. Lexikon der Biologie 2005). Wenn ein Elternpaar nur *ein* Nachkommenindividuum erzeugt, hat keine Vermehrung in Hinblick auf die Populationsgröße stattgefunden, wenn die Todesfälle eingerechnet werden (vgl. ebd.). In der Literatur werden diese beiden Begriffe auch synonym benutzt, zum Beispiel heißt es bei Bischof-Köhler (2006) kurz »Fortpflanzung bedeutet *Vermehrung*« (ebd., S. 108; Hervorhebung im Original). Bedeutsam wird die Präzisierung des Begriffs in Verbindung mit der Parthenogenese (Jungfernzeugung), die per Definition uniparental (einelterlich) ist, aber sowohl als *Vermehrung* als auch als eingeschlechtliche *Fortpflanzung* im Tierreich vorkommt (vgl. Wickler, Seibt 1998, S. 43). *Vermehrung* findet statt, wenn die Keimzelle das vollständige diploide Erbgut des Elternindividuums enthält, also keine Meiose erfolgt, wie es zum Beispiel bei Blattläusen der Fall ist (vgl. ebd.). Bei der anderen parthenogentischen Variante als *Fortpflanzung* enthält die Geschlechtszelle nach der Reifeteilung den halben Chromosomensatz (vgl. ebd.). Entweder entwickeln sich daraus haploide Männchen, wie beispielsweise bei Honigbienen (vgl. Reimers 1994, S. 213), oder die Keimzelle verdoppelt den eigenen halben Chromosomensatz (vgl. Wickler, Seibt 1998, S. 43). Im Gegensatz zur bisexuellen Fortpflanzung wird das Erbmaterial also nicht durchmischt, trotzdem sind die Nachkommen nicht genetisch identisch (vgl. ebd.). Das vielfältige und weit verbreitete Vorkommen von Parthenogenese unter den heutigen Lebewesen führt direkt zu der Frage, die Reimers (1994) detailliert diskutiert: »Welchen biologischen oder phylogenetischen

Zweck erfüllt die *exklusiv* sexuelle Fortpflanzung der Säugetiere und Menschen?« (ebd., S. 203; Hervorhebung A.M.)

Ausgangspunkt dieses Unterkapitels war die Feststellung, dass die Vermehrung im Zusammenhang mit der Sexualität im Laufe der Evolution als *Nebenprodukt* entstanden ist. Eine Deutung dieses Befundes könnte dahin gehen, dass sexuelle Fortpflanzung als »Spandrille« aufgefasst wird (siehe 5.2.2), das heißt, *nicht* durch natürliche Selektion evolvierte. In diese Interpretationslinie passt auch die Diskussion von Reimers (1994). Sie fasst die Befundlage zusammen, dass die »naturhistorische Beschränkung der Säugetiere und des Menschen auf exklusiv sexuelle Fortpflanzung [...] demnach nicht die beste aller möglichen Lösungen, sondern nur die im historischen Prozeß natürlich realisierte« wäre (ebd., S. 212). Weiterhin zeigt sie auf, dass »eine Kombination sexueller und parthenogentischer Vermehrungsweisen, wie sie bei vielen sozialen Insektenarten realisiert ist, eindeutig überlegen« sei (ebd., S. 213) und schließt sich deshalb der Ansicht von George C. Williams und John Maynard Smith an, dass »die mannigfaltige Ausbreitung exklusiv sexueller Arten in der heutigen Tierwelt *theoriewidrig*« sei (ebd., S. 215; Hervorhebung A.M.). Auch Wickler, Seibt (1998) geben zu, dass das »Kostenparadoxon der zweigeschlechtlichen Fortpflanzung [...] für die Forschung immer noch ein Problem« sei, doch sie führen in ihrer Erörterung unbeirrt fort, dass sich »im großen und ganzen die oben gegebene klärende Lösung« (womit sie die Parasitenabwehr-Theorie meinen) abzeichne (ebd., S. 49). Die zwei Hauptkomponenten des »Kostenparadoxon« sind zum einen, dass die bewährte Genkombination durch die Meiose verloren geht, und zum anderen, dass »die Produktion von Männchen ein teures Unterfangen« darstellt (Weber 2003, S. 103f.). Reimers (1994) spitzt Letzteres zu, indem sie von der »Produktion überflüssiger Maskuliner« spricht und provokant zu bedenken gibt:

> »Merkwürdig ist, mit welcher Selbstverständlichkeit in didaktischen und populären Versionen der Selektionstheorie die Auffassung von einer prinzipiellen Vorteilhaftigkeit exklusiv sexueller Fortpflanzung vertreten wird. Jedem Allgemeingebildeten scheint der dort immer wieder propagierte Vorteil größerer genetischer Variabilität offenkundig [...]. Bedenkt frau, daß mit der Zweckmäßigkeit sexueller Fortpflanzung zugleich die Existenz des männlichen Geschlechts in Frage gestellt wird, erscheinen solche Blindflecken öffentlichen Bewußtseins weniger überraschend.« (ebd., S. 212)

M. E. löst sich das Kostenparadoxon auf, wenn die sexuelle Fortpflanzung, wie oben vorgeschlagen, als »Spandrille« betrachtet wird. Dieser Vorschlag schließt die Feststellung ein, es sei vollkommen legitim, eine Änderung des derzeitigen evolutionären Zustands anzustreben. Ob allerdings Reimers' bizarre Offerte einer *biotechnischen* Ermöglichung non-meiotischer *Parthenogenese* für die menschliche Gesellschaft eine Zukunft bietet (vgl. ebd., S. 218), muss hier offen bleiben. Stattdessen lässt sich m. E. die Frage des Psychologen Harald A. Euler (2002) »Wie sollte eine evolutionär informierte Pädagogik die Befunde der Verhaltensgenetik aufnehmen?« (ebd., S. 284) generalisieren zu: Wie sollte eine evolutionär informierte Pädagogik die Befunde der *Biowissenschaften* aufnehmen? Eine mögliche Antwort wurde bereits in Kapitel 6.3 angedeutet.

Das Vorhandensein von Keimzellen führt unmittelbar zu der Frage, warum dann *zwei* Sorten von Gameten existieren. Klassisch formuliert in dem Aufsatz von Parker et al. (1972): »Why are gametes dimorphic and why are there two sexes?« (ebd., S. 530). Das von ihnen entwickelte Konzept ist laut Reimers (1994) »ein breit akzeptiertes Modell für eine [...] Entstehung des ersten Geschlechtsunterschieds« (ebd., S. 63) und wird ebenfalls von Wickler, Seibt (1998) für ihre Ausführungen zugrunde gelegt (vgl. ebd., S. 71).

7.3 Warum zwei Sorten von Keimzellen?

Dass es zwei Sorten von Keimzellen gibt, ist nicht unbedingt notwendig, wie die Gameten mancher Algen zeigen, die äußerlich nicht zu unterscheiden sind und Isogameten (»vom griechischen *iso*: gleich«) heißen (Wickler, Seibt 1998, S. 68; Hervorhebung im Original). Allerdings gibt es bereits bei den meisten niederen Lebewesen, wie zum Beispiel bei Pilzen, »Paarungstypen«, die üblicherweise als »(+)« und »(-)« bezeichnet werden, wobei Vereinigungen nur zwischen *unterschiedlichen* Paarungstypen vorkommen (ebd.). Das von Parker et al. (1972) ursprünglich beschriebene Modell berücksichtigte die Paarungstypen isogamer Spezies nicht und wurde entsprechend kritisiert, sodass Parker im Jahre 1978 ein korrigiertes Modell vorlegte (Parker 1978, S. 1). Die wichtige Erkenntnis ist, dass bereits eine *sehr geringe* Variation in der Gametengröße hinreichend ist, um eine Evolution der Anisogamie (unterschiedlich große Gameten) zu bedingen: »It is clear that an anisogamy range can exist when the size variation is very small

[...] and hence there now seems no problem concerning a necessarily large size variation for anisogamy to evolve.« (ebd., S. 2) Im Folgenden wird die Entstehung der Anisogamie, basierend auf dem Modell von Parker (1978), geschildert.

Ausgehend von der Annahme, dass jedem Individuum nur eine bestimmte Materialmenge zur Verfügung steht, um Keimzellen zu bilden, kann die Anzahl der Keimzellen stark vergrößert werden, wenn diese immer kleiner produziert werden, oder umgekehrt, es können nur wenige, dafür aber große Gameten hergestellt werden (vgl. Wickler, Seibt 1998, S. 71). Die nächste Annahme beruht darauf, dass die Keimzelle genügend groß sein muss, das heißt, über ausreichend Nährstoffpotenzial verfügen muss, um überlebensfähig zu sein (vgl. ebd.). Demzufolge werden Elternindividuen durch die natürliche Selektion favorisiert, – wenn eine weitere Annahme zutrifft, die besagt, dass Allele für die Gametengröße vorhanden sind und damit vererbt werden – deren Keimzellen groß genug sind, damit die Zygote, die nach der Verschmelzung mit einer anderen Keimzelle gebildet wird, genügend Nährstoffe zum Überleben hat (vgl. ebd.). Eine zusätzliche Annahme setzt voraus, dass der Vorgang des Verschmelzens zweier kleiner Gameten, die genau aufgrund dieser Kleinheit häufig sind und deshalb eine große Trefferwahrscheinlichkeit haben, nicht genug Nährstoffe zu der zu bildenden Zygote beiträgt und sich evolutiv nicht durchsetzt (vgl. ebd.). Die mittleren Größen werden, sowohl was die Trefferwahrscheinlichkeit als auch die Nährstofffunktion angeht, »durch disruptive Auslese eliminiert« (Reimers 1994, S. 63). Unter »disruptiver« Selektion wird verstanden, dass diejenigen Individuen aus einer Population entfernt werden, die *durchschnittliche* Ausprägungswerte für das infrage kommende Merkmal aufweisen (Zrzavý et al. 2009, S. 52). Verdeutlicht wird das anhand von bestimmten Faltern, die mit einer mittleren Flügelfärbung sowohl auf einer Birke als auch auf einer Fichte auffallen und zur Beute werden, im Gegensatz zu hellen bzw. dunklen Faltern, die dadurch auf der Rinde einer Birke bzw. Fichte getarnt sind (vgl. ebd.). Übrig bleiben in dem bisher beschriebenen Szenario also nur zwei Typen: »die ganz großen und die ganz kleinen« (Wickler, Seibt 1998, S. 72). Die kleinen Keimzellen müssten, da eine von ihnen gebildete Zygote nicht überlebensfähig wäre, unbedingt vermeiden, dass sie miteinander verschmelzen (vgl. ebd., S. 73). Ein zweiter Schritt wäre die Entwicklung der Beweglichkeit, um die großen Gameten schneller zu erreichen (vgl. ebd., S. 74). Für diese Mobilität wird Energie benötigt, die auf Kosten der Nährstofffunktion für die spätere Zygote geht (vgl. ebd.). Das macht es wenig wahrscheinlich, dass die großen Keimzellen, die aufgrund ihrer Größe mehr Bewegungsenergie bräuchten, sich auf die Suche nach den kleinen Zellen begeben (vgl. ebd.). Die für diese Veränderungen erforderlichen Mutationen sind bei den sehr kleinen Gameten auch wahrscheinlich, da es eine große Zahl von ihnen gibt mit entsprechend vielen Kopiervorgängen der DNA bei der Vermehrung und darauf basierend häufige Kopierfehler, also Mutationen (vgl. ebd.).

Im Anschluss an Reimers (1994) soll als *vorläufiges* Ergebnis verzeichnet werden:

> »Als Resultat dieses uranfänglichen Konflikts zwischen den Geschlechtern spezialisieren sich weibliche Makrogameten (= Eier) auf Reproduktionserfolge durch Nährstoffinvestitionen und männliche Mikrogameten (= Spermien) auf Paarungserfolge durch höhere Befruchtungshäufigkeiten. Dabei unterliegt die männliche Funktion infolge relativer Überzahl stärkerer intrasexueller Konkurrenz und also intensiverer Auslese.« (ebd., S. 63f.)

Obwohl Reimers mehrfach betont, dass Sexualität der genetischen Rekombination diene, gibt sie doch widerstrebend zu: »Geschlecht beginnt insofern tatsächlich mit der Anisogamie als dem Ur-Sexualdimorphismus, dem ersten morphologischen Geschlechtsunterschied.« (ebd., S. 65) Damit lässt sich das in Kapitel 7.1 begonnene Zitat von Tekla Reimers vervollständigen: »Sexualität per se erfordert keine morphologischen Geschlechtsunterschiede, *aber* die innerartliche Konkurrenz über *unterschiedliche Elterninvestitionen* den *individuellen Reproduktionserfolg* zu maximieren, zieht sie nach sich.« (ebd.; Hervorhebungen A.M.) Doch warum handelt es sich um ein *vorläufiges* Ergebnis?

Fausto-Sterling (1988), eine vehemente Kritikerin dieses Modells – und der Soziobiologie im Allgemeinen – ist der Meinung, dass es sich um ein »nichtaxiomatisches Axiom« handele und verweist auf das »Rätsel« der »Polyandrie« (»Vielmännerei«) (ebd., S. 260f.). Bei manchen Küstenvögeln sind die Geschlechtsrollen genau umgekehrt, wobei das Weibchen größer, bunter und aggressiver ist als das Männchen (vgl. ebd., S. 260). Das Weibchen paart sich nacheinander mit mehreren Männchen und legt ihre Eier ab, während die Männchen mit den Eiern zurückbleiben und die Brutpflegefunktion vollständig übernehmen (vgl. ebd.). Ihrer Ansicht nach dürfte es gar keine Polyandrie geben, lege man die »Gameten-Energieinvestmenttheorie« zugrunde, da das Weibchen große Eier und das Männchen winzige Spermien produziere (ebd., S. 261). Auch Eckart Voland (2009), ein Soziobiologe, beschließt seine Ausführungen in Bezug auf menschliches und tierisches polyandrisches Vorkommen, dass »die Entstehung der Polyandrie [...] zunächst wenig nachvollziehbar« erscheine (ebd., S. 158). Er gesteht zu, dass »noch Vieles im Unklaren [ist; A.M.], und zu wenig Varianz scheint aufgeklärt« (ebd., S. 157).

Bei aller berechtigten Skepsis soll nicht unerwähnt bleiben, dass Polyandrie unter Primaten äußerst selten vorkommt. Laut dem Kulturanthropologen George Peter Murdock, der im Jahre 1967 seinen »Ethnographischen Atlas« über die Eheformen von 849[47] menschlichen Gesellschaften herausgab, bestand nur in 0,5 Prozent (in vier kleinen, bäuerlichen Gesellschaften) das Paarungssystem der Polyandrie (Paul 1998, S. 106f.). Auch unter den nichtmenschlichen Primaten existiert dieses System nur unter den Krallenaffen[48] (vgl. ebd., S. 105). Wichtig ist aber anzumerken, dass evolutionsbiologisch exakt differenziert wird zwischen den Begriffen »Fortpflanzungssystem«, »Paarungssystem« und »soziales System« (Voland 2009, S. 148f.). Am Beispiel der Polyandrie soll das verdeutlicht werden: *Soziale* Polyandrie, als das Zusammenleben einer Frau *gleichzeitig* mit mehreren Männern, ist zu unterscheiden von dem *Paarungssystem* der Polyandrie, in dem eine Frau die Kinder *verschiedener* Männer aufzieht, sowie von dem *Fortpflanzungssystem* der Polyandrie, bei dem aus *Populationssicht* die Varianz im Reproduktionserfolg bei Frauen größer ist als bei den Männern (vgl. ebd.; Borgerhoff Mulder 2009, S. 146). Das heißt, bei den von Murdock angeführten vier Gesellschaften sind das soziale System und das Paarungssystem *identisch*. Monique Borgerhoff Mulder (2009), eine Verhaltensökologin, zweifelt jedenfalls daran, dass Polyandrie tatsächlich so selten sei (vgl. ebd., S. 146). Es erscheint m. E. dennoch zulässig, das geschilderte Modell zur Entstehung der ersten Geschlechterdifferenz als *Arbeitshypothese* gelten zu lassen und damit der weiteren Argumentation als Basis zu dienen.

---

[47] Hrdy (2009b) referiert in diesem Zusammenhang die Zahl »862« (ebd., S. 240). Zusätzlich ist zu nennen, dass Murdocks Bestandsaufnahme der Eheformen nicht ganz unumstritten ist (vgl. ebd., S. 244).

[48] Krallenaffen (Familie *Callitrichidae*) gehören zu den mittel- und südamerikanischen Neuweltaffen (vgl. Paul 1998, S. 3).

Aufgrund der bisher entwickelten Begründung kann es laut Wickler, Seibt (1998) »kein drittes *biologisches* Geschlecht geben« (ebd., S. 76; Hervorhebung A.M.). Wobei der Zusatz »biologisches« unterstrichen werden muss, denn durch die Missachtung dieses Adjektivs kommt es m. E. zu wenig konstruktiven Debatten in der Literatur. Wenn Schmitz, Ebeling (2006) die Frage aufwerfen, ob es nicht »besser« sei, »von fünf oder mehr Geschlechtern zu sprechen [...] oder Geschlecht gar ein Kontinuum ohne festgelegte Grenzen« darstelle (ebd., S. 22), dann wird m. E. das Phänomen des sozialen Geschlechts (gender) mit dem des biologischen Geschlechts (sex) vermengt. Sylvia Kirchengast (2007), eine Anthropologin, bildet dichotome Geschlechtskategorien in Hinblick auf eine *erfolgreiche Reproduktion* und akzentuiert, dass *andere* Varianten eine erfolgreiche Reproduktion auf natürlichem Wege *unmöglich* machen (vgl. ebd., S. 131). Die Gene der Individuen zwischen den beiden Polen, wenn man ein Kontinuum im Sinne von Schmitz, Ebeling (2006) unterstellt (vgl. ebd., S. 22), werden durch die natürliche Auslese unausweichlich aus dem Genpool der Population entfernt, da diese Individuen sich nicht fortpflanzen können. Es kann demnach kein Kontinuum des *biologischen* Geschlechts geben, was nicht ausschließt, dass unterschiedliche *soziale* Geschlechterrollen vorkommen. Zum Beispiel die »*muxe*« in Südmexiko, die genital männlich und gefühlsmäßig weiblich sind, einen festen Platz in der Gesellschaft haben und wie weibliche Personen angesprochen werden (Wickler, Seibt 1998, S. 267; Hervorhebung im Original).

Summarisch möchte ich zwei Punkte notieren: (1) Als Konsens wird *Sexualität* als genetische Rekombination verstanden und (2) als Arbeitshypothese soll *Geschlecht* als das Ergebnis der unterschiedlichen Elterninvestitionen der Sexualpartner in ihre Keimzellen angesehen werden. Es bleibt der vierte und letzte Schritt: Wenn schon zwei Sorten von Keimzellen existieren, warum reicht es dann nicht, beide in ein und demselben Individuum zu erzeugen?

7.4 Warum getrennte Geschlechter?

Ein und dasselbe Individuum kann beide Sorten von Keimzellen herstellen und diese Individuen sind im Tierreich weit verbreitet; sie werden »Zwitter« oder auch »Hermaphroditen« genannt (Wickler, Seibt 1998, S. 82). Es gibt »Simultanzwitter«, die gleichzeitig ihre Keimzellen produzieren, oder »Sukzessivzwitter«, die zuerst Spermien (»protandrisch«) und dann Eizellen herstellen, oder es sind »protogyne« Sukzessivzwitter, das heißt, sie stellen erst Eizellen und später Spermien her (ebd., S. 83). Bei den Simultanzwittern können zwei grundsätzliche Strategien unterschieden werden: (1) Ein Elternindividuum legt die Eier *vor* der Befruchtung ab oder (2) ein Elternindividuum legt die Eier *nach* der Befruchtung ab (vgl. ebd., S. 85). Diese zwei auf den ersten Blick ähnlichen Vorgehensweisen führen jedoch zu *großen* Unterschieden im Verhalten der jeweiligen Individuen (vgl. ebd.).

Die *erste* Strategie besagt, dass die Eier nachträglich außerhalb des Körpers befruchtet werden. Fischer (1980), ein Biologe, entdeckte bei karibischen Sägebarschen (»*Hypoplectrus nigricans*«), die Simultanzwitter sind, einen »Eierhandel« (»egg trading«) (ebd., S. 623f.; Hervorhebungen im Original). Für Dawkins (1996) verläuft dieser »Eierhandel« in der Art eines »Gefangenendilemma«-Spiels (siehe 5.3.2) (ebd., S. 366). Der »Eierhandel« startet grundsätzlich mit der Abgabe eines Eizellenpakets eines der Partner kurz vor Sonnenuntergang, worauf der andere Partner dieses befruchtet (vgl. Fischer 1980, S. 622f.). Danach wechseln die Rollen, und der Partner, der zuletzt seine Spermien abgegeben hat, entlässt nun seinerseits ein Eizellenpaket (vgl. ebd., S. 623). Dieser Rollentausch wird mehrfach wiederholt, durchschnittlich vier- bis fünfmal innerhalb einer Laichperiode (vgl. ebd.). Fischer (1980) konnte in seiner Studie nachweisen, dass der »Eierhandel« der von ihm untersuchten Sägebarsche eine ESS (siehe 5.3.2) darstellt, da »egg trading provides a fecundity advantage to hermaphroditism, making it evolutionarily stable relative to dioecy (separate sexes)« (ebd., S. 620). An diesem Punkt könnte man fragen, warum denn nicht alle Zwitter so einen »Eierhandel« durchführen, oder sogar warum nicht überhaupt nur Zwitter existieren? Fischer (1980) findet keine Begründung, *wie* die Simultanzwitter entstehen konnten, »since hermaphroditism must be established *before* egg trading can evolve« (ebd.; Hervorhebung A.M.). Wickler, Seibt (1998) resümieren ebenfalls verhalten, dass viele Faktoren, wie beispielsweise eine Erhöhung der Populationsdichte oder eine höhere Nachkommenssterblichkeit, »für bestimmte Lebewesen genügen, um die Entwicklung zur Zwittrigkeit hin- oder davon wegzulenken« (ebd., S. 96). Sie finden zur Bestätigung ihrer These, dass das »unregelmäßig verstreute Vorkommen von Zwittern im Tierreich [...] dem zu entsprechen« scheine (ebd.).

Bei der *zweiten* Strategie lässt sich fragen, wie das Verhalten bei Simultanzwittern aussieht, die ihre Eier im Körper befruchten und nur Spermien austauschen. Als Beispiel zur Illustration dienen Wickler, Seibt (1998) Schnecken, die sich mehrfach mit unterschiedlichen Partnern paaren (vgl. ebd., S. 88). Durch die verschiedenen Begattungen kommt es zu Spermienüberschuss, da jedes Tier versucht, mit *seinem* Spermienpaket die vorhandenen Eier zu befruchten (vgl. ebd., S. 89). Deshalb verwenden die Schnecken einen großen Teil der Keimdrüsen zur Spermienherstellung, während bei den zuvor beschriebenen Sägebarschen der Aufwand zur Eizellenproduktion überwiegt (vgl. ebd.). Der entscheidende Schritt scheint demzufolge die *innere Befruchtung* zu sein, das heißt, das Zurückhalten der Eizellen, das Spermienspeicherung erlaubt und dadurch entsprechende Konkurrenz auslöst (vgl. ebd., S. 98). Als Folge entwickeln sich reine Männchen, die nur noch Spermien herstellen, und daraufhin geben die noch vorhandenen Zwitter nach und nach ihre Spermienerzeugung auf und spezialisieren sich auf die Eizellenproduktion (vgl. ebd., S. 99). Damit sind die Geschlechter getrennt und werden »gonochoristisch« genannt (ebd.). Als Beweis für die geschilderte Annahme geben Wickler, Seibt (1998) an, dass man in der Natur Arten findet, bei denen neben den Zwittern auch reine Männchen vorkommen, es aber keine Arten gibt, in denen Zwitter und reine Weibchen existieren (vgl. ebd.). Hinzuzufügen wäre m. E., dass man *bisher* keine Arten gefunden hat.

Die Erweiterung »bisher« gilt in noch größerem Maße für die *Sukzessivzwitter*, die ihr Geschlecht zumeist nur einmal im Leben wechseln (vgl. ebd., S. 100). Etliche »wohlbeschriebene Fischarten« wurden enttarnt, als entdeckt wurde, dass es sich um große, bunte Männchen handelt, die aus »längst bekannten Fischweibchen« durch Geschlechtsumwandlung hervorgehen (ebd.). Man hat Geschlechtswechsel zum Beispiel bei Krebsen und Fischen gefunden (vgl. ebd). Festzuhalten ist im Falle der Sukzessivzwitter, dass bei all diesen Populationen, die man genauer studiert hat, die äußeren Bedingungen, zu denen auch soziale Faktoren wie zum Beispiel die Ranghöhe zählen, die entscheidende Rolle dafür spielen, ob und wann im Lebenslauf ein Individuum sein Geschlecht wechselt (vgl. ebd., S. 103). Die Tiere »wählen« jeweils die Geschlechterrolle, die den je individuellen Fortpflanzungserfolg erhöht (vgl. ebd.). Der größere Reproduktionserfolg konnte bei den meisten Arten nachgewiesen werden, die unter diesem Gesichtspunkt untersucht wurden (vgl. ebd., S. 100). Die besprochenen

Geschlechtswechsel haben sich unter *bestimmten* Lebensbedingungen als angepasst erwiesen und erscheinen im *Nachhinein*, »als ob« sie bewusst gewählt wurden, um den Fortpflanzungserfolg zu erhöhen (siehe 4.2.3).

Resümierend lässt sich festhalten: Der maßgebende Schritt zur Trennung der Geschlechter scheint das Zurückhalten der Eizellen und ihre innere Befruchtung darzustellen (vgl. Wickler, Seibt 1998, S. 99). Dadurch resultiert Spermienüberschuss aufgrund der entstehenden Konkurrenz um die befruchtbaren Eizellen und mündet schließlich in Spezialisierung der Individuen auf die Herstellung nur noch einer Sorte von Keimzellen (vgl. ebd.). Das erklärt m. E. nicht, warum es die oben beschriebenen Schnecken immer noch gibt, worauf Wickler, Seibt (1998) allerdings nicht eingehen. Ungeachtet dessen soll im Anschluss an Bischof-Köhler (2006) die *innere Befruchtung*, die sie »etwa eine halbe Milliarde Jahre« zurückdatiert, als die ultimate Ursache bestimmt werden für den Unterschied der beiden Geschlechter in ihren anatomischen Merkmalen und in ihren Verhaltensdispositionen (ebd., S. 110).

7.5 Zusammenfassung und Diskussion

An dieser Stelle soll rekapituliert werden, wie sich der Stand der Argumentation in Bezug auf die vier biologischen Grundfragen gestaltet. Die erste Frage, die auf die phylogenetischen Zusammenhänge abzielt, die Warum-Frage – Warum gibt es überhaupt zwei Geschlechter? –, ist in den letzten vier Unterkapiteln (7.1–7.4) im Sinne einer Arbeitshypothese beantwortet worden. Der zu Beginn des Kapitels 7 eingeführte Orientierungsrahmen zur Persistenz der Geschlechterrollen ist im ersten Abschnitt »Zweigeschlechtliche Fortpflanzung« und »Genetisches Eigeninteresse« konkretisiert (siehe Abbildung 4, gestrichelte Ellipsen).

Abbildung 4: Persistenz der Geschlechterrollen – ultimate Ursachen (Zwischenstand)

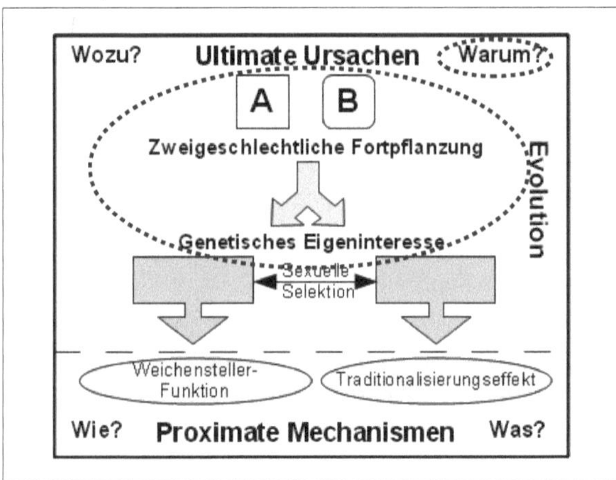

Quelle: Eigene Darstellung

Die bisher erarbeiteten Ergebnisse stellen sich unter der Prämisse der genozentrischen Sichtweise (siehe 5.2.3) zusammengefasst wie folgt dar: (1) Sexualität wird als genetische Rekombination verstanden; (2) Geschlecht beginnt mit der Anisogamie, dem ersten morphologischen Geschlechtsunterschied; (3) das Zurückhalten der Eizellen führt zur inneren Befruchtung, daraus (4) resultiert durch die Alternative der Spermienspeicherung ein Spermienüberschuss aufgrund der entstehenden Konkurrenz um die befruchtbaren Eizellen; (5) Geschlecht kann als das Ergebnis der unterschiedlichen Elterninvestitionen der Sexualpartner in ihre Keimzellen angesehen werden, wobei die beiden Geschlechter zwei verschiedene Fortpflanzungsstrategien verfolgen. Die Eizellen (Makrogameten) spezialisieren sich auf Reproduktionserfolge durch Nährstoffinvestitionen, während sich die Spermien (Mikrogameten) auf Paarungserfolge durch höhere Befruchtungshäufigkeiten beschränken.

Bisher wurde die Evolution der Geschlechterdifferenzen aus der Sicht der Keimzellen beschrieben. Im Folgenden soll ein Ebenenwechsel in der Betrachtungsweise vollzogen werden. Wie wirkt sich dieser im fünften Punkt beschriebene Unterschied in den Fortpflanzungsstrategien auf die tierischen (und menschlichen) geschlechtstypischen Verhaltensdispositionen aus? Nachfolgend sollen die drei ideengeschichtlichen Etappen geschildert werden, die das unterschiedliche Verhalten der Geschlechter zu ergründen suchten: (1) das Batemansche Prinzip, (2) das Konzept der »wählerischen Weibchen und konkurrierenden Männchen« (in der englischsprachigen Literatur als »male competition and female choice« bezeichnet) und (3) schließlich die Elterninvestment-Theorie. In Kapitel 8.2.2 werden diese Erklärungskonzepte einer kritischen Prüfung unterzogen.

Das als »*Batemansche Prinzip*« in die evolutionsbiologische Literatur eingegangene Konzept geht zurück auf Angus John Bateman (1919–1996), einen Genetiker (vgl. Paul 1998, S. 100). Dieser hatte in seinem viel zitierten klassischen Experiment im Jahre 1948, in dem er unter Laborbedingungen Taufliegen der Art *Drosophila melanogaster* miteinander verpaarte, herausgefunden, dass die Varianz im Reproduktionserfolg unter Männchen größer als unter Weibchen war, und die Anzahl der Verpaarungen bei Männchen einen Einfluss auf ihren Reproduktionserfolg hatte, während das bei Weibchen nicht der Fall war (vgl. Voland 2009, S. 137; Gowaty 2003, S. 904). Bateman führte das auf die energetischen Kosten der Gametenproduktion (siehe 7.3) zurück, die bei Männchen geringer seien als bei Weibchen (vgl. Voland 2009, S. 137).

George C. Williams weitete Batemans Folgerungen aus, indem er für weibliche Säugetiere die größeren physiologischen Kosten aufgrund der Schwangerschaft als Grund veranschlagte, dass Männchen um die Weibchen *konkurrierten*, während Weibchen *wählerisch* seien (vgl. Gowaty 2003, S. 905). Gowaty (2003) kommentiert dies bissig, »[w]hile even undergraduates take issue with this argument, Williams's ideas about mammals [Säugetiere; A.M.] were easily extrapolated to other organisms« (ebd.). Selbst für Fliegen und andere wirbellose Tiere wurde »männlich« mit »aktiv« und »weiblich« mit »passiv« konnotiert, da Biologen Geschlecht lediglich über die Gametengröße definieren und in fast allen sich zweigeschlechtlich fortpflanzenden Organismen die weiblichen Gameten größer sind als die männlichen (vgl. ebd.). Der Zusatz, dass Williams seinen Ansatz auf Säugetiere mit deren Kosten für Schwangerschaft und Laktation bezogen hatte, ging dabei völlig verloren (vgl. ebd.).

Der nächste ideengeschichtliche Schritt bestand darin, dass Robert L. Trivers die Batemansche und die Williamssche Idee generalisierte zu dem

Konzept des *Elterninvestments* (vgl. Voland 2009, S. 137f.). Trivers nahm nicht mehr allein die energetischen Kosten der Gametenproduktion als Basis des unterschiedlichen Verhaltens der Geschlechter an. Das Batemansche Konzept konnte beispielsweise das Fehlen eines Sexualdimorphismus in monogam[49] lebenden Arten nicht hinreichend erklären (vgl. Voland 2009, S. 137f.; Gowaty 2003, S. 906). Seine Definition des Elterninvestments aus dem Jahr 1972 paraphrasierte Trivers (1974) in einem weiteren einflussreichen Aufsatz wie folgt: »parental investment (PI) in an offspring is defined as anything done by the parent for the offspring that increases the offspring's chance of surviving while decreasing the parent's ability to invest in other offspring.« (Trivers 1974, S. 249) Mit anderen Worten: Die energetischen Kosten der Gametenproduktion stellen in Trivers' Konzept nur eine Art der Investition dar neben weiteren, zum Beispiel nachgeburtliches Fürsorgeverhalten (vgl. ebd.). Aus diesem Ansatz lässt sich ableiten, zugespitzt auf die Varianzen im Reproduktionserfolg: »Je ähnlicher die Höhe des Elterninvestments (pro Nachkomme) von Vätern und Müttern ausfällt, desto geringer wird der Unterschied in den geschlechtstypischen Varianzen im Reproduktionserfolg und desto weniger ist die innergeschlechtliche Konkurrenz ausgeprägt.« (Voland 2009, S. 138)

Das berührt unmittelbar die zweite biologische Grundfrage, die Wozu-Frage, das heißt, die Frage nach dem Anpassungswert der unterschiedlichen Verhaltensweisen der Geschlechter. Damit rückt ein Hauptelement der soziobiologischen Forschung, die sexuelle Selektion, in den Fokus. Im anschließenden Kapitel 8 wird der Boden bereitet, um ausgehend von den beiden identifizierten Phänomenen, zum einen dem »Traditionalisierungseffekt« (siehe 3.4.1) und zum anderen der »Weichensteller-Funktion« der Mütter (siehe 3.4.2), in Kapitel 9 eine evolutionäre Hypothese über eine mögliche adaptive Funktion zu entwickeln.

[49] Im Paarungssystem (siehe 7.3) der Monogamie herrscht eine exklusive Sexualbeziehung zwischen zwei Partnern (vgl. Voland 2009, S. 149).

8. Evolutionärer Anpassungswert - Wozu ein Verhaltensunterschied?

Als Einstieg sollen Ergebnisse aus einer Studie über Gewalt an Schulen dienen, die von Hannelore Faulstich-Wieland (2008), einer Erziehungswissenschaftlerin, referiert werden (vgl. ebd., S. 249). Es zeigte sich, dass *45 Prozent* der befragten Haupt- und Realschülerinnen angaben, *gerne* bei Jungenprügeleien zuzuschauen oder sich gar *geschmeichelt* zu fühlen, wenn die Jungen sich ihretwegen prügelten (vgl. ebd.). Eine gewisse Ähnlichkeit zu dem Balz-Arena-Paarungssystem vieler Vogelarten, aber auch einiger Säugetiere, drängt sich auf; dort finden sich zur Paarungszeit in einem eng begrenzten Teil des Streifgebiets der Weibchen paarungswillige Männchen ein und buhlen »um die Gunst der Weibchen« (Voland 2009, S. 156). Handelt es sich bei dem Gebaren der Mädchen um intersexuelle Wahl oder ist es intrasexuelle Konkurrenz der Jungen?

8.1 Sexuelle Selektion

Im Jahre 1871 veröffentlichte Darwin mit »The Descent of Man, and Selection in Relation to Sex« die »Theorie der sexuellen Selektion«, die vor allem den sekundären Geschlechtsdimorphismus, das heißt, die Unterschiede zwischen den Geschlechtern einer Art in Gestalt, Physiologie und im Verhalten, durch die intrasexuelle Konkurrenz und die intersexuelle Wahl erklärt (Zrzavý et al. 2009, S. 10f.; Hervorhebungen gestrichen). Darwin wollte damit »nachteilig erscheinende Eigenschaften [...] erklären, die nicht mit dem Konzept der natürlichen Selektion konform gehen« (ebd., S. 68). Auch sah er, dass die Individuen in ihren Reproduktionserfolgen differieren, obwohl sie »sich in ihrer Überlebenstauglichkeit nicht voneinander unterscheiden« (Voland 2009, S. 136).

8.1.1 Intrasexuelle Konkurrenz

Die intrasexuelle Konkurrenz bildet Merkmale heraus, die den Fortpflanzungszugang zu dem jeweils anderen Geschlecht erhöhen, indem Angehörige des gleichen Geschlechts verdrängt werden (vgl. Zrzavý et al. 2009, S. 68). Das können Strukturen wie beispielsweise Geweihe sein, die als Waffen für Angriff und Verteidigung eingesetzt werden (vgl. ebd.). Allerdings kann es auch Überschneidungen geben. So ist inzwischen bekannt, dass der lange Hals der Giraffen ein *sexuell* selektiertes Merkmal ist und nicht evolvierte, um Blätter von hohen Bäumen zu fressen (vgl. Zrzavý et al. 2009, S. 295). Giraffenbullen haben längere und kräftigere Hälse als Giraffenkühe, die für Dominanzkämpfe eingesetzt werden, aber auch beim Fressen präsentiert werden, falls Weibchen in der Nähe sind (vgl. ebd.). Mit wenigen Ausnahmen, wie etwa bei den Giraffen, sind die Eigenschaften, die der intrasexuellen Konkurrenz dienen, häufig plausibel erklärbar (vgl. ebd., S. 68). Anders bei der intersexuellen Wahl: Wie lassen sich zum Beispiel die extrem langen Schwanzfedern bei dem Männchen des afrikanischen Witwenvogels (*Vidua orientalis*) erklären, die gleichzeitig sein Überleben beeinträchtigen können (vgl. ebd., S. 71)?

8.1.2 Intersexuelle Wahl

Exzessive Strukturen, etwa der »Pfauenschwanz« (laut Ornithologen gar kein »Schwanz«), entstehen durch die intersexuelle Wahl, da diese Merkmale außerhalb der Fortpflanzung keine Bedeutung haben (vgl. Zrzavý et al. 2009, S. 68). Sie können sogar die Überlebenschancen *vermindern*, wenn zum Beispiel lange Schwanzfedern das Flug- und Beutefangvermögen beeinträchtigen (vgl. Voland 2009, S. 108). Es gibt verschiedene Hypothesen in der evolutionsbiologischen Literatur, die sich mit der Frage nach den Gründen auseinandersetzen, warum bestimmte Merkmale bevorzugt werden (vgl. Zrzavý et al. 2009, S. 68). Im Folgenden sollen zwei – in ihren Grundannahmen deutlich unterschiedliche – Modelle zur intersexuellen Wahl besprochen werden: Zum einen das »good genes«-Modell und zum anderen das »runaway selection«-Modell (vgl. Voland 2009, S. 108).

Das »*good genes*«-Modell geht von einem Zusammenhang zwischen den gewählten Merkmalen durch das jeweils andere Geschlecht, etwa eine kräftige Gefiederfärbung, und einem guten physiologischen Zustand des Trägers bzw. der Trägerin dieser Merkmale aus; daraus wird dann auf die lebensförderliche genetische Ausstattung geschlossen (vgl. ebd.). Die empirischen Belege unterstützen diese Hypothese, wie beispielsweise die nachträgliche Überprüfung der Gefiederfärbung nordamerikanischer Hausfinken-Männchen ergab, die in den 1990er-Jahren eine Vogelgrippe-Epidemie überlebten, bei denen mehrere zehn

Millionen Individuen starben (vgl. ebd.). Die überlebenden Männchen hatten im Durchschnitt eine kräftigere Rotfärbung (vgl. ebd.). Aber alleine reicht dieses Modell nicht aus, um die *Entstehung* sowie die *Verstärkung* der exzessiven Strukturen, zum Beispiel die überlangen Schwanzfedern, zu erklären (vgl. Zrzavý et al. 2009, S. 71). Für die Erklärung dieser Problematik existieren zwei weitere Thesen, die als komplementär gesehen werden können: Die »Hamilton und Zuk«-Hypothese und das Handicap-Prinzip (vgl. Voland 2009, S. 110, S. 112). Bei *Ersteren* wird ein artspezifischer pathogener Stress als Motor der sexuellen Selektion angenommen, das heißt, eine Evolution der exzessiven Strukturen kommt nicht zum Stillstand aufgrund der meist deutlich schnelleren Evolution der Parasiten (vgl. Zrzavý et al. 2009, S. 67). Die *zweite* These, das Handicap-Prinzip, das von Amotz Zahavi, einem Evolutionsbiologen und Ornithologen, im Jahre 1975 entwickelt wurde, interpretiert die exzessiven Strukturen als »fälschungssichere Qualitätssignale« (ebd., S. 71f.). Die Individuen signalisieren dem jeweils anderen Geschlecht, dass sie entsprechend lebenstüchtig sind und sich das Handicap »leisten« können (vgl. Voland 2009, S. 111f.; Zrzavý et al. 2009, S. 70).

Allerdings kann mit diesem Prinzip *alles* evolutionär erklärt werden, denn entweder ist es aufgrund der natürlichen Selektion entstanden und adaptiv, oder es kann, wenn es nachteilig für den Überlebenserfolg des Individuums ist, als Handicap interpretiert werden (vgl. Zrzavý et al. 2009, S. 74). Jedoch eignet sich Zahavis Hypothese gut, um einige, auf den ersten Blick nicht leicht verständliche, menschliche Verhaltensweisen zu erklären, etwa die Neigung zum öffentlichen Vorführen von Narben (vgl. ebd., S. 73). In Kapitel 10.2 wird noch zu zeigen sein, dass sich dieses Konzept im besonderen Maße für eine Väterbildung anbietet. Das ganze Gedankengebäude bricht aber zusammen, wenn die »good genes« nicht an die Nachkommen vererbt werden (vgl. Voland 2009, S. 110). Für Pfauen und mehrere andere Arten konnte eine Vererbbarkeit nachgewiesen werden, »wenngleich die gefundenen Effekte nicht selten quantitativ eher bescheiden ausfallen« (ebd., S. 110f.). Kurz zusammengefasst: Exzessive Strukturen sind »ein Indikator der momentanen Fähigkeit, sich mit dem veränderlichen Druck der Umwelt« auseinanderzusetzen (Zrzavý et al. 2009, S. 67).

Das »runaway selection«-Modell gilt als die historisch erste Erklärung zur intersexuellen Wahl und wurde bereits im Jahre 1930 von Ronald A. Fisher publiziert. Vollkommen konträr zum »good genes«-Modell ging Fisher davon aus, dass exzessive Strukturen *gar keine* Bedeutung haben (vgl. ebd., S. 74). Ein Geschlecht beginnt aus irgendeinem, eventuell sogar zufälligem Grund, bestimmte Merkmale des anderen Geschlechts zu bevorzugen (vgl. Voland 2009, S. 109). »Korrelieren Merkmal und Fortpflanzungserfolg miteinander, wird in einem positiven Rückkopplungsprozess die Ausprägung dieses Merkmals verstärkt«, daher rührt auch die Bezeichnung »runaway selection«, »vom englischen *runaway*: davonlaufen, durchbrennen« (Zrzavý et al. 2009, S. 68; Hervorhebung im Original). Laut Voland (2009) gibt es kaum empirische Belege, die *für* dieses Modell sprechen (vgl. ebd., S. 109f.). Allerdings nennen Zrzavý et al. (2009) zwei Gründe, warum es plausibel sei, dass ein Geschlecht bestimmte Merkmale präferiere (vgl. ebd., S. 77). Einmal könnte ein Merkmal eine Primärpräferenz des wählenden Geschlechts widerspiegeln, zum Beispiel mit der Sinneswahrnehmung zusammenhängen (vgl. ebd.). Zrzavý und Kollegen verweisen als Illustration auf das knallrote Gefieder einiger hawaiischer Kleidervögel, dessen Farbton einer dort ansässigen Blütenart sehr ähnlich ist (vgl. ebd.). Der zweite Auslöser könnte ursprünglich in der Arterkennung gelegen haben, denn »die zwischenartlichen Hybriden sind meistens unfruchtbar oder kaum lebensfähig« (ebd., S. 79).

8.1.3 Fazit zur sexuellen Selektion

Im Anschluss an Zrzavý et al. (2009) lässt sich festhalten, dass die beiden Hypothesen, das »good genes«-Modell und das »runaway selection«-Modell, sich nicht gegenseitig ausschließen (vgl. ebd., S. 81). Eine mögliche Evolution eines Merkmals könnte folgendermaßen verlaufen sein: Aufgrund einer psychischen Prädisposition beginnt ein Geschlecht, dazu passende Individuen des anderen Geschlechts auszuwählen, durch die positive Rückkopplung verstärkt sich dieses Merkmal bis zur Exzessivität, und diese wirkt dann als Handicap, das nur entsprechend lebenstüchtige Individuen sich erlauben können (vgl. ebd.).

Inwiefern erhellt die theoretische Erörterung zur sexuellen Selektion das Einstiegsbeispiel, dass fast die Hälfte der Haupt- und Realschülerinnen *gerne* bei Jungenprügeleien zuschauten (vgl. Faulstich-Wieland 2008, S. 249)? Zumindest werden neue Sichtweisen aufgezeigt, aus denen empirisch prüfbare Hypothesen abgeleitet werden können, die nicht vordergründig auf der Hand zu liegen scheinen und die neue Ansatzpunkte für eine pädagogische Einflussnahme bieten könnten, zum Beispiel in Schulen (vgl. Scheunpflug 2001, S. 32f.). Faulstich-Wieland (2008) jedenfalls lässt offen, *warum* die Mädchen gerne zuschauen, wenn sie das Ergebnis wie folgt kommentiert: »Möglicherweise sind Mädchen an Gewalt von Jungen dadurch beteiligt, dass sie solche Auseinandersetzungen als Ausdruck des ›Mannseins‹ erwarten oder ihnen zumindest nichts entgegensetzen.« (ebd., S. 249)

Sexuelle Selektion kann jedoch eskalieren, wenn ein Geschlecht auf Kosten der Lebensfitness des anderen Geschlechts den eigenen Reproduktionserfolg zu erhöhen versucht (vgl. Voland 2009, S. 130). Nachfolgend wird der Infantizid, das Töten von unerwünschtem Nachwuchs, näher erläutert, da er innerhalb der soziobiologischen Geschichte eine herausragende Rolle spielt (vgl. ebd., S. 45).

8.2 Infantizid als Reproduktionsstrategie?

Infantizid *verringert* oberflächlich gesehen die Fitness, denn es wird der Tod von Jungtieren (und auch Kindern) in Kauf genommen (vgl. Voland 2009, S. 45). Je nachdem welches Alter die getöteten Jungtiere haben, werden unterschiedliche Fachausdrücke benutzt; der Begriff »Infantizid« bezieht sich auf das Töten der noch nicht entwöhnten bzw. noch nicht flügge gewordenen Jungtiere (vgl. ebd.). Im Anschluss an Voland (2009) wird im Folgenden »Infantizid« als Oberbegriff für die verschiedenen Kategorien benutzt (vgl. ebd.). Voland (2009) fasst die »vielfältigen Formen adaptiven Infantizids zu vier Gruppen« zusammen: Kannibalismus, elterliche Manipulation, reproduktive Konkurrenz sowohl unter Männchen als auch unter Weibchen (ebd.). Im Vordergrund stehen in der vorliegenden Studie die zwei Letzteren, die jeweilige reproduktive Konkurrenz unter den Männchen und den Weibchen. Die Leitfrage der anschließenden Analyse lautet: Wie lässt sich ein – flüchtig betrachtet – fitnessschädliches Verhalten mit der genozentrischen Sichtweise vereinbaren?

8.2.1 Reproduktive Konkurrenz unter Männchen

Von 1971 bis 1979 beobachtete Sarah Blaffer Hrdy in Indien die Hanuman-Languren[50] in ganz unterschiedlichen Lebensräumen und Populationsdichten (vgl. Hrdy 2000, S. 53). Sie erkannte bei ihren Feldforschungen, dass ein neuer Haremshalter die Mütter mit nicht entwöhnten Jungtieren *systematisch* attackierte (vgl. ebd.). Stillende Mütter haben aufgrund der Prolactinausschüttung[51] keinen Eisprung (vgl. Voland 2009, S. 135; Lexikon der Biologie 2005). Da bei den beobachteten Languren aufgrund der starken Männchen-Konkurrenz ein Haremshalter nur durchschnittlich 27 Monate Zeit hatte, sich zu reproduzieren, »lohnte« sich für ihn das Töten der noch nicht entwöhnten Jungtiere (vgl. Hrdy 2000, S. 54). Wenn die Babys getötet waren, forderten ihn die wieder empfängnisbereiten Mütter zur Kopulation auf; Langurenmännchen kennen keine »Vergewaltigung« (vgl. ebd., S. 53f.). Hrdy (2000) schloss aus ihren Beobachtungen, dass es sich nicht um ein pathologisches Verhalten der Männchen handelte, sondern um ein adaptives Verhaltensmuster, das als intrasexuelle Selektion interpretiert werden kann (vgl. ebd., S. 54). Diese Art der Kindestötung bei den Languren unterstreicht laut Hrdy (2000) eindrucksvoll, dass dieses Verhaltensmuster nicht der Arterhaltung dienen kann, denn im Extremfall sterben kleinere Gruppen sogar aus (vgl. ebd., S. 55).

Infantizid bildet somit einen weiteren Baustein in der Kette der Argumente wider die Gruppenselektionstheorie (siehe 5.2.3 und 5.3) und veranschaulicht einmal mehr die genozentrische Sichtweise (vgl. Voland 2009, S. 136). Doch 1974 als Hrdy ihre These »Infantizid als männliche Fortpflanzungsstrategie« publizierte, verursachte diese beträchtlichen Aufruhr (vgl. Paul 1998, S. 47). Die zwei Elemente ihrer These, zum einen Kindestötung und zum anderen Fortpflanzung, schienen sich auf den ersten Blick zu widersprechen: Aber genetische Untersuchungen der Infantizidfälle bei den Languren in den Wäldern des nepalesischen Tieflandes ergaben, dass *keines* der getöteten Kinder von dem Täter gezeugt worden war (vgl. Hrdy 2000, S. 114f.). In ihrem kürzlich erschienenen

[50] Hanuman-Languren (Mitglieder der Familie *Cercopithecidae*) gehören zu den asiatischen Altweltaffen (vgl. Paul 1998, S. 3).

[51] »Prolactin« (»Lactationshormon«) fördert bei Säugetieren, wie auch beim Menschen, hauptsächlich die Milchproduktion in den Brustdrüsen, genannt »Lactation« (Lexikon der Biologie 2005).

Buch »Mothers and Others« berichtet Sarah Blaffer Hrdy von einer inzwischen beachtlichen empirischen Fülle von Befunden, die belegen, dass Infantizid bei Primaten sogar eine Hauptquelle der gesamten Kindersterblichkeit sein kann und teilweise einen Anteil von bis zu 50 Prozent an dieser ausmacht (vgl. Hrdy 2009b, S. 309, Anmerkung 59). Voland (2009) weitet diese Erkenntnis überdies aus und spricht bei Kindestötungen von »regulären, ›gen-egoistisch‹ evolvierten reproduktionsstrategischen Verhaltenstendenzen«, die »von Insekten bis zum Menschen« bestätigt seien (ebd., S. 136).

8.2.2 Reproduktive Konkurrenz unter Weibchen

Studien zu Languren ergaben, dass es manche Languren-Männchen in ihrer kurzen Zeit als Haremshalter *vermutlich* – es liegen keine Vaterschaftstests vor – auf bis zu 79 Nachkommen brachten (vgl. Paul 1998, S. 128). Selbst ein durchschnittlicher Haremshalter zeugte »knapp 28 Kinder – etwa das Fünffache dessen, was ein durchschnittliches Weibchen zuwege brachte« (ebd., S. 133). Ein großer Teil der erwachsenen Languren-Männchen (ca. ein Viertel) blieb wahrscheinlich kinderlos (vgl. ebd.). Aufgrund dieser enormen Unterschiede im Reproduktionspotenzial der Männchen[52] wurde im 19. Jahrhundert, teilweise sogar noch im 20. Jahrhundert, angenommen, dass Weibchen *weniger* evolviert seien als Männchen (vgl. Hrdy 2000, S. 110). Die Rechnung schien einfach: »Weil *Unterschiede im Fortpflanzungserfolg von Individuen die unabdingbare Voraussetzung dafür sind, dass natürliche Selektion stattfinden kann*. Keine Variation, keine Selektion. Keine Selektion, keine Evolution.« (ebd.; Hervorhebungen im Original) Dass diese Rechnung *zu* einfach war, konnte erst im letzten Viertel des 20. Jahrhunderts durch eine überraschend große Bandbreite im Fortpflanzungserfolg verschiedener Weibchen dokumentiert werden (vgl. ebd., S. 112). Allerdings, wie sowohl Hrdy (2000) als auch Paul (1998) notieren, sind Daten über den Lebenszeitreproduktionserfolg von Weibchen aufgrund der langen Lebensspanne von Primaten äußerst rar (vgl. Hrdy 2000, S. 632, Anmerkung 8; Paul 1998, S. 134). Paul (1998) berichtet von einer Studie über eine Gruppe von Pavi-

[52] Zahlreiche historische Quellen zu ehemaligen Herrschern dokumentieren diesen großen Unterschied im Reproduktionspotenzial ebenfalls für Männer, beispielsweise »[v]on August ›dem Starken‹, Kurfürst von Sachsen und König von Polen (1670–1733) heißt es, er habe mit unzähligen Mätressen mehr als 300 Kinder gezeugt« (Paul 1998, S. 253, Anmerkung 6).

anen[53] im Gombe-Nationalpark im ostafrikanischen Tansania, in der es gelang, den Lebensweg von 37 Pavian-Weibchen zu verfolgen (vgl. ebd., S. 135). Die Varianz im Fortpflanzungserfolg war beachtlich, einige Weibchen hatten zehn Kinder, während andere Weibchen »kein einziges *überlebendes* Kind hinterließen« (ebd.; Hervorhebung A.M.).

Diese Ergebnisse stellen das Batemansche Prinzip (siehe 7.5) stark in Frage. Doch an dieser Stelle lässt sich verdeutlichen, dass der gedankliche Ausgangspunkt der klassischen Betrachtungsweise zur geschlechtstypischen Varianz des Reproduktionserfolgs auf den Prüfstand gestellt werden sollte. Zum Beispiel erläutert Paul (1998) das Batemansche Prinzip wie folgt: »Wenn zwei Männchen um ein Weibchen konkurrieren, wird der Erfolg des einen immer auf Kosten des anderen gehen. Zwei Weibchen machen sich in der umgekehrten Situation keine Konkurrenz – *schwanger werden können beide.*« (ebd., S. 101; Hervorhebungen A.M.) Aber ist eine Schwangerschaft hinreichend für den *Lebenszeit*reproduktionserfolg eines Weibchens? Hrdy (2000) belegt überaus sorgfältig, dass der Reproduktionserfolg der Weibchen vor allem davon abhängt, »*wie erfolgreich sie darin sind, die von ihnen in die Welt gesetzten Kinder am Leben zu erhalten*« (ebd., S. 112; Hervorhebungen im Original). Erst unlängst hat Borgerhoff Mulder (2009) den konventionellen Glauben der evolutionsbiologischen Forscherschaft an die Elterninvestment-Theorie (siehe 7.5) kritisiert und als eines der Ergebnisse ihrer Studie zum Heiratsverhalten der Angehörigen des Stammes der Pimbwe im Westen Tansanias gefordert: »The argument here is that we need to revise the simple Triversian assumptions, and more specifically that the source of our limited understanding of women's strategies lies in an overemphasis on the parental investment model.« (ebd., S. 146) Sie hatte mit ihren Daten zeigen können, dass mehrfach verheiratete Pimbwe-Frauen einen *höheren Lebenszeit*reproduktionserfolg aufweisen als mehrfach verheiratete Pimbwe-Männer: »A key finding here is that while men do not benefit from multiple marriages, women do (at least in higher-order marriages).« (vgl. ebd., S. 143) Als Fazit zu dem Ergebnis ihrer Studie sieht sie das Fortpflanzungssystem der Poly-

[53] Paviane (Mitglieder der Familie *Cercopithecidae*) gehören zu den afrikanischen Altweltaffen (vgl. Paul 1998, S. 3).

andrie als wesentlich häufiger verbreitet, als die traditionelle Sicht der Elterninvestment-Theorie das bislang zuließ (vgl. ebd., S. 146).

Wie können die bisher referierten Erkenntnisse hinsichtlich der Leitfrage des Kapitels 8.2 dazu betragen, Infantizid als *Reproduktionsstrategie* von *Weibchen* zu betrachten? Die *männliche* Sicht auf diese Thematik lässt sich sehr anschaulich mit dem Fazit von Paul (1998) zu der Problematik der reproduktiven Konkurrenz unter Weibchen illustrieren:

> »Das Bild, das sich hier vor unseren Augen auftut, ist düster. Da werden Weibchen mit ›schmutzigen Tricks‹ daran gehindert, lebenspendenden Samen zu empfangen; und wenn dies nicht hilft, werden sie ebenso wie ihre Kinder unbarmherzig verfolgt und mit teilweise dramatischen Folgen psychisch und physisch unter Druck gesetzt. [...] Und selbst das scheinbar freundliche, mütterliche Interesse, das viele Primatenweibchen den Kindern anderer Weibchen entgegenbringen, wird von manchen Wissenschaftlern als eine in Wirklichkeit besonders subtile Strategie interpretiert, diesen Kindern zu schaden [...].« (ebd., S. 148)

Er beschließt seine Ausführungen konziliant: »Aber wir wissen auch, daß *Kindestötungen* durch *Weibchen* sehr viel *seltener* sind als durch Männchen.« (ebd.; Hervorhebungen A.M.) Infantizid bei Weibchen muss aber sehr differenziert betrachtet werden. Nachfolgend werden drei verschiedene Ursachen beschrieben, die zu Kindestötungen durch Weibchen führen können: (1) als eine Abwehrstrategie der männlichen Infantizidgefahr, (2) als Bewältigungsstrategie bei einem fehlenden unterstützenden sozialen Netzwerk und (3) als Ausdruck der sozialen Dominanz.

Als eine *Abwehrstrategie* der männlichen Infantizidgefahr ist das Phänomen der Resorption der Embryos unter dem Namen »Bruce-Effekt« bekannt geworden (vgl. Hrdy 2000, S. 117). Dieses weibliche Verhalten beschrieb erstmals die Biologin Hilda M. Bruce im Jahre 1959 (vgl. ebd.). Zu jener Zeit wurde dieses Phänomen laut Hrdy (2000) noch nicht mit Infantizid in Zusammenhang gebracht (vgl. ebd., S. 633, Anmerkung 15). Bei Hausmäusen und weiteren Mausarten resorbieren trächtige Weibchen ihre Embryos, wenn fremde, potenziell infantizidale Männchen in ihr Revier eindringen. Ausgelöst wird dieses Verhalten durch den Geruch der unbekannten Männchen (vgl. ebd.). Bei Primaten, aber auch bei Löwen und Wildpferden hat man spontane Schwangerschaftsabbrüche beobachtet, da die Resorption von Embryonen bei diesen Säugern physiologisch nicht möglich ist (vgl. ebd., S. 118, S. 633, Anmerkung 18). Bei Iteroparie[54] ist dieses Verhalten nachvollziehbar, da der Unterschied im Lebenszeitreproduktionserfolg zwischen Weibchen nicht an der Anzahl der Jungen, die auf die Welt gebracht werden, gemessen wird, sondern darin, wie viele von diesen Jungen bis zur Geschlechtsreife überleben und sich selbst fortpflanzen (vgl. ebd., S. 118f.).

Es kann sich des Weiteren um eine *Bewältigungsstrategie* bei einem fehlenden unterstützenden sozialen Netzwerk handeln. Hrdy (2005) spricht bei einem solchen sozialen Netzwerk von »Allomüttern« (»allomothers«), wobei sie damit Gruppenmitglieder bezeichnet, die den Eltern helfen, ihre Nachkommen aufzuziehen[55] (ebd., S. 10). Sie betont explizit, dass eine »Allomutter« sowohl männlichen Geschlechts als auch der genetische Vater sein kann (ebd.). Der Begriff »alloparents« geht zurück auf Edward O. Wilson (vgl. Hrdy 2009a, S. xiii). Dessen Intention im Jahre 1975 war, verschiedene gebräuchliche Termini der Formen der Aufzuchthilfe bei diversen Spezies unter einem einheitlichen Dach zusammenzufassen (vgl. ebd.). Laut Hrdy (2009a) bietet sich aber der Terminus »allomother« an, da es ohne Vaterschaftstests schwierig ist, den genetischen Vater zu bestimmen (ebd.). Bei Tamarinen, kleinen südamerikanischen Krallenaffen, die normalerweise Zwillinge oder Drillinge gebären, ist zu beobachten, dass eine Mutter, falls zu wenige Allomütter zur Verfügung stehen, nur so viele ihrer Jungen säugt, bis sie mit der Größe ihres Wurfes zurechtkommt. Die Babys werden »fast immer innerhalb der ersten 72 Stunden nach der Geburt« im Stich gelassen (Hrdy 2000, S. 217).

Das letzte zu berichtende Phänomen hinsichtlich der Kindestötungen durch Weibchen ist als Ausdruck von *sozialer Dominanz* zu interpretieren. Ranghöhere Schimpansinnen fressen manchmal, »*wenn sie die Gelegenheit dazu haben*«, die Babys anderer Weibchen (Hrdy 2000, S. 76; Hervorhebungen im Original). Im Jahre 1997 hatten Jane Goodall, eine Ethologin, und Anne Pusey, eine

---

[54] Iteroparie bedeutet die mehrmalige Fortpflanzung im Laufe eines Lebens im Gegensatz zu semelparen Organismen, wie zum Beispiel pazifischen Lachsen, die nach dem Ablaichen sterben (vgl. Zrzavý et al. 2009, S. 17).

[55] In ihrem kürzlich erschienenen Buch »Mothers and Others« befasst sich Sarah Blaffer Hrdy mit dem Themengebiet der Allomütter in aller Ausführlichkeit (vgl. Hrdy 2009b). Auch ein ebenfalls jüngst publizierter Sammelband zu diesem Komplex zeugt von der Aktualität des Themas (vgl. Bentley et al. 2009).

Zoologin, »genug Daten gesammelt [...], um einen Zusammenhang zwischen dem Rang einer Schimpansenmutter und ihrer Fähigkeit, ihre Kinder am Leben zu erhalten, auch statistisch absichern zu können« (ebd.). Bei den Primatenarten, die in matrilinearen[56] Systemen leben, zum Beispiel bei Pavianen, werden die Töchter von rangniederen Weibchen häufiger von ranghohen Weibchen attackiert, mit der Folge, »dass die Kindersterblichkeit unter den Töchtern rangniederer Weibchen größer ist als unter deren Söhnen« (ebd., S. 109; vgl. Paul 1998, S. 148). Ein weiteres Beispiel bieten Präriehundmütter. Wenn eine Präriehundmutter zu niedrig im Rang ist, wird sie »auf Verdacht schwanger« (Hrdy 2000, S. 122). Werden die dominanteren Weibchen nicht durch Raubvögel eliminiert, so »beenden diese Mütter [die Rangniederen; A.M.] ihr Investment direkt nach der Geburt« (ebd.). Die Jungen werden daraufhin von anderen Weibchen der Gruppe gefressen, woran sich manchmal sogar die Mütter selbst beteiligen (vgl. ebd.). Es handelt sich keineswegs um eine vernachlässigbare Zahl, sondern fast »ein Viertel aller Präriehundwürfe kommt auf diese Weise durch andere laktierende [stillende; A.M.] Weibchen ums Leben« (ebd.).

8.2.3 Fazit zum Infantizid als Reproduktionsstrategie

Infantizid kann bei Weibchen wie bei Männchen durchaus als Ausdruck von Aggression gedeutet werden. Dieser Befund zu aggressiven Verhaltensweisen bei Weibchen steht oberflächlich der evolutionsbiologisch traditionell unterstellten weiblichen Passivität entgegen (vgl. Bischof-Köhler 2006, S. 128; Gowaty 2003, S. 905). Aber, und das ist der springende Punkt, es handelt sich bei Weibchen um eine *reaktive* Verhaltensweise (vgl. Bischof-Köhler 2006, S. 128). Bischof-Köhler (2006) differenziert exakt zwischen drei verschiedenen Varianten von Aggression: bei der *hostilen* Form steht der Schädigungsaspekt im Vordergrund, bei der *assertiven* Variante geht es um die Unterwerfung eines anderen Individuums, meistens sogar mit Vermeidung möglicher Beschädigungen, und bei der *instrumentellen* Form handelt es sich um eine reaktive Frustrationsaggression, die Schädigungen anderer Individuen in Kauf nimmt (vgl. ebd., S. 116f.).

[56] Matrilineare Verwandtschaftssysteme folgen der mütterlichen Abstammungslinie (vgl. Paul 1998, S. 303). Die Töchter erben den sozialen Rang von ihren Müttern (vgl. Hrdy 2000, S. 109).

Die in Kapitel 8.2.2 geschilderten drei unterschiedlichen Formen infantizidaler Verhaltensweisen von Weibchen können somit als *instrumentelle* Aggression gewertet werden. Selbst bei der dritten Form, dem Ausdruck von Dominanz – um einem eventuellen Einwand zuvorzukommen –, handelt es sich *nicht* um assertive Aggression, da die Weibchen *keine* Rangkämpfe austragen, sondern entweder den sozialen Rang von ihrer Mutter erben oder, wie Bischof-Köhler (2006) für Rhesusaffen[57] berichtet, sich der Rang nach dem Alter bestimmt, das heißt, die jeweils jüngste Tochter hat den höchsten Rang (vgl. ebd., S. 129). Direkte physische Auseinandersetzungen, um einen höheren Rang in der sozialen Hierarchie zu erlangen, finden sich stattdessen nicht. In Freilanduntersuchungen an Primaten wie Pavianen zeigte sich sogar, dass ranghohe Weibchen, die als stark »aggressiv« geschildert wurden, besonders häufig Fehlgeburten hatten (vgl. Bischof-Köhler 2006, S. 134; Paul 1998, S. 139). Allerdings muss beachtet werden, dass nicht klar ist, welchen der drei Aggressionsformen das beobachtete Verhalten zugeordnet werden kann, da keine explizite Differenzierung vorgenommen wurde. Festgehalten werden kann aber, dass die natürliche Selektion offenbar einer Disposition zu assertiver Aggression im weiblichen Geschlecht entgegengewirkt hat (vgl. Bischof-Köhler 2006, S. 134). Hrdy (2000) weitet die bisher referierten Ergebnisse auf den Menschen[58] aus: »[...] Frauen konkurrieren nicht in denselben Bereichen um Status und Reputation, die bei Männern eine Rolle spielen (denen es beispielsweise wichtig ist, als große Jäger oder Krieger zu gelten); ihre Rivalität kommt vielmehr in jenen Bereichen zum Tragen, die für Mütter auch tatsächlich von Bedeutung sind.« (Hrdy 2000, S. 142) Unter Heranziehung von Bischof-Köhlers Differenzierung kann Hrdys Aussage im ersten Satzteil als assertive Aggressivität interpretiert werden, während ihre Feststellung im zweiten Satzteil instrumentelle Aggressivität widerspiegelt.

---

57 Rhesusaffen (Mitglieder der Familie *Cercopithecidae*) gehören zu den asiatischen Altweltaffen (vgl. Paul 1998, S. 3).

58 Eine nähere Behandlung der Thematik auf Menschen bezogen würde den Rahmen dieser Studie sprengen. Hrdy (2000) hat ihr ganzes Werk »Mutter Natur« (Originaltitel »Mother Nature«, erschienen im Jahre 1999) u. a. der Frage gewidmet, *warum* »so viele Mütter quer durch die Kulturen und Geschichte direkt oder indirekt zum Tod ihrer Kinder beigetragen« haben (Hrdy 2000, S. 18f.).

8.3 Zusammenfassung und Diskussion

Weibchen (und Frauen) haben entsprechende Abwehrstrategien entwickelt, um sich vor infantizidalen Attacken Artverwandter zu schützen. Zum Beispiel nehmen Schimpansenmütter so gut wie nie Allomütter in Anspruch, da sie befürchten, dass das Junge infantizidalen Artgenossen zum Opfer fällt. Bei Schimpansen leben die Weibchen nicht zwangsläufig unter engen Verwandten und zudem sind diese Tiere ausgeprägtere Fleischfresser als die meisten anderen Primaten, und es ist nicht ungewöhnlich, dass das Neugeborene gefressen wird (vgl. Hrdy 2000, S. 196). Bei Menschen ist zu beobachten, dass die sozio-ökologischen Bedingungen stark beeinflussen, ob die eigenen Kinder Allomüttern überlassen werden. So lässt sich beispielsweise die Sorge von !Kung-San-Mütter[59] verstehen, die ihr Baby nicht bei Allomüttern lassen, da die Gefahr einer Austrocknung in der Wüste sonst zu groß wäre aufgrund fehlender Alternativen von sicheren Trinkquellen (vgl. Hrdy 2000, S. 570). Das letzte Beispiel illustriert damit auch, dass es sich beim Menschen keineswegs um eine bewusste Tötungsabsicht der potenziellen Allomütter handeln muss, sondern auch Unwissenheit über mögliche Folgen einer Handlung das zu betreuende Kind in Gefahr bringen kann. Explizit sei noch einmal darauf hingewiesen, dass es sich bei Allomüttern ebenso um Angehörige des männlichen Geschlechts handeln kann (vgl. Hrdy 2005, S. 10).

Dass nicht nur die Unkenntnis potenzieller negativer Folgen für das betreute Kind relevant ist, sondern auch Desinteresse, zeigt Hrdy (2000) mit der Beschreibung des Szenarios, dass sich evolutionär eine geringe Bereitschaft entwickelt haben könnte, fürsorglich auf einen Nachwuchs zu reagieren, der nicht mit einem selbst genetisch verwandt ist (siehe 5.3.1). Sie nennt dieses Verhalten »emotionaler Ohrstöpsel« und verbindet das mit einem Stiefvater oder »Alloelternteil«, der oder das gezwungenermaßen in ein Kind investieren soll, mit dem keine genetische Verwandtschaft besteht (Hrdy 2000, S. 280f.). Auch Voland (2009) führt diverse Studien an, die das erhöhte Risiko von Stiefkindern dokumentieren, Opfer von Gewalt in ihren Stieffamilien zu werden (vgl. ebd., S. 200ff.). Abschließend sei noch einmal auf den Hinweis von Hrdy (2000)

[59] Die Gruppen der !Kung San, die noch traditionell als Jäger und Sammler leben, sind vorwiegend in der Wüste Kalahari im südlichen Afrika zu finden (vgl. Hrdy 2000, S. 130).

erinnert, dass der *Lebenszeit*reproduktionserfolg der Weibchen (oder Frauen) vor allem davon abhängt, »*wie erfolgreich sie darin sind, die von ihnen in die Welt gesetzten Kinder am Leben zu erhalten*« (ebd., S. 112; Hervorhebungen im Original). Ergänzend kann hinzugefügt werden, »zumindest bei uns Menschen auch von einer möglichst erfolgreichen sozialen Platzierung der Nachkommen in der lokalen Gesellschaft etwa über Ausbildung, Erbschaft oder Heiratsallianzen« (Voland 2009, S. 170).

Die Antwort auf die Leitfrage des Kapitels 8.2, wie sich ein vordergründig fitnessschädliches Verhalten mit der genozentrischen Sichtweise vereinbaren lasse, kann somit komplettiert werden. Die genannten weiblichen Taktiken sind in Anlehnung an Richard Dawkins als »*making the best of a bad job*« zu betrachten, das heißt, ein »unterdurchschnittlicher Fitnessgewinn [zählt; A.M.] immer noch mehr als gar keiner« (Voland 2009, S. 129; Hervorhebungen im Original). Infantizid ist so gesehen als eine von mehreren Reproduktionsstrategien von Weibchen zu interpretieren. Der männliche Infantizid lässt sich als eine assertive aggressive Fortpflanzungsstrategie auffassen, möchte man die Differenzierung anwenden, die Bischof-Köhler (2006) vorgeschlagen hat. Durch intrasexuelle Konkurrenz ausgebildet, »zahlt« sich dieses Verhalten für ein Männchen unter bestimmten sozio-ökologischen Bedingungen aus, da es anderenfalls *wahrscheinlich*, aufgrund fehlender Vaterschaftssicherheit, ohne Nachkommen bleiben würde. Wichtig ist festzuhalten, dass die männlichen und weiblichen Verhaltensweisen immer nur in ihren jeweiligen sozio-ökologischen Umwelten verständlich werden. Voland (2009) versichert wiederholt, dass wenn sich die äußeren Bedingungen ändern, etwa Nahrungsangebot, Geschlechterverhältnis etc., andere Verhaltensmuster zum Tragen kommen können (vgl. ebd., S. 161). Kurz zusammengefasst: Der Verhaltensunterschied der beiden Geschlechter hat unter der Prämisse der genozentrischen Sichtweise einen evolutionären Anpassungswert, denn am Ende der weiblichen Lebensspanne zählt, wie viele der geborenen Kinder das Erwachsenenalter erreicht haben, während für das männliche Geschlecht die Anzahl der gezeugten Kinder ausschlaggebend ist.

Nachdem analysiert wurde, wie sich – oberflächlich gesehen – fitnessschädliches Verhalten evolutionär durchsetzen konnte, soll nachfolgend aus evolutionsbiologischer Sicht die Lebensgeschichte eines Individuums betrachtet werden. Dabei wird herausgearbeitet, welche Entscheidungen innerhalb der Lebensspanne getroffen werden müssen, um eine maximale Fitness unter den gegebenen Rahmenbedingungen zu erreichen (vgl. Voland 2009, S. 164).

9. Lebensgeschichte eines Organismus aus evolutionsbiologischer Sicht

Unter der genozentrischen Sichtweise (siehe 5.2.3) kann das Leben eines Individuums als eine Geschichte (in der englischsprachigen Literatur als »life history« bezeichnet) betrachtet werden, die sich aus vielen einzelnen Entscheidungen zusammensetzt mit dem Ziel, unter den *gegebenen* Rahmenbedingungen eine maximale Fitness zu erreichen (vgl. Voland 2009, S. 168). Diese Entscheidungen führen immer wieder zu Abgleichproblemen[60] (Allokationskonflikte, in der englischsprachigen Literatur als »trade-off« bezeichnet), wenn ein Ziel nur erreicht werden kann, indem ein anderes eingeschränkt oder ganz aufgegeben wird (vgl. Voland 2009, S. 169; Zrzavý et al. 2009, S. 307; Chasiotis 2008, S. 20). Diese nüchtern klingende Schilderung der Lebensgeschichte eines Organismus (vor allem auf Menschen angewendet) könnte jedoch Kritik hervorrufen; deshalb sei an dieser Stelle noch einmal auf die in der soziobiologischen Forschung typischen »als ob«-Redefiguren (siehe 4.2.3) zurückgeblickt: Bestimmte Phänomene erscheinen im *Nachhinein*, »als ob« sie bewusst gewählt wurden, um den Fortpflanzungserfolg zu erhöhen. Aber auch beim Menschen ist umstritten, inwieweit Entscheidungen bewusst oder unbewusst getroffen werden. Vollmer (1995) fragt in diesem Zusammenhang: »Können wir uns wirklich *gegen* unsere Gene entscheiden?« (ebd., S. 185; Hervorhebung im Original) Zu diesem Themenkomplex sei den neurowissenschaftlichen Erkenntnissen im Rahmen der Diskussion um die Willensfreiheit gedacht, die hier nicht vorgestellt werden[61].

Nichtsdestotrotz sind zahlreiche Punkte innerhalb der Lebensgeschichte eines Individuums zu berücksichtigen:

> »In welchem Lebensabschnitt soll ein Organismus mit der Reproduktion beginnen? Wie viele Nachkommen soll er zeugen? Wie groß sollen die Abstände zwischen den einzelnen reproduktiven Phasen sein? Sollen die Kinder möglichst lange behütet und

[60] David Lambert Lack (1910–1973), Ornithologe und Populationsökologe, gilt als Pionier der Theorie der Lebensgeschichte mit ihren Abgleichproblemen (vgl. Zrzavý et al. 2009, S. 307f.). Ein Einblick in die Denkweise der Theorie der Lebensgeschichte ist anhand des Aufsatzes von Charnov, Berrigan (1993) zu gewinnen. Laut Hrdy (2000) gilt der Evolutionsökologe Erik L. Charnov als »Spezialist[.] für die Theorie der Lebensgeschichte« (ebd., S. 330).

[61] Siehe hierzu zum Beispiel Roth (2009), insbesondere zehntes Kapitel, S. 180–204.

versorgt oder möglichst schnell in die Selbständigkeit entlassen werden? Wie soll der persönliche Einsatz der Eltern ausfallen: sollen sie ›alles geben‹ und sich dafür seltener fortpflanzen oder eher weniger investieren und dafür häufiger oder mehr Kinder bekommen? Soll in alle Nachkommen gleich viel investiert werden?« (Voland 2009, S. 168)

Die Frage ist, wie Organismen ihre (begrenzten) Investmentkosten (Lebensaufwand) über ihre Lebensspanne verteilen; wobei sie sich darin unterscheiden werden, *wie* sie die zwangsläufig auftretenden Allokationskonflikte lösen (vgl. ebd., S. 172). Zwei grundsätzliche Aufwandstypen sind zu differenzieren: *Erstens* der somatische Aufwand, der dazu dient, Reproduktionspotenzial zu akkumulieren; *zweitens* der Reproduktionsaufwand, der das zuvor aufgebaute Potenzial wieder verringert (vgl. ebd., S. 165). Unter *somatischem Aufwand* werden alle Leistungen eines Organismus verstanden, die »seinem Wachstum, seiner Differenzierung und Reifung und seiner Selbsterhaltung dienen« (ebd., S. 164). *Reproduktionsaufwand* hingegen lässt sich in drei Kategorien unterteilen: die Verwandtenunterstützung, der Elternaufwand und der Paarungsaufwand (vgl. ebd., S. 165). Die Verwandtenunterstützung leitet sich direkt aus »Hamiltons Regel« (siehe 5.3.1) ab und umfasst Investitionen in Verwandte, während der Elternaufwand den »unmittelbaren Einsatz für die eigene genetische Reproduktion einschließlich der Aufzucht der Nachkommen und gegebenenfalls ihrer möglichst vorteilhaften sozialen Platzierung« meint und sich überwiegend mit dem Konzept des Elterninvestments (siehe 7.5) erklären lässt (ebd., S. 164). Die dritte Kategorie, der Paarungsaufwand, umfasst den geschlechtlichen Wettbewerb sowie die Partnerwahl (vgl. ebd.).

Es gibt unterschiedliche Allokationskonflikte, die ein Organismus in seiner Lebensgeschichte zu lösen hat (vgl. ebd., S. 169). Eine Frage ist zum Beispiel, ob das Individuum sich jetzt oder später fortpflanzen soll, das heißt, die Entscheidung zwischen *somatischem* Aufwand, auf den Menschen bezogen schließt das auch Investition in Ausbildung oder Besitz ein, und *reproduktivem* Aufwand (vgl. ebd., S. 170). In der soziobiologischen Forschung ist ein wichtiges Abgleichproblem die Entscheidung, ob *Paarungsaufwand* oder *Elternaufwand* betrieben werden soll (vgl. ebd.). Dieser Konflikt wird nachstehend detailliert betrachtet, um einer möglichen Antwort in Bezug auf die Persistenz der Geschlechterrollen näher zu kommen.

9.1 Abgleichproblem: Paarungsaufwand – Elternaufwand

Paarungsaufwand oder Elternaufwand? Eine Frage, die sich für Frauen anders als für Männer stellt: Für *Frauen* kann es bedeuten, länger auf die Suche nach einem geeigneteren Partner zu gehen oder mit dem momentan verfügbaren Mann zu reproduzieren. Oder, wie bereits anhand der Daten von Borgerhoff Mulder (2009) berichtet (siehe 8.2.2), eine polyandrische Taktik zu zeigen, das heißt, mehrere Partner zu gewinnen, die in die Nachkommen investieren (vgl. ebd., S. 146). Voland (2009) bezeichnet diese zweite Möglichkeit als »*immer* vorteilhaft« für Weibchen gegenüber der Monogamie und Polygynie[62], wobei Letztere als die für Weibchen nachteiligste Alternative gilt (ebd., S. 161; Hervorhebung A.M.). Im Gegensatz dazu, stehen *Männer* vor der Frage, ob sie versuchen die Anzahl der Verpaarungen zu steigern oder stattdessen väterliches Investment leisten (vgl. ebd., S. 170; Chasiotis 2008, S. 27). Dass die meisten männlichen Säugetiere zumeist die erst genannte Strategie favorisieren, zeigt der Befund, dass lediglich etwa zehn Prozent aller Säuger »eine die Zeugung überdauernde Paarbindung« eingehen, vor allem bei Primaten (und damit auch beim Menschen) ist diese Lebensweise einer dauerhaften Paarbeziehung zu beobachten (Chasiotis 2008, S. 26, Fußnote 7; vgl. Voland 2009, S. 51; Paul 2002, S. 304). Es werden mehrere Erklärungsansätze in der soziobiologischen Literatur dafür diskutiert, unter welchen Bedingungen Männer Elternaufwand oder Paarungsaufwand leisten sollten. Zwei Hauptargumente kristallisieren sich heraus – die Vaterschaftswahrscheinlichkeit einerseits, das »Konzept des Paarungsaufwandes«[63] andererseits.

Dass *Vaterschaftssicherheit* ein wichtiger Faktor ist, der über väterliches Investment entscheidet, kann durch die inzwischen vorliegenden umfangreichen kulturvergleichenden Untersuchungen zu dem so genannten Avunkulat belegt werden, das heißt, der *Bruder* der Mutter gilt als die primäre männliche Betreuungs- und Bezugsperson für deren Kinder (vgl. Voland 2009, S. 206; Chasiotis 2008, S. 27). Diese Institution ist immer dann in matrilinearen Gesellschaften zu finden, wenn sexuelle Freizügigkeit für beide Geschlechter praktiziert wird (vgl.

---

62 In dem Fortpflanzungssystem (siehe 7.3) der *Polygynie* ist die Varianz des Reproduktionserfolgs unter Männchen größer als unter Weibchen (vgl. Voland 2009, S. 148).

63 In der englischsprachigen Literatur als »mating effort« bezeichnet.

Voland 2009, S. 206). Aufgrund des Verwandtschaftsgrad r zwischen Vollgeschwistern, der r = 0,5 beträgt (siehe 5.3.1), ist es für Männer in diesen Gesellschaften in ihrem genetischen Eigeninteresse, in die Kinder ihrer Schwester zu investieren, mit denen sie zwischen mindestens 0,125 (falls es die Halbschwester ist) und 0,25 (bei einer Vollschwester) verwandt sind, während die Kinder ihrer Partnerin eventuell gar keine Gene mit ihnen teilen (vgl. ebd.). Athanasios Chasiotis (2008), ein Entwicklungspsychologe, schlussfolgert deshalb, dass »väterliches Investment eher von der sexuellen Autonomie der Frauen« abhänge (ebd., S. 28). Ähnlich sieht Paul (2002) das Phänomen der »neuen Väter« als »eine Reaktion der von der Frauenbewegung (und zunehmender materieller Unabhängigkeit von Frauen) *verunsicherten* Männer [...], die sich ihre Reproduktionschancen *sichern*« wollen (ebd., S. 313; Hervorhebungen A.M.).

9.2 Blickwinkel: Paarungsaufwand

Das Konzept des »mating effort« kann ein Phänomen erklären, das durch die Elterninvestment-Theorie schwer zu belegen ist – diese Theorie prognostiziert, das väterliche Investment steige, wenn es sich um genetische Kinder handle. Doch eine »hohe Vaterschaftswahrscheinlichkeit [garantiert; A.M.] nicht automatisch eine ausgeprägte Bereitschaft zur Vaterrolle« (Voland 2009, S. 203; vgl. Pashos, McBurney 2008, S. 326). Vaterschaftssicherheit ist weder eine hinreichende noch eine notwendige Bedingung für väterliches Investment, wie Fälle aus dem nichtmenschlichen Primatenreich dokumentieren (vgl. ebd.; Paul 2002, S. 308). Stattdessen könnte das väterliche Investment Teil des *Werbungsverhaltens* um die Partnerin sein und damit Paarungsaufwand. Ein häufig zitiertes Beispiel in der soziobiologischen Literatur ist das Verhalten der Väter der zentralafrikanischen Aka-Pygmäen. Obwohl sich diese Väter ausgesprochen viel um ihre Kinder kümmern, gilt diese Beobachtung nicht für alle Aka-Väter (vgl. Paul 2002, S. 313). Väter, die *benachteiligt* sind durch ihr geringeres soziales Ansehen oder über weniger Ressourcen verfügen, beteiligen sich deutlich *mehr* an der Kinderbetreuung als die Väter mit höherem sozialen Ansehen und Ressourcen (vgl. ebd.). Chasiotis (2008) fasst den Sachverhalt süffisant zusammen: »Auch beim Menschen gilt also: Männchen können sich im [sic] ihre Kinder kümmern, tun es aber nur, wenn es nicht anders geht oder wenn es sich – sprich: im Rahmen ihres Paarungsaufwandes – lohnt.« (ebd., S. 29)

Allerdings wird dieses Verhalten der Aka-Väter in der *soziologischen* Literatur auch anders interpretiert. Zum Beispiel sieht Diefenbach (2005) durch das hohe Betreuungsengagement der Aka-Väter ihre Ansicht unterstützt, dass nicht Kinder als solche einen Kinderwunsch induzieren, sondern dass der Mann »ein Kind mit einer Frau in Kauf nimmt«, um die Beziehung zu ihr aufrechtzuerhalten (ebd., S. 124). Kinder haben also ihrer Meinung nach eventuell neben dem direkten Nutzen, »wie die Freude daran, sie aufwachsen zu sehen«, auch einen indirekten über den Partner vermittelten Nutzen (ebd.). Damit ist m. E. jedoch der proximate Mechanismus angesprochen, aber nicht die ultimate Ursache, die in dem Allokationskonflikt zwischen Elternaufwand und Paarungsaufwand zum Ausdruck kommt. Aber beide Herangehensweisen schließen sich nicht aus, sondern im Gegenteil, sie steigern den Erklärungswert, wie anhand der vier biologischen Grundfragen gezeigt wurde (siehe 4.2).

Man muss gar nicht nach Afrika schauen, sondern bereits ein Blick in deutsche Verhältnisse kann das Abgleichproblem illustrieren. In einer Längsschnittstudie, basierend auf den Daten des Bamberger Ehepaar-Panels[64], wurde die häusliche Arbeitsteilung im Eheverlauf untersucht. Die Soziologen Schulz, Blossfeld (2006) konnten zeigen, dass die Geburt des *ersten* Kindes eine »drastisch« reduzierte Neigung der Männer bewirkt, sich an der Hausarbeit zu beteiligen, obwohl der Arbeitsaufwand durch die Geburt des Kindes »massiv« ansteigt (ebd., S. 42). Für Florian Schulz und Hans-Peter Blossfeld bieten ihre Befunde den Beleg, dass man mit den normativen Theorien zur Erklärung innerfamilialer Arbeitsteilung »die Dynamik der innerfamilialen Arbeitsteilung im Eheverlauf am besten erklären und verstehen kann« (ebd., S. 46). Im Widerspruch zu dieser Schlussfolgerung zogen Fthenakis et al. (2002) in ihrer LBS-Familien-Studie das Fazit, dass »bei der Erklärung des Traditionalisierungseffekts [...] *keiner* der diskutierten theoretischen Ansätze [Ressourcen- und Normenansätze; A.M.] über-

64 Das Bamberger Ehepaar-Panel ist »eine soziologische Längsschnittstudie zur Familien- und Beziehungsentwicklung, deren Erhebungszeitraum die Jahre 1988 bis 2002 umspannt« (Schulz, Blossfeld 2006, S. 32). Die Basis bildeten im Jahre 1988 1.456 kinderlose, frisch verheiratete Paare, repräsentativ für Westdeutschland, wovon im Jahre 2002 noch rund 36 Prozent befragt werden konnten (vgl. ebd.).

zeugen« könne (ebd., S. 132; Hervorhebung A.M.). Unstrittig ist, dass die partnerschaftliche Aufteilung der Hausarbeit bei den kinderlosen Paaren, die bei der Studie von Schulz, Blossfeld (2006) im Jahre 1988 von 43,6 Prozent der Ehepaare praktiziert wurde, nach 14 Ehejahren nur noch von 13,7 Prozent der befragten Ehepaare durchgeführt wurde (vgl. ebd., S. 44). Aus soziobiologischer Sicht lässt sich dieses Ergebnis auch so interpretieren: Die frisch verheirateten Ehemänner investierten durch ihre Mithilfe bei der Hausarbeit in *Paarungsaufwand*, der nach der Geburt des ersten Kindes nicht mehr notwendig war – allerdings unter der Bedingung einer hohen Vaterschaftssicherheit, die bei Monogamie im Allgemeinen vorliegt[65].

9.3 Blickwinkel: Elternaufwand

Einen Hinweis für die Annahme, dass die genannten Väter das Abgleichproblem zugunsten des Paarungsaufwandes gelöst haben, liefert auch ein weiterer Befund dieser Studie: Die Väter beteiligten sich *mehr* an der Hausarbeit, je *später* das erste Kind geboren wurde (vgl. Schulz, Blossfeld 2006, S. 42). Schulz und Blossfeld kommentieren dieses Resultat damit, dass das »Ehepaar länger Zeit hatte, sich an eher partnerschaftliche Strukturen zu gewöhnen« (ebd., S. 43). Dieses Erklärungsmuster stellt m. E. wiederum einen *proximaten* Mechanismus dar. Aus *ultimater* Sicht kommt die andere Seite der Medaille des Abgleichproblems ans Licht. Die Väter investieren in *Elternaufwand*, da weniger Zeit, bezogen auf die Lebensspanne, zur Verfügung steht, um sich zu reproduzieren; in der soziobiologischen Forschung als Restreproduktionswert bezeichnet (vgl. Voland 2009, S. 180). Abgeleitet wird diese These aus dem Williamsschen Konzept vom Reproduktionsaufwand, das George C. Williams selbst als »Lacks Prinzip« bezeichnet hat; es bedeutet, dass ein Organismus umso *mehr* Reproduktionsaufwand betreiben sollte, je *weniger* verbleibendes Reproduktionspotenzial das kostet (vgl. ebd., S. 167). Kurz: Der Restreproduktionswert liefert eine Aussage über »die Anzahl weiterer Nachkommen, die ein Organismus mit einem bestimmten Alter noch erwarten kann« (ebd., S. 166).

---

65 Voland (2009) kritisiert in diesem Zusammenhang die seiner Ansicht nach teilweise unseriösen Zahlen, die in der Literatur über außerpaarlich gezeugte Kinder genannt werden, und geht von etwa zwei Prozent falschen Vaterschaftszuschreibungen aus (vgl. ebd., S. 205).

Es lässt sich trotzdem einwenden, dass doch auch die Männer, die in jüngeren Jahren das erste Kind bekommen, in Elternaufwand investieren könnten. Denn wenn man die Elterninvestment-Theorie zugrunde legt, sollte ein Organismus umso *mehr* investieren, je *mehr* Fitness er dadurch zu erwarten hat (vgl. ebd.). Hierzu gibt es eine Fülle von Theorien, die aufgrund des *Reproduktionspotenzials* des *Kindes* voraussagen, wie hoch der jeweilige Elternaufwand ausfallen sollte (vgl. ebd., S. 181–206). In der vorliegenden Studie steht aber die Problematik der Persistenz der Geschlechterrollen im Vordergrund. Deshalb sei an den Befund von Fthenakis et al. (2002) erinnert (siehe 2.2.2), dass der Mann sich zwar zufriedener in der Interaktion mit seiner Partnerin fühlt, aber *unzufriedener* in seiner *Vaterrolle*, je mehr die Frau aus dem *Erwerbsleben aussteigt* (vgl. ebd., S. 470). Die aus den referierten empirischen Befunden in Kapitel 3 verdichtete »Weichensteller-Funktion« (siehe 3.4.2), die besagt, dass Mütter ihren Partnern nicht die Möglichkeit geben (bewusst oder unbewusst), sich an der Familienarbeit zu beteiligen, könnte für die steigende Unzufriedenheit des Vaters mit seiner Elternrolle verantwortlich sein, je mehr die Partnerin ihre Erwerbstätigkeit einschränkt bzw. aufgibt (vgl. Volz 2007, S. 215). Fthenakis et al. (2002) sehen dieses weibliche Verhalten als Mittel, sich »eine Quelle persönlicher Macht und Befriedigung zu erhalten« (ebd., S. 144).

Aus soziobiologischer Sicht könnte aber eine *ultimate* Ursache der »Weichensteller-Funktion« darin bestehen, dass einerseits dieses Verhalten zur Abwehr infantizidaler (männlicher als auch weiblicher) Artgenossen evolvierte, wie in Kapitel 8.2 ausführlich dargelegt wurde, andererseits aus Sorge vor unwissenden oder desinteressierten Allomüttern (siehe 8.3). Man denke zum Beispiel an die referierten Befunde, dass Schimpansenmütter so gut wie nie Allomütter in Anspruch nehmen, da sie nicht sicher sein können, ihr Baby unbeschadet zurückzubekommen, oder an das erhöhte Risiko von Stiefkindern, Opfer von Gewalt in ihren Stieffamilien zu werden. Eine weitere interessante Folgerung aus dieser ultimaten Sicht in Bezug auf *Allomütter* zeigt die Thematik, die in der Literatur unter dem Begriff »Familialisierung« der israelischen Kibbutzim diskutiert wird (Fölling-Albers, Fölling 2000, S. 124). Nachdem das kollektive Übernachtungssystem für alle Kinder siebzig Jahre lang Bestand hatte, sind inzwischen *alle* Kibbutzim seit Anfang der 1990er-Jahre zur familialen Übernachtung übergegangen, das heißt, die Kinder verbringen die Nächte in ihren jeweiligen Elternhäusern (vgl. ebd., S. 134). Damit fand eine *vehement* geführte jahrzehntelange Diskussion ihren Abschluss, die von den *Müttern* bereits zu Beginn der 1950er-Jahre in den Kibbutzim initiiert worden war (vgl. ebd., S. 132). Lässt sich dieser starke Wunsch der Mütter, ihre Kinder bei sich zu haben, durch ein schwach ausgeprägtes subjektives Sicherheitsgefühl zu den Allomüttern in den Kinderhäusern erklären?

9.4 Zusammenfassung und Diskussion

Im Rahmen der Theorie der Lebensgeschichte wird für Frauen wie für Männer ein Abgleichproblem zwischen Paarungsaufwand und Elternaufwand angenommen. Männer stehen vor der Frage, ob sie ihre Fitness unter den gegebenen Rahmenbedingungen steigern, indem sie die Anzahl der Verpaarungen erhöhen oder indem sie väterliches Investment leisten. Diese Entscheidung ist abhängig von den sozio-ökologischen Rahmenbedingungen und kann zu Beginn der reproduktiven Jahre anders ausfallen als gegen Ende der faktisch möglichen reproduktiven Zeit, denn »[d]ie *biologische* Fähigkeit [der Männer; A.M.] bis ins hohe Alter Kinder zeugen zu können, kann nicht gleichgesetzt werden mit den *sozialen* Möglichkeiten« (Tölke 2005, S. 117; Hervorhebungen A.M.). Was ist mit sozialen Möglichkeiten gemeint? Zur Verdeutlichung dieser Aussage soll als ein Beispiel die Situation hochqualifizierter Frauen in westlichen Industriegesellschaften betrachtet werden. Diese Frauen investieren inzwischen verstärkt in somatischen Aufwand, etwa Bildung oder berufliche Karriere, doch aufgrund der biologischen Begrenzung der weiblichen Reproduktionsfähigkeit könnte das zunehmend zur Kinderlosigkeit führen, wenn zu lange mit der Geburt des ersten Kindes gewartet wird (vgl. Wirth 2007, S. 167). Aufgrund der Bildungshomogamiethese, das heißt, die Partner haben einen vergleichbaren Bildungsstand (vgl. ebd., S. 174), sind somit die *sozialen* Möglichkeiten zur Reproduktion der *Partner* dieser Frauen deutlich begrenzt.

Auch andere Faktoren, neben der bereits identifizierten »Weichensteller-Funkton« der Mütter, können die Alternativen der Männer einschränken, etwa wenn ein Männerüberschuss in einer Population vorherrscht. Zum Beispiel kamen in Mecklenburg-Vorpommern Ende des Jahres 2001 auf 1.000 Männer im Alter zwischen 20 und 40 Jahren lediglich 867 Frauen (vgl. Eckhard, Klein

2006, S. 23, Fußnote 9). Mit Hrdy (2000) lässt sich notieren: »Ein männlicher Primat [also auch Männer; A.M.] unterstützt seine Partnerin dann bei der Versorgung der Jungen, wenn er dadurch seinen Fortpflanzungserfolg *deutlich erhöht*, und dann, wenn er *keine bessere* Fortpflanzungsalternative hat.« (Hrdy 2000, S. 255; Hervorhebungen A.M.) Bei einem Männerüberschuss ist Hrdys letztere Behauptung tendenziell wahrscheinlich, während ihre erste These unterstützt wird durch empirische Belege, die dokumentieren, dass im Arbeitermilieu ein »Pragmatismus« hinsichtlich der Aufteilung der Familienarbeit zu finden sei, der sich an »einer als selbstverständlich erachteten beidseitigen Erwerbstätigkeit der Geschlechter« orientiere; im bürgerlichen Milieu herrsche dagegen eine »egalitäre Rhetorik« vor, der keine Taten folgten (Kassner, Rüling 2005, S. 241). Mit anderen Worten: Die Väter aus dem Arbeitermilieu können nur durch Elternaufwand ihr genetisches Eigeninteresse verfolgen, während die Väter aus dem bürgerlichen Milieu durch Investition in somatischen Aufwand die Ressourcen für externe Unterstützung, etwa in Form von Tagesmüttern oder Haushaltshilfen, bereitstellen können.

Die andere Seite der Medaille ist allerdings, dass weibliche Partnerwahl sehr häufig durch männliches Verhalten stark eingeschränkt wird (vgl. Hrdy 2000, S. 63; Gowaty 2003, S. 912f.). Sowohl Hrdy (2000) als auch Gowaty (2003) zeigen anhand mehrerer Studien, dass die Kosten für die Weibchen erheblich sein können, wenn ihre »Wahl« gar *keine* ist (Hrdy 2000, S. 63; Gowaty 2003, S. 912ff.). Die hohen Kosten für Weibchen lassen sich illustrieren durch das Beispiel der Hanuman-Languren, das zu Beginn des Kapitels 8.2.1 berichtet wurde: Die Weibchen forderten den Haremshalter nach dem erfolgten Infantizid zur Kopulation auf. Auf den ersten Blick befremdend anmutend, auf den zweiten Blick aber durchaus für die Weibchen als »Wahl« zu deuten, in dem Sinne, dass anderenfalls ein anderes Weibchen das Männchen auffordert und es selbst ohne Nachkommen bleiben würde. Hrdy (2000) bemerkt m. E. sehr treffend, dass Weibchen »die genetischen Wächter einer Art [waren; A.M.], und durch die Wahl ihrer Sexualpartner – wenn sie eine solche Wahl treffen konnten – bestimmten sie den Verlauf der Evolution« (ebd., S. 64).

Festgehalten werden soll: Frauen spielen eine nicht zu unterschätzende Rolle in der Einflussnahme auf das potenzielle Verhalten der Männer. Durch die *intersexuelle* Selektion könnten die Frauen »über die Wahl der Väter ihrer Kinder paritätische Kinderversorgung durchsetzen« (Reimers 1994, S. 88). Auch Yvonne Schütze (1992), eine Soziologin, äußert die Vermutung, dass zukünftig *die* Männer die besten Reproduktionschancen haben könnten, die sich entweder aktiv an der Kinderbetreuung beteiligen oder die Ressourcen für eine gute Fremdbetreuung bereitstellen (vgl. Schütze 1992, S. 186). Diese Diagnose bietet m. E. viel Spielraum für eine Eltern- und Familienbildung, im Speziellen eine Väterbildung; in Kapitel 10.2 soll diese Einschätzung als Grundlage dienen, um mit verschiedenen Lösungsansätzen zu experimentieren, die neue Perspektiven für eine Eltern- und Familienbildung aufzeigen.

10. Persistenz der Geschlechterrollen

In der vorliegenden Studie wurde zum einen begründet, dass es möglich ist, die als evolvierter psychologischer Mechanismus (EPM, siehe 6.2.3) identifizierte »Weichensteller-Funktion« der Mütter, das heißt, ihren Partnern eine Beteiligung an der Familienarbeit zu erschweren (siehe 3.4.2), als eine *adaptive* Funktion zu erklären mit der *ultimaten* Ursache der Infantizidabwehr. Einer der weiblichen Abwehrstrategien zur Infantizidabwehr, das Vermeidungsverhalten, die eigenen Kinder Allomüttern zu überlassen, könnte durch *intrasexuelle* Selektion evolviert sein. Die Gene derjenigen Mütter, die skeptischer in Bezug auf Allomütter waren und aufgrund dessen eine größere Anzahl ihrer Kinder bis zum Erwachsenenalter aufziehen konnten, verbreiteten sich im Genpool der jeweiligen Population.

Als Zweites wurde versucht, eine ultimate Erklärung für den auftretenden »Traditionalisierungseffekt« im Übergang zur Elternschaft (siehe 3.4.1) herzuleiten. Die vorgenommene Argumentation ließ den Schluss zu, dass es möglich ist, väterliches Investment wie die anteilige Übernahme von Familienarbeit, *ultimat* als Teil des Paarungsaufwandes zu erklären. Nach erfolgter Geburt des Nachkommens hat dieses väterliche Investment seinen Zweck erfüllt. Nunmehr ist die außerfamiliale Umwelt wichtiger, um erneut in somatischen Aufwand zu investieren, das heißt, genug Ressourcen (Ausbildung, berufliche Karriere etc.) zu akkumulieren, um später diese aufgebauten Ressourcen für weitere Fortpflanzung zu nutzen.

In Abbildung 5 wird das Analyseergebnis der letzten drei Kapitel veranschaulicht, indem der zu Beginn des Kapitels 7 eingeführte Orientierungsrahmen zur Persistenz der Geschlechterrollen um die identifizierten ultimaten Ursachen vervollständigt wird:

Abbildung 5: Persistenz der Geschlechterrollen – ultimate Ursachen und proximate Mechanismen

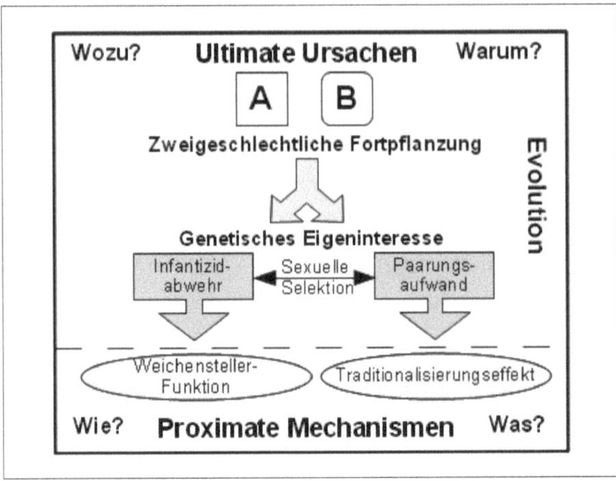

Quelle: Eigene Darstellung

10.1 Quintessenz

Die Relevanz einer Eltern- und Familienbildung wurde eindrücklich verdeutlicht anhand der Schilderung zweier unrühmlicher Kapitel der evolutionär gesehen jüngeren Geschichte der Menschheit: Zum einen der Praxis des Aussetzens von Kindern und zum anderen des kommerziellen Ammenwesens. Ein zentraler Punkt, der sich herauskristallisierte und für die hohe Kindersterblichkeit verantwortlich zeichnet, vor allem im 18. Jahrhundert in Europa, ist die Problematik der Vereinbarkeit von Familie und Beruf – hauptsächlich zu Lasten des weiblichen Geschlechts. Eine grundsätzliche Änderung gesellschaftlicher Strukturen stand aber nicht zur Debatte, sondern es erschien naheliegender, den Müttern konkrete Kenntnisse und Fertigkeiten zu vermitteln, die sie befähigen sollten, ihre Säuglinge und Kleinkinder angemessen zu pflegen und zu erziehen. Diese Entwicklung lässt sich in unterschiedlichen Abstufungen, die in der höchsten Ausprägung eine Persönlichkeitsbildung der Mütter anstrebte, bis in die zweite Hälfte des 20. Jahrhunderts verfolgen. Die jahrzehntelange Ausrichtung der institutionellen Eltern- und Familienbildung auf eine reine Frauenbildung erschwert es auch zu Beginn des 21. Jahrhunderts immer noch, Männer bzw. Väter als Zielgruppe zu gewinnen. Dabei gilt die praktizierte Verteilung der familiären und beruflichen Rollen in der Partnerschaft als die zentrale Schaltstelle für Interventionsmaßnahmen, um einer regelmäßig zu beobachtenden Verschlechterung der Partnerschaft im Übergang zur Elternschaft vorzubeugen. Die Problematik der Vereinbarkeit von Familie und Beruf hat nach wie vor Konjunktur und äußert sich nicht zuletzt in den vielfältigen politischen Bemühungen; nachdrücklich dokumentiert durch die Aufforderung des Europäischen Rats an die Mitgliedstaaten der Europäischen Union im Jahre 2000, beiden Geschlechtern gleichermaßen die Chance zu geben, am Berufs- und Familienleben zu partizipieren. Mit anderen Worten: Ein altes Thema mit modernen Lösungen, wie Elternzeit und Elterngeld.

Zwei Themenkomplexe schälten sich heraus, die im Rahmen der Diskussion um veränderte Anknüpfungspunkte für eine Eltern- und Familienbildung durch die Einbeziehung biowissenschaftlicher Erkenntnisse als Anschlussstellen dienen: Zum einen die gezielte Ansprache der Väter im Kontext der Vereinbarkeit von Familie und Beruf und zum anderen theoretisch fundierte Angebote für die Zielgruppe der Väter. In einem ersten Schritt wurden Befunde ausgewählter aktueller empirischer Studien herangezogen, um das Ausmaß der Beteiligung der Väter an Elternzeit und Familienarbeit in Deutschland und in den skandinavischen Ländern zu untersuchen. Zwei wesentliche Aussagen ließen sich aus den berichteten Befunden folgern: Erstens ist es unstrittig, dass der Anteil der Väter, die Elternzeit nehmen, erheblich gestiegen ist seit der Einführung des Elterngeldes in Deutschland zu Beginn des Jahres 2007. Zweitens ernüchterte die Erkenntnis, dass selbst in den skandinavischen Ländern die Beteiligungsquote der Väter an der Elternzeit und der Familienarbeit weit davon entfernt ist, eine egalitäre Rollenverteilung widerzuspiegeln – trotz der politischen Realität einer umfassenden staatlichen Vollbeschäftigungsförderung für beide Geschlechter, teilweise bereits seit dreißig Jahren. Die empirischen Ergebnisse wurden zu zwei Phänomenen verdichtet, die in der sozialwissenschaftlichen Väter- und Familienforschung erörtert werden und die noch keiner hinreichenden Erklärung zugeführt werden konnten. Zum einen ist das der sogenannte »Traditionalisierungseffekt«, das heißt, eine Traditionalisierung der Geschlechterverhältnisse im Übergang zur Elternschaft, die sich in einer weitgehenden Überlassung der Familienarbeit von Vätern an ihre Partnerinnen nach der Geburt des (ersten) Kindes manifestiert. Zum anderen ist ein Phänomen zu nennen, dass als »maternal gatekeeping« im angloamerikanischen Raum seit Jahren diskutiert wird, in der deutschsprachigen Forschung unter dem Begriff »Weichensteller-Funktion« der Mütter jedoch kaum Erwähnung findet. Hiermit ist gemeint, dass Mütter ihren Partnern nicht die Möglichkeit geben, sich an der Familienarbeit zu beteiligen – sei es bewusst oder unbewusst.

Um die Argumentation zu entwickeln, wurde zuerst für einen biowissenschaftlichen Rahmen explizit geworben, der eine neue Sichtweise auf die beiden identifizierten Phänomene zulässt. Ein wichtiges Resultat, das herausgearbeitet wurde, ist das unumgängliche Problem, dass bei der Anwendung biowissenschaftlicher Erkenntnisse auf sozialwissenschaftliche Phänomene der wissenschaftstheoretische Unterschied zwischen empirisch erzeugten Erkenntnissen und entsprechenden Handlungsempfehlungen Berücksichtigung finden muss. Der Ethologe Nikolaas Tinbergen (1907–1988) etablierte zwei unterschiedliche Erklärungsebenen eines Lebensphänomens, indem er zu jeder Ebene jeweils zwei Fragen entwickelte, die als die vier Grundfragen der biologischen Forschung in die Evolutionsbiologie eingingen. Durch eine exakte Differenzierung dieser beiden Erklärungsebenen gelingt es, ein Lebensphänomen umfassender zu beschreiben. Es handelt sich dabei erstens um ultimate Ursachen, die evolutionären Hintergründe, und zweitens um die proximaten Mechanismen, die unmittelbaren Zusammenhänge, das heißt, die Ursachen und Wirkungen bei den Funktionsabläufen sowie die ontogenetische Entwicklung. Inkonsistenzen, die sich aus der Beantwortung der vier Grundfragen der biologischen Forschung ergeben, können neue Untersuchungsbereiche aufdecken. Auf diese Weise lassen sich biowissenschaftliche Erkenntnisse und sozialwissenschaftliche empirische Befunde zulässig verknüpfen, und es wird möglich, pädagogische Empfehlungen fundiert abzugeben. In dieser Studie wurde methodisch mit Tinbergens Ansatz gearbeitet, um die evolutionären Hintergründe der Persistenz der Geschlechterrollen aufzuspüren.

Ein weiterer Schwerpunkt lag auf der Rezeption der Geschichte der Evolutionsbiologie, beginnend mit Darwin einschließlich aktueller Entwicklungen, die als »Evolution der Evolutionstheorie« interpretiert wurde. Diese Präsentationsweise ermöglichte es, die Dynamik in diesem Forschungsfeld zu verdeutlichen und gleichzeitig zu zeigen, dass von dem ursprünglichen Darwinismus nur noch die grundlegenden Annahmen im wissenschaftlichen Diskurs konsensfähig sind. Das einschneidendste Ereignis stellte die Entfaltung der genozentrischen Sichtweise dar und damit untrennbar verbunden die Soziobiologie, wie sie durch Edward O. Wilson geprägt wurde. Die Hauptaussage der genozentrischen Sichtweise liegt darin, dass der Evolutionserfolg ausschließlich an dem langfristigen Überleben der Allele, der Genvarianten an einem Chromosomenort, gemessen wird. Die Konzepte der Gruppenselektion und der Individualselektion wurden durch die Idee der Genselektion ersetzt. Phänomene, wie der Altruismus gegenüber Verwandten, die sich vom klassischen Darwinismus nur äußerst mühsam erklären ließen, konnten durch das Konzept der Verwandtenselektion elegant gedeutet werden – später bekannt als »Hamiltons Regel«. Hamiltons Idee beruht darauf, dass durch die Unterstützung verwandter Individuen die Wahrscheinlichkeit groß sei, die gleichen Allele zu fördern. Durch Verwandtenunterstützung kann die Fitness eines Organismus erhöht werden, da am Ende seiner Lebensspanne seine Gesamtfitness für die Ausbreitung seiner Allele im Genpool der Population ausschlaggebend ist, die sich aus der Summe der eigenen Nachkommen sowie der Nachkommen verwandter Individuen ergibt. Aus der Soziobiologie sprossen in den letzten zwanzig Jahren des 20. Jahrhunderts weitere Ableger. Am Populärsten erscheint derzeit das Forschungsgebiet der evolutionären Psychologie. Die Hauptthese dieses Ansatzes ist die Annahme, der Mensch verfüge über eine große Anzahl spezialisierter psychologischer Mechanismen, die jeweils für die Lösung spezifischer adaptiver Probleme in einer je spezifischen Evolutionsperiode als Adaptation evolvierten. Ein zentraler Punkt dieser Argumentation liegt in der Behauptung, der überwiegende Teil der Angepasstheiten diene in heutigen Umwelten nicht mehr der Fitness.

Für das Anliegen der vorliegenden Studie, veränderte Anknüpfungspunkte für eine Eltern- und Familienbildung zu identifizieren, birgt diese Anschauungsweise enormes Potenzial. Wenn es gelänge, die jeweilige adaptive Funktion eines evolvierten psychologischen Mechanismus (EPM) zu ermitteln, ließen sich die durch die einzelnen EPMs begründeten Verhaltensdispositionen eventuell pädagogisch beeinflussen. Mithilfe einer der forschungsmethodischen Vorgehensweisen der evolutionären Psychologie, der »bottom-up«-Strategie, wurde die Suche nach den adaptiven Funktionen der beiden identifizierten Phänomene des »Traditionalisierungseffekts« und der »Weichensteller-Funktion« der Mütter in Angriff genommen. Der Ansatz von Tinbergen ließ sich nutzen, um konkrete Fragen in Bezug auf die zwei Erklärungsebenen der beiden Lebensphänomene zu entfalten: Warum gibt es überhaupt zwei Geschlechter, wozu unterscheiden sie sich im Verhalten, und wie muss man sich die psychologischen Mechanismen vorstellen, die dazu führen, dass sich die geschlechtstypischen Verhaltensweisen manifestieren können? Die ersten beiden Fragen, die Warum- und die Wozu-Frage, sind der Erklärungsebene der evolutionären Hintergründe, also den ultimaten Ursachen, zuzuordnen, während sich die dritte Frage, die Wie-Frage, auf die proximaten Mechanismen bezieht.

Für den nächsten Schritt auf dem Weg zu einer Begründung der funktionalen Adaptivität beider Phänomene wurde ein Orientierungsrahmen entwickelt, der das Zusammenspiel beider Erklärungsebenen illustriert, die letztendlich zur Persistenz der Geschlechterrollen führen (siehe Abbildung 3). Die ausführliche Erörterung der ersten Frage, warum es überhaupt zwei Geschlechter gibt, lässt sich zu fünf Kernaussagen komprimieren. Erstens herrscht weitgehender Konsens in der evolutionsbiologischen Forscherschaft, dass Sexualität der genetischen Rekombination dient und weitgehend unabhängig von der Fortpflanzung zu sehen ist. Zweitens beginnt Geschlecht mit der Anisogamie, der unterschiedlich großen Keimzellen (Gameten), als dem ersten morphologischen Geschlechtsunterschied. Drittens führte evolutionär gesehen das Zurückhalten der Eizellen zur inneren Befruchtung. Daraus resultierte viertens eine Möglichkeit der Spermienspeicherung, die Spermienüberschuss induzierte aufgrund der entstehenden Konkurrenz um die befruchtbaren Eizellen. Fünftens und letztens kann Geschlecht als das Ergebnis der unterschiedlichen Elterninvestitionen der Sexualpartner in ihre Keimzellen angesehen werden, wobei die beiden Geschlechter zwei verschiedene Fortpflanzungsstrategien verfolgen. Die Eizellen spezialisieren sich auf Reproduktionserfolge durch Nährstoffinvestitionen, während die Spermien Paarungserfolge durch höhere Befruchtungshäufigkeiten anstreben. Diese Betrachtungsweise der unterschiedlichen Fortpflanzungsstrategien aus der Perspektive der Keimzellen wurde durch eine ideengeschichtliche Skizze der Begründungsversuche ergänzt, die auf der Ebene der Verhaltensunterschiede der beiden Geschlechter ansetzt. Dabei zeigte sich, dass dem Konzept des Elterninvestments, durch Robert L. Trivers geprägt, der bislang höchste Erklärungswert durch die evolutionsbiologische Forscherschaft zugesprochen wird, obwohl dieser Theorieansatz durch feministische Naturwissenschaftlerinnen stark kritisiert wird. Eine wesentliche Ableitung aus diesem Konzept ist die Annahme, dass die intrasexuelle Konkurrenz umso schwächer ausgeprägt ist, je ähnlicher die Höhe des Elterninvestments je Nachkomme von Vätern und Müttern ausfällt. Trivers erkannte diverse Investitionsarten, neben den energetischen Kosten der Gametenproduktion ebenso nachgeburtliches Fürsorgeverhalten, das bei Menschen auch eine möglichst vorteilhafte soziale Platzierung beinhalten kann.

Die zweite Frage, wozu sich die Geschlechter im Verhalten unterscheiden, berührt ein Hauptelement der soziobiologischen Forschung, die sexuelle Selektion, die Darwin in seinem im Jahre 1871 veröffentlichten Werk begründete. Darwin wollte damit die Fitness beeinträchtigende Eigenschaften und Merkmale erklären, die sich dem Konzept der natürlichen Selektion auf den ersten Blick verschließen. Es kristallisieren sich zwei Mechanismen heraus, die für die Evolution derartiger Merkmale verantwortlich zeichnen. Dies ist zum einen die intrasexuelle Konkurrenz, durch die Besonderheiten ausgebildet werden, die den Fortpflanzungszugang zu dem jeweils anderen Geschlecht erhöhen, indem Angehörige des gleichen Geschlechts verdrängt werden. Zum anderen ist es die intersexuelle Wahl, die exzessive Strukturen hervorbringt, die außerhalb der Fortpflanzung keine Bedeutung haben, sondern im Gegenteil die Überlebenschancen sogar vermindern können. Aus der Vielzahl der teilweise konkurrierenden Theorien zur Erklärung der intersexuellen Wahl wurde das Handicap-Prinzip der fälschungssicheren Qualitätssignale hervorgehoben, da es sich für eine Väterbildung im besonderen Maße anbietet. Individuen signalisieren dem jeweils anderen Geschlecht, dass sie entsprechend lebenstüchtig sind und sich das Handicap »leisten« können. Hingegen kann die intrasexuelle Konkurrenz eskalieren und sich in Infantizid äußern, das Töten von unerwünschtem Nachwuchs. Durch eine Fülle von empirischen Befunden gilt die These des Infantizids als männliche Fortpflanzungsstrategie von Sarah Blaffer Hrdy, die sie im Jahre 1974 publizierte, inzwischen als weitgehend gesichert. Durch intrasexuelle Konkurrenz konnte sich im männlichen Geschlecht eine Verhaltensdisposition zum Infantizid ausbilden, die sich in bestimmten sozio-ökologischen Umwelten »auszahlt«, da anderenfalls infolge fehlender Vaterschaftssicherheit keine Nachkommen hinterlassen werden.

Aufgrund dieses männlichen aggressiven Verhaltens evolvierten im weiblichen Geschlecht mehrere Abwehrstrategien. Der weibliche Lebenszeitreproduktionserfolg bemisst sich nicht an der Anzahl der gezeugten Nachkommen, sondern an der Fähigkeit, die eigenen Kinder bis zum Erwachsenenalter am Leben zu erhalten – ein während der Geschichte der Menschheit grundsätzlich schwieriges Unterfangen; erst in jüngster Zeit deutlich vereinfacht durch künstliche Säuglingsnahrung und verlässliche Empfängnisverhütungsmethoden, aber nichtsdestotrotz immer noch zu Lasten des weiblichen Geschlechts, wie nicht zuletzt die referierten marginalen Beteiligungsquoten der Väter an der Elternzeit und Familienarbeit illustrieren. Ein Kernpunkt der weiblichen Abwehrstrategien präsentiert sich in einem unterschiedlich stark ausgeprägten Vermeidungsverhalten, die eigenen Kinder anderen Angehörigen seiner Art zur temporären Pflege zu überlassen, abhängig von den sozio-ökologischen Rahmenbedingungen. Für die bei der Aufzucht der Nachkommen helfenden Individuen hat sich in der evolutionsbiologischen Literatur der Ausdruck »Allomütter« (»allomothers)« eingebürgert, der auf Sarah Blaffer Hrdy zurückgeht und den sie explizit auch für Helfer männlichen Geschlechts angewendet wissen möchte (Hrdy 2005, S. 10). Legt man das Konzept der Verwandtenselektion zugrunde, lässt sich aus einer fehlenden genetischen Verwandtschaft ableiten, dass Allomütter nicht immer die notwendige Sorgfalt in der Betreuung der ihnen zeitweise überlassenen Kinder walten lassen. Abschließend wurde die zweite Frage, welcher evolutionäre Anpassungswert dem Verhaltensunterschied der beiden Geschlechter zugeschrieben werden kann, beantwortet mit der aus der genozentrischen Sichtweise folgenden Behauptung: Am Ende der weiblichen Lebensspanne zählt, wie viele der geborenen Kinder das Erwachsenenalter erreicht haben, während für das männliche Geschlecht die Anzahl der gezeugten Kinder ausschlaggebend ist. Durch sexuelle Selektion, sowohl intersexuelle Wahl als auch intrasexuelle Konkurrenz bei jeweils beiden Geschlechtern, konnten sich die heutigen zu beobachtenden geschlechtstypischen Verhaltensweisen ausbilden.

In einem letzten Schritt zur Begründung der funktionalen Adaptivität der identifizierten Phänomene wurde die dritte Frage beleuchtet, wie man sich die psychologischen Mechanismen vorstellen könne, die dazu führten, dass sich die geschlechtstypischen Verhaltensweisen manifestierten. Eine der weiblichen Abwehrstrategien zur Infantizidabwehr, das Vermeidungsverhalten, die eigenen

Kinder Allomüttern zu überlassen, wurde als ultimate Ursache für den proximaten Mechanismus der »Weichensteller-Funktion« der Mütter angenommen. Die Verhaltensdisposition der Mütter evolvierte vermutlich durch intrasexuelle Konkurrenz. Für eine ultimate Erklärung des »Traditionalisierungseffekts« wurde auf die Theorie der Lebensgeschichte rekurriert, die verschiedene Abgleichprobleme über die Lebensspanne eines Organismus annimmt. Ein wichtiger Allokationskonflikt ist die Entscheidung zwischen Paarungsaufwand und Elternaufwand, die sich für die beiden Geschlechter unterschiedlich stellt. Paarungsaufwand umfasst den geschlechtlichen Wettbewerb sowie die Partnerwahl. Elternaufwand ist bei Menschen im Wesentlichen die Aufzucht der Nachkommen in all ihren kulturellen Facetten. Im Fokus steht das männliche Abgleichproblem, da es zu erklären gilt, warum die Väter nach der Geburt des (ersten) Kindes die Familienarbeit weitgehend ihren Partnerinnen überlassen. Die Beteiligung an der Familienarbeit stellt oberflächlich gesehen ein väterliches Investment im Sinne des Elternaufwandes dar. Die Höhe des väterlichen Investments hängt zwar bis zu einem gewissen Grade von der sexuellen Autonomie der Frauen und damit von der Vaterschaftssicherheit ab, jedoch für monogam ausgerichtete soziale Systeme, die in westlichen Industriestaaten die Norm sind, konnte dargelegt werden, dass sich väterliches Investment angemessener als Paarungsaufwand interpretieren lässt.

Die vielfältigen empirischen Befunde, dass eine partnerschaftliche Aufteilung der Hausarbeit zu Beginn der Partnerschaft im Übergang zur Elternschaft zu Lasten der Partnerin aufgegeben wird, finden ihre ultimate Erklärung darin, dass die Männer in Paarungsaufwand investierten, der in der Gefolgschaft des (ersten) Kindes in somatischen Aufwand umgemünzt wurde. Das heißt, die Väter akkumulieren erneut Ressourcen (Ausbildung, berufliche Karriere etc.), um später diese aufgebauten Ressourcen für weitere Fortpflanzung zu nutzen. Die andere Seite der Medaille offenbart sich aber, wenn die »Weichensteller-Funktion« der Mütter als proximater Mechanismus der ultimat entstandenen Infantizidabwehr für das Verhalten der Väter im Übergang zur Elternschaft herangezogen wird. Vätern wird es dadurch erschwert, in Elternaufwand zu investieren, auch wenn sie prinzipiell dafür bereit wären. Durch die derzeitigen sozialpolitischen Bedingungen in einigen europäischen Staaten wird ihnen mit dem Instrument der Partnermonate eine Beteiligung an der Familienarbeit erleichtert, die aber erst ihre volle Wirkung entfalten kann, wenn diese evolutionären Hintergründe weitgehend verstanden sind und adäquate Interventionsmaßnahmen entwickelt werden konnten. Der Orientierungsrahmen, der das Zusammenspiel beider Erklärungsebenen illustriert und die Mechanismen aufzeigt, die zur Persistenz der Geschlechterrollen führt, wurde mit diesen letzten Bausteinen der Argumentation vervollständigt (siehe Abbildung 5).

10.2 Ideenwerkstatt

Abschließend werden zwei Ziele verfolgt: Erstens soll aufgezeigt werden, wie zukünftige Forschungsaufgaben von einer Verzahnung ultimater und proximater Erklärungen profitieren könnten. Zweitens wird mit verschiedenen Lösungsansätzen experimentiert, die geeignet erscheinen, neues Licht auf das alte Thema »Vereinbarkeit von Familie und Beruf« zu werfen. Zuerst werden die beiden formulierten Thesen daraufhin untersucht, ob sich fruchtbare Antworten entwickeln ließen, aus denen empirisch prüfbare Hypothesen deduziert werden können. Kurz: Sind die Thesen als »Bausteine« für eine »Ideenwerkstatt« geeignet?

Bausteine für die Ideenwerkstatt

Die erste These lautet: *Die Nichterreichbarkeit der Väter als Zielgruppe für Familienbildungsangebote findet eine Ursache in identifizierbaren Unterschieden im Verhalten der Geschlechter.* Es wurde das folgende Gedankengebäude aufgebaut, um diese These zu erhärten: Beide Geschlechter verfolgen unterschiedliche Fortpflanzungsstrategien, die im Wesentlichen auf die innere Befruchtung mit ihren daraus entstehenden Konsequenzen zurückzuführen sind. Am Ende der weiblichen Lebensspanne zählt, wie viele der geborenen Kinder das Erwachsenenalter erreicht haben, während für das männliche Geschlecht die Anzahl der gezeugten Kinder ausschlaggebend ist. Durch sexuelle Selektion, sowohl intersexuelle Wahl als auch intrasexuelle Konkurrenz bei jeweils beiden Geschlechtern, konnten sich die heutigen zu beobachtenden geschlechtstypischen Verhaltensweisen ausprägen.

Zweitens: *Die Persistenz der Geschlechterrollen, die sich in den beiden Phänomenen des »Traditionalisierungseffekts« und der »Weichensteller-Funktion« der Mütter widerspiegelt, ist als eine Folge der unterschiedlichen Selektionsdrücke auf die Geschlechter im Laufe der Evolution zu werten.* Geschlussfolgert wurde, dass weibliche Abwehrstrategien in Bezug auf die Infantizidgefahr durch Artgenossen zu der »Weichensteller-Funktion« der Mütter führten, die im Umkehrschluss aber zu Lasten des väterlichen Elternaufwandes geht. Der männliche Paarungsaufwand, der eine Beteiligung an der Familienarbeit einschließt, verliert seine Funktion im Übergang zur Elternschaft und wird in somatischen Aufwand umgemünzt; umso stärker, je mehr die Partnerin ihre ultimat entstandene Verhaltensbereitschaft der Infantizidabwehr in konkretes Vermeidungsverhalten umsetzt, das heißt, eine Beteiligung des Partners an der Familienarbeit erschwert.

In der evolutionären Psychologie wird mit der »bottom-up«-Strategie die Absicht verfolgt, aus zuvor identifizierten adaptiven Funktionen empirisch prüfbare Hypothesen abzuleiten (siehe 6.2.3). Anhand eines Beispiels wird im Folgenden gezeigt, dass mit den gefundenen Antworten dieses Ziel erreicht werden konnte.

Nutzen für die sozialwissenschaftliche Väter- und Familienforschung

Eine mögliche evolutionäre Hypothese ist: Ein Vater sollte sich umso mehr an der Elternzeit oder der Familienarbeit beteiligen, je mehr seine Partnerin ihm bereits während der Schwangerschaft die zukünftige Betreuungskompetenz des gemeinsamen Kindes zugesteht und je älter der Vater bei der Geburt seines ersten Kindes ist. Diese Hypothese ergibt sich direkt aus den Schlussfolgerungen dieser Studie: Männer investieren umso mehr in Elternaufwand, je geringer ihr Restreproduktionswert ist und je weniger Vermeidungsverhalten ihre jeweiligen Partnerinnen zeigen. Durch diese methodische Vorgehensweise gelingt es auch, die zahlreichen empirischen Befunde der sozialwissenschaftlichen Väter- und Familienforschung neu einzuordnen und eventuell bisher nicht zu erkennende Kausalitäten zu bestimmen. Beispielsweise fragen Fthenakis et al. (2002):

> »Ist die Partnerschaft glücklicher, weil sich der Mann mehr beteiligt und dadurch die Partnerin entlastet, ihr ein Gefühl der Wertschätzung vermittelt und ihren Vorstellungen vom Familienleben nachkommt? Oder beteiligt sich der Mann mehr, weil er seine Frau liebt und sie ihm aufgrund ihrer großen Zuneigung stärker in die Sorge um das Kind einbezieht?« (ebd., S. 146)

Nimmt man die genannte These als Ausgangspunkt, der Mann investiere umso mehr in Elternaufwand, je weniger seine Frau Vermeidungsverhalten zeige, lässt sich die Einflussrichtung in dem zitierten Beispiel begründet vermuten, das heißt, der zweiten Frage von Fthenakis et al. (2002) ist tendenziell beizupflichten – der Mann beteiligt sich mehr, weil seine Frau ihn stärker in die Sorge um das Kind einbezieht.

Eine weitere Nutzungsmöglichkeit ergibt sich, indem bereits vorliegende empirische Befunde reanalysiert werden. Die oben aufgestellte Hypothese könnte damit unmittelbar überprüft werden. Zur Illustration soll die elaborierte empirische Studie von Schoppe-Sullivan et al. (2008) dienen, in deren Verlauf 97 Paare über einen Zeitraum von sechs Monaten begleitet wurden (vgl. ebd., S. 391). Mittels verschiedener Fragebögen während der Schwangerschaft und drei Monate nach der Geburt sowie einer teilnehmenden Beobachtung dreieinhalb Monate nach der Geburt wurden die Mütter und Väter befragt bzw. beobachtet (vgl. ebd., S. 392f.). Ziel der Studie war es, empirische Belege für die »Weichensteller-Funktion« der Mütter (»maternal gatekeeping«) zu gewinnen; dies gelang nach Aussage von Schoppe-Sullivan ihren Kolleginnen und Kollegen, die feststellen, dass »this study provides perhaps the best evidence to date that the phenomenon of maternal gatekeeping exists and that, under some conditions, it may have the potential to affect fathering behavior« (ebd., S. 397).

Die Ergebnisse der eingesetzten Fragebögen sowie der teilnehmenden Beobachtung könnten aus dem Blickwinkel der evolutionären Hypothese betrachtet werden. Denkbar ist dieses methodische Vorgehen, da alle dafür notwendigen Daten vorliegen: Das sind im Einzelnen das Alter des Vaters, Kennzeichen für Erstelternschaft, das Vermeidungsverhalten der Mutter sowie der Zeitanteil des Vaters bei der Interaktion mit seinem Kind relativ zu dem Zeitanteil der Mutter (vgl. ebd., S. 392f.). Eventuell erlaubt diese neue Betrachtungsweise den Befund von Schoppe-Sullivan et al. (2008) zu erhellen, der direkte Pfad zwischen der »Weichensteller-Funktion« der Mütter und dem Verhalten der Väter sei nicht so stark, wie es der bisherige Theorieansatz erwarten lasse (vgl. ebd., S. 396). Warum könnte diese ungewohnte Perspektive den Erklärungswert steigern? Ein Anknüpfungspunkt ist der Restreproduktionswert (siehe 9.3) des Vaters: Die evolutionäre Hypothese nimmt für einen *geringeren* Restreproduktionswert des Vaters eine *höhere* Investition in Elternaufwand an. Interessant wäre folglich, durch die Berücksichtigung der Indikatoren »Alter des Vaters« und »Erstelternschaft« Aussagen über den Restreproduktionswert des Vaters zu treffen[66]. Wird diese Drittvariable kontrolliert, könnte sich der Wirkungszusammenhang zwischen der »Weichensteller-Funktion« der Mütter und dem Verhalten der Väter entsprechend differenzierter gestalten; zum Beispiel weil ein älterer Erstvater mehr in Elternaufwand investiert, auch wenn seine Partnerin seine Kinderbetreuungskompetenzen niedrig einschätzt. Bereits diese kursorischen Ausführungen anhand der Studie von Schoppe-Sullivan et al. (2008) lassen das Potenzial erahnen, das sich ausschöpfen ließe, indem die empirischen Befunde der sozialwissenschaftlichen Väter- und Familienforschung auf der Grundlage evolutionärer Hypothesen reanalysiert würden.

Dieser Vorschlag, biowissenschaftliche Erkenntnisse mit sozialwissenschaftlichen Phänomenen zu verzahnen, bedingt aber, dass die wissenschaftskritischen Aspekte angemessen berücksichtigt werden. In Kapitel 4 wurde angeregt, der Theoriegeladenheit von biowissenschaftlichen Fakten konstruktiv zu begegnen durch die Beantwortung der vier biologischen Grundfragen: Widersprüchliche Resultate zwischen ultimaten und proximaten Erklärungen eines Lebensphänomens sollten folglich weiteren Forschungsbedarf aufzeigen. Wie lassen sich die Erkenntnisse der vorliegenden Studie nach dieser Maßgabe bewerten?

Sozialwissenschaftliche Phänomene verknüpft mit biowissenschaftlichen Fakten

Anbieten könnte sich dafür das Modell zur Partnerschaftsentwicklung im Übergang zur Elternschaft[67], das Fthenakis et al. (2002) entwickelt haben (vgl. ebd., S. 448). Auf Basis der Ergebnisse der LBS-Familien-Studie haben Fthenakis et al. (2002) Mechanismen herausgearbeitet, die für die Entstehung und Ausweitung von Partnerschaftsproblemen angenommen werden können, beispielsweise die »situationsgebundene Unzufriedenheit« (ebd.). In Bezug gesetzt zu den vier Grundfragen der biologischen Forschung ist damit die Wie-Frage angesprochen;

[66] Es handelt sich um eine näherungsweise Bestimmung des Restreproduktionswertes. Eine exakte Formel hat Fisher (siehe 5.1.2), einer der Mitbegründer der Populationsgenetik, Anfang des letzten Jahrhunderts entwickelt (vgl. Voland 2009, S. 165).

[67] Für eine ausführlichere Erläuterung des Modells zur Partnerschaftsentwicklung siehe Fthenakis et al. (2002, S. 447–457).

es handelt sich somit um einen proximaten Mechanismus (siehe 4.2). In einem nächsten Schritt begründen Fthenakis et al. (2002) anhand ihres Modells Interventionsziele (vgl. ebd., S. 476).

Erweisen sich diese Ziele als anschlussfähig an die in diese Studie dargelegte ultimate Sicht? Um das zu klären, soll beispielhaft eines der Interventionsziele in den Fokus gerückt werden, das als die zentrale Schaltstelle für Interventionsmaßnahmen gilt. Innerhalb der dyadischen Abstimmung ist das die Aushandlung der Verteilung der familiären und beruflichen Rollen zwischen den beiden Partnern (siehe 2.2.2). Der ultimate Blickwinkel hat aufgedeckt, dass das männliche Geschlecht um Paarungserfolge konkurriert und damit das männliche Verhalten der intrasexuellen Konkurrenz unterliegt, während für das weibliche Geschlecht zählt, wie viele der geborenen Kinder das Erwachsenenalter erreichen. Festgestellt werden kann, dass diese evolutionäre Sicht durchaus im Einklang mit dem proximaten Mechanismus der »situationsgebundenen Unzufriedenheit« steht; je weniger der Mann beispielsweise in Elternaufwand investiert, desto schwieriger gestaltet sich die Bewältigung der Familienarbeit für die Frau, vor allem wenn die ökonomischen familiären Rahmenbedingungen eine Mitarbeit der Frau erzwingen. Auf diese Weise ließe sich jedes der von Fthenakis et al. (2002) begründeten Interventionsziele auf ihre Widerspruchslosigkeit zu den evolutionären Erklärungen überprüfen. Damit kann der Kritik an der Einbeziehung von biowissenschaftlichen Fakten für sozialwissenschaftliche Phänomene fundiert begegnet werden.

Das leitet unmittelbar zu dem Ausblick über, welche veränderten Anknüpfungspunkte sich für eine Eltern- und Familienbildung durch Einbeziehung der evolutionären Hintergründe anbieten könnten. Durch die Bestimmung der adaptiven Funktionen, die den proximaten Mechanismen zugrunde liegen, könnten die Verhaltensdispositionen eventuell durch pädagogische Mittel beeinflusst werden. Im Folgenden wird mit verschiedenen Lösungsansätzen experimentiert, um neues Licht auf das alte Thema »Vereinbarkeit von Familie und Beruf« zu werfen.

Familienbewusste personalpolitische Maßnahmen

Ein Gedanke stellt das Handicap-Prinzip der fälschungssicheren Qualitätssignale in den Mittelpunkt, das heißt, bei der intersexuellen Wahl signalisieren Individuen dem jeweils anderen Geschlecht, dass sie entsprechend lebenstüchtig sind und sich das Handicap »leisten« können (siehe 8.1.2). Wird die erfolgreiche Vereinbarung von Familie und Beruf als Qualitätssignal innerhalb der intersexuellen Wahl interpretiert, ließe sich dieses Szenario in die betriebliche Praxis übertragen. Führungskräfte in Unternehmen könnten durch entsprechende Fortbildungsmaßnahmen sensibilisiert werden, bevorzugt diejenigen Männer für berufliche Karriereschritte in Betracht zu ziehen, die unter Beweis gestellt haben, dass sie fähig sind, den anfallenden Elternaufwand mit ihren Partnerinnen gleichberechtigt zu bewältigen. Als Indikatoren böten sich zum Beispiel die Dauer der Elternzeit an oder der zeitliche Umfang von in Anspruch genommenen Weiterbildungsangeboten während der Elternzeit. Ein Nebeneffekt wäre, dass die Unternehmensstrukturen sich nachhaltig ändern würden: Aufgrund der intrasexuellen Konkurrenz würden Männer entsprechende Energien entwickeln, um Elternzeit mit beruflichen Anforderungen verbinden zu können. Vorstellbar wäre, dass die Männer sich beispielsweise für eine Ausweitung von Telearbeitsarrangements einsetzten, Ansprüche erhöben auf Nutzung von Teilzeitmodellen oder einwirkten auf eine Ausstattung der Unternehmen mit flexiblen Kinderbetreuungsmodellen. Davon würden auch die Frauen profitieren, da solche Strukturen ihnen die Vereinbarkeit von Familie und Beruf erleichterten. Mit anderen Worten: Das Statusstreben der Männer wird nicht als *Hemmnis* betrachtet, das heißt, als ein Grund, der die Männer davon abhält, in Elternzeit zu gehen – sondern im Gegenteil als *Ressource* genutzt, um die Vereinbarkeit von Familie und Beruf voranzutreiben.

Familienpolitische Maßnahmen

Gleichzeitig muss aber der evolutionär entstandenen Verhaltensbereitschaft der Frauen Rechnung getragen werden, die sich in Vermeidungsverhalten äußern kann, andere Betreuungspersonen für ihre Kinder einzubeziehen. Das heißt, die Mütter benötigen ein subjektives Sicherheitsgefühl, dass die Allomütter engagiert ihre Aufgabe erfüllen, wobei eine Allomutter auch männlichen Geschlechts sein kann (siehe 8.2.2). Für die folgenden Ausführungen, soll der Blick zuerst auf den Vater[68] gerichtet werden, bevor in einem zweiten Schritt die Situation externer Allomütter beleuchtet wird. Was bedeutet es, dass eine Mutter ein subjektives Sicherheitsgefühl hat? Zum einen kann das beinhalten, dass Väter die Gelegenheit haben müssen, in einem Umfeld mit anderen Vätern die entsprechenden Kenntnisse und Fertigkeiten zur Kinderbetreuung, insbesondere Säuglingspflege, erlangen zu können. Hier zeigt sich, dass familienpolitische Maßnahmen wie die geplante Ausweitung der Partnermonate (vgl. Bundesministerium für Familie, Senioren, Frauen und Jugend 2010a, S. 123) *ohne* eine adäquate Berücksichtigung der ultimaten Sicht vermutlich *nicht* die beabsichtigte Wirkung entfalten werden; bereits in Kapitel 3.2.2 wurde referiert, dass der Wunsch nach einer Ausweitung der Partnermonate lediglich von 16 Prozent der im Jahre 2009 befragten Mütter geäußert wurde. Diese Einschätzung wird auch unterstrichen durch die Ergebnisse einer qualitativen Studie, die Sano et al. (2008) in den USA durchgeführt haben[69]. Die Mehrheit der interviewten Mütter beklagte, dass die Väter nicht fähig seien, für ihre Kinder angemessen zu sorgen und belegten ihre Bewertung anhand zahlreicher detaillierter Schilderungen; beispielsweise erlaubten die Väter ihren Kindern für deren Alter ungeeignete Filme zu schauen, die teilweise Albträume bei den Kindern hervorriefen (vgl. ebd., S. 1714). Andererseits zeigen die Zahlen des »Monitor Familienleben 2010« vom Institut für Demoskopie Allensbach im Auftrag des BMFSFJ, dass fast die Hälfte der Männer unter 50 Jahren mit Kinderwunsch (46 Prozent) sich vorstellen könnte, Elternzeit zu nehmen (vgl. Institut für Demoskopie Allensbach 2010, S. 31).

Welche familienpolitischen Maßnahmen lassen sich aus diesen Erkenntnissen ableiten? Statt eine Ausweitung der Partnermonate zu finanzieren, ließe sich dieses Geld eventuell zielführender einsetzen. Denkbar wäre ein spezieller Bil-

---

[68] Zur Vereinfachung wird davon ausgegangen, dass es sich um den genetischen, biologischen, sozialen und rechtlichen Vater handelt. Zur aktuellen Diskussion hinsichtlich der Neudefinition von Familie, auch aufgrund der Reproduktionsmedizin, siehe zum Beispiel Kortendiek (2010).

[69] Es wurden 83 Leitfaden-Interviews mit Müttern aus ländlichen Gebieten ausgewertet, die über ein geringes Einkommen verfügten und mindestens mit einem ihrer Kinder zusammenlebten, aber getrennt von deren biologischen Vätern; zurückgegriffen wurde auf Daten einer Längsschnittstudie, die »Rural Families Speak«, in der ab dem Jahr 1998 zu drei Erhebungszeitpunkten 385 Familien aus 13 Bundesstaaten der USA befragt wurden (Sano et al. 2008, S. 1706).

dungsgutschein, den jeder angehende Vater erhielte. Auf diese Weise bekäme ein (Erst-)Vater die Gelegenheit, bereits *parallel* zu den Vorsorgeuntersuchungen seiner schwangeren Partnerin die notwendigen Kenntnisse und Fertigkeiten zur Kinderbetreuung, insbesondere Säuglingspflege, zu erlangen. Die Einrichtung staatlich geförderter Kurse passt auch zum Meinungsbild der Bevölkerung: Neun von zehn Befragten im Rahmen des »Monitor Familienleben 2010« ist es sehr wichtig (49 Prozent) oder wichtig (43 Prozent), dass der Staat sich für eine bessere Vereinbarkeit von Familie und Beruf einsetzt (vgl. ebd., S. 37). Familienbildungsstätten und ähnliche Einrichtungen würden ermutigt, ihre Väterangebote auszubauen durch den Anreiz, den die Bildungsgutscheine für die Väter böten, sich auf einen speziell auf ihre Belange zugeschnittenen Kurs einzulassen. Im Jahre 2004 zeigte die Bestandsaufnahme der Familienbildungsangebote überraschenderweise, dass nur 2,8 Prozent der befragten Einrichtungen einen erhöhten Bedarf für die Zielgruppe der Väter sahen (siehe 2.3.2) – während andererseits die Zahl der durch die Väter selbst gegründeten Vätergruppen und -initiativen stetig wächst (vgl. Wolde 2007, S. 54ff.). Ebenfalls würde sich die prekäre Finanzierungssituation der Einrichtungen deutlich entschärfen durch die speziellen Bildungsgutscheine; im Zuge der Bestandsaufnahme im Jahre 2004 klagten drei Viertel der befragten Einrichtungen über einen Rückgang der finanziellen Mittel, der sich häufig niederschlug auf »Umfang, Qualität und Niederschwelligkeit« der Angebote (Lösel 2006, S. 8).

Die für die Kursteilnahme benötigte Zeit könnte seitens der Arbeitgeber ohne Verdienstausfall freigegeben werden, analog zu der geltenden Regelung bei werdenden Müttern im Rahmen der Schwangerenvorsorge; womit sich ein Anknüpfungspunkt für eine familienbewusste Personalpolitik ergibt, denn für ebenfalls neun von zehn Befragten im Rahmen des »Monitor Familienleben 2010« ist es sehr wichtig (44 Prozent) oder wichtig (47 Prozent), dass die Unternehmen ihren Mitarbeiterinnen und Mitarbeitern die Vereinbarkeit von Familie und Beruf erleichterten (vgl. Institut für Demoskopie Allensbach 2010, S. 37). Die Kurse sollten grundsätzlich räumlich eng zu den jeweiligen Betrieben durchgeführt werden, um Ausfallzeiten zu minimieren und dadurch sowohl die Akzeptanz der Väter als auch der Arbeitgeber zu erhöhen. Für größere Betriebe könnten die Kurse in betriebseigenen Räumen angeboten werden, für kleinere Betriebe böten sich entsprechende Kooperationen mit örtlich benachbarten Betrieben an. Für die veranstaltenden Einrichtungen bedeutet dieses Vorgehen eine große Umstellung, da bisher lediglich bei einem Drittel der Maßnahmen auf die Strategie der »Geh-Struktur« zurückgegriffen wird (Lösel 2006, S. 9). Ohne noch tiefer in die Details einzusteigen, lässt die geschilderte Vision der speziellen Bildungsgutscheine für Väter erwarten, dass eine positive Rückkopplungsschleife ausgelöst werden könnte: Eine Mutter schriebe ihrem Partner eine höhere Kompetenz in der Kinderbetreuung zu, dadurch fühlte die Mutter sich subjektiv sicherer, ihren Partner in die Familienarbeit einzubeziehen, das wiederum erleichtert den Übergang zur Elternschaft, da der Vater mehr in Elternaufwand investiert, hiermit wird schließlich der Mutter eine berufliche Teilhabe ermöglicht. Ohne Fremdbetreuungsarrangements ist dieses Szenario vermutlich nicht zu bewerkstelligen, denn die individuellen Bedürfnisse jedes Partners müssen ebenfalls berücksichtigt werden, soll die physische wie psychische Gesundheit der Beteiligten nicht gefährdet werden. Damit rückt die Situation der externen Allomütter ins Blickfeld.

Wie müsste die institutionelle Kinderbetreuung gestaltet sein, damit in der Mutter ein subjektives Sicherheitsgefühl entsteht? Legt man Hamiltons Gleichung zugrunde (siehe 5.3.1), sollte die Nutzenseite die Kostenseite überwiegen. Dies lässt sich bei externen Allomüttern, bei denen die Nutzenkomponente der Gleichung durch fehlende genetische Verwandtschaft nahe Null ist, nur erreichen, wenn der pädagogische Beruf eine entsprechende gesellschaftliche Aufwertung erfährt - sowohl materiell als auch immateriell. Auch hier ergibt sich erneut ein interessanter Nebeneffekt. Männer werden verstärkt diese Berufe ergreifen, wenn damit gesellschaftlicher Status zu erreichen ist. Diese Behauptung wird bekräftigt durch das Fazit, das in einer Studie zum Thema »Männliche Fachkräfte in Kindertagesstätten«[70] gezogen wurde: Der Männeranteil in Kindertagesstätten (Kitas) sei nur zu erhöhen, wenn u. a. »sich die Aufstiegs- und Berufschancen« verbesserten sowie »die Entlohnung und gesellschaftliche Anerkennung« steige (Bundesministerium für Familie, Senioren, Frauen und Jugend 2010b, S. 88). Eine weitere Bestätigung erfährt dieser Befund durch die starke

[70] Die Studie wurde im Jahre 2010 vom BMFSFJ in Auftrag gegeben und umfasst eine qualitative Erhebung, verantwortet von der Katholischen Hochschule für Sozialwesen in Berlin, sowie eine quantitative Erhebung, durchgeführt im Auftrag der Sinus Sociovision GmbH (vgl. Bundesministerium für Familie, Senioren, Frauen und Jugend 2010b, S. 3).

Variation des Männeranteils zwischen den verschiedenen Bundesländern, wobei die Stadtstaaten Bremen und Hamburg den höchsten Männeranteil in Kitas aufweisen; beispielsweise beziehen in Bremen Kitaintegrationserzieherinnen und -erzieher ein »vergleichsweise hohes Gehalt«, »nicht zuletzt aufgrund der Voraussetzung einer akademischen Ausbildung« (ebd., S. 18). Ob die männlichen Kinder einen Vorteil durch die Betreuung durch männliche Erzieher haben, kann an dieser Stelle nicht weiter erörtert werden. Die zu Beginn dieser Studie referierten Ergebnisse, dass engagierte Väter auf den Entwicklungsstand eines männlichen Kleinkindes 18 Monate nach der Geburt positive Wirkungen hatten, deuten jedenfalls in diese Richtung.

Die vorgeschlagenen Maßnahmen mögen einen Eindruck vermittelt haben, wie fruchtbar sich die Idee zeigt, die vielfach geforderte spezielle Ansprache von Männern bzw. Vätern zur Motivation für eine Teilnahme an Eltern- und Familienbildungsangeboten auf ein theoretisches Fundament zu stellen, indem die evolutionsbiologischen Theorien, insbesondere soziobiologische Konzepte und Ansätze der evolutionären Psychologie, als Interpretationsfolie dienen. Eines haben die bisher skizzierten Lösungsansätze aber gemeinsam, und dieser zentrale Punkt soll abschließend betrachtet werden.

Einbezug der ultimaten Sicht erfordert Abkehr vom »Gießkannenprinzip«

Die Einbeziehung der ultimaten Sicht führt dazu, dass politische Maßnahmen nicht im »Gießkannenprinzip« durchgeführt werden können, beispielsweise die geplante Betreuungsquote von 35 Prozent für unter Dreijährige bis zum Jahr 2013 (siehe 3.1). Denn ob eine Mutter für ihr Kleinkind eine Fremdbetreuung in Betracht zieht, ist bei Berücksichtigung der evolutionären Hintergründe *mindestens* abhängig von ihrem subjektiv empfundenen Sicherheitsgefühl und ihrem Restreproduktionswert; ob ein Vater tatsächlich den speziellen Bildungsgutschein in Anspruch nehmen würde, hängt von seinen persönlichen Chancen ab, sich zu reproduzieren. Die Komplexität erhöht sich um ein Vielfaches, wenn noch die möglichen Kombinationen der auf die Mutter und den Vater einwirkenden Faktoren einkalkuliert werden. Ein stark vereinfachtes Modell könnte als Einflussgrößen für einen Vater seinen Restreproduktionswert und seinen sozialen Status[71] annehmen, für eine Mutter ebenfalls ihren Restreproduktionswert und ihr subjektives Sicherheitsgefühl; damit sind rein rechnerisch 16 Kombinationen (2^4) denkbar[72]. Zwei Beispiele mögen das verdeutlichen:

(1) Die erste Kombination, die mit einem Fallbeispiel illustriert werden soll, nimmt einen *Vater* mit niedrigem Restreproduktionswert und niedrigem sozialen Status an sowie eine *Mutter* mit ebenfalls niedrigem Restreproduktionswert und einem stark ausgeprägten subjektiven Sicherheitsgefühl. Ein dazu passendes Fallbeispiel lässt sich wie folgt konstruieren: Ein älterer Erstvater und eine ältere Erstmutter könnten von den speziellen Bildungsgutscheinen und der erhöhten Anzahl Kita-Plätze profitieren, da die Mutter sich sicher genug fühlt, andere Betreuungspersonen einzubeziehen und der soziale Status des Vaters es nicht ermöglicht, externe Ressourcen (Haushaltshilfe etc.) bereitzustellen, sodass er bei der Familienarbeit seinen Anteil übernimmt und die Mutter ihren Anteil zum Haushaltseinkommen beisteuert. (2) Die zweite Kombination, die das Vorgehen demonstrieren soll, nimmt einen *Vater* mit hohem Restreproduktionswert und hohem sozialen Status an sowie eine *Mutter* mit hohem Restreproduktionswert und einem schwach ausgeprägten subjektiven Sicherheitsgefühl. Zu dieser Kombination wird das folgende Fallbeispiel skizziert: Ein jüngerer Erstvater und eine jüngere Erstmutter werden weder den speziellen Bildungsgutschein noch einen Kita-Platz in Anspruch nehmen, da die Mutter ihr Kind keiner institutionellen Betreuung anvertrauen möchte und der soziale Status des Vaters es erlaubt, dass die Mutter nicht zum Haushaltseinkommen beitragen muss. Schon diese knappe Darstellung vermittelt einen Eindruck von der Komplexität. Denn in dem zuletzt genannten Fallbeispiel würde von der Mutter eventuell eine qualifizierte Tagesmutter, zu der sie Vertrauen aufbauen kann, durchaus in Betracht gezogen. Mit anderen Worten: Mehr Kita-Plätze helfen dieser

---

[71] Für die einzelnen Konstrukte in diesem Modell, wie »sozialer Status«, müssten für eine empirische Überprüfung Indikatoren angegeben werden; darauf wird hier verzichtet.

[72] Stark vereinfacht ist dieses Modell, da der soziale Status der Mutter und eventuell bereits vorhandene Kinder nicht berücksichtigt werden. Noch komplexer wird das Modell, wenn die Verwandtschaftsbeziehungen der beiden Partner zu den im Haushalt lebenden Kindern erfasst werden; beispielsweise muss in Zweitehen eventuell beachtet werden, ob und bei welchem Kind der Vater der genetische Vater ist. Diese Liste der Faktoren erhebt keinen Anspruch auf Vollständigkeit.

Mutter demnach nicht, einen eventuell latenten beruflichen Wunsch in die Realität umzusetzen.

Eine zukünftige Forschungsaufgabe liegt m. E. darin, diese hier nur grob umrissenen Kombinationsmöglichkeiten auszudifferenzieren, die verschiedenen Konstrukte zu operationalisieren und Lösungsvorschläge zu erarbeiten, auf welche Weise den einzelnen sich ergebenden Szenarien adäquat begegnet werden kann. Als Resümee für einen Einbezug der ultimaten Sicht gilt: Flächendeckende Maßnahmen, die nicht ausreichend differenzieren, werden nicht die erhofften Effekte erzielen.

11. Literaturverzeichnis

Allmendinger, Jutta; Bertram, Hans; Fthenakis, Wassilios E.; Krüger, Helga; Meier-Gräwe, Uta; Spieß, C. Katharina; Szydlik, Marc (2006): Siebter Familienbericht. Familie zwischen Flexibilität und Verlässlichkeit. Perspektiven für eine lebenslaufbezogene Familienpolitik. Sachverständigenkommission 7. Familienbericht. Berlin. Online verfügbar unter http://www.bmfsfj.de/RedaktionBMFSFJ/Abteilung2/Pdf-Anlagen/siebter-familienbericht,property=pdf,bereich=,rwb=true.pdf, zuletzt geprüft am 27.07.2009.

Asendorpf, Jens B. (2007): Psychologie der Persönlichkeit. 4., überarbeitete und aktualisierte Auflage. Berlin, Heidelberg: Springer Medizin Verlag Heidelberg (Springer-Lehrbuch).

Asendorpf, Jens B. (2008): Genetische Grundlagen der Sozialisation. In: Hurrelmann, Klaus (Hg.): Handbuch Sozialisationsforschung. 7., vollst. überarb. Aufl. Weinheim: Beltz (Pädagogik), S. 70–81.

Badinter, Elisabeth (1981): Die Mutterliebe. Geschichte eines Gefühls vom 17. Jahrhundert bis heute. Orig.-Ausg. München: Piper.

Balter, Michael (2005): Are Humans Still Evolving? In: Science, Jg. 309, H. 5732, S. 234–237.

Bauer, Robin (2006): Grundlagen der Wissenschaftstheorie und Wissenschaftsforschung. In: Ebeling, Smilla; Schmitz, Sigrid (Hg.): Geschlechterforschung und Naturwissenschaften. Einführung in ein komplexes Wechselspiel. Wiesbaden: VS Verlag für Sozialwissenschaften, S. 247–280.

Beck, Ulrich (1986): Risikogesellschaft. Auf dem Weg in eine andere Moderne. Erstausg. Frankfurt am Main: Suhrkamp (Edition Suhrkamp, 1365 = N.F., 365).

Becker, Nicole (2006): Die neurowissenschaftliche Herausforderung der Pädagogik. Bad Heilbrunn: Klinkhardt.

Behar, Doron M.; Villems, Richard; Soodyall, Himla; Blue-Smith, Jason; Pereira, Luisa; Metspalu, Ene et al. (2008): The Dawn of Human Matrilineal Diversity. In: American Journal of Human Genetics, Jg. 82, H. 5, S. 1130–1140.

Beitel, Ashley H.; Parke, Ross D. (1998): Paternal involvement in infancy: The role of maternal and paternal attitudes. In: Journal of Family Psychology, Jg. 12, H. 2, S. 268–288.

Bentley, Gillian R.; Mace, Ruth (Hg.) (2009): Substitute parents. Biological and social perspective on alloparenting across human societies. New York: Berghahn Books (Studies of the biosocial society, 3).

Bischof-Köhler, Doris (2006): Von Natur aus anders. Die Psychologie der Geschlechtsunterschiede. 3., überarb. und erw. Aufl. Stuttgart: Kohlhammer.

Borgerhoff Mulder, Monique (2009): Serial Monogamy as Polygyny or Polyandry? Marriage in the Tanzanian Pimbwe. In: Human Nature, Jg. 20, S. 130–150.

Bundesministerium für Familie, Senioren, Frauen und Jugend (2008): Das Gesetz zum Elterngeld und zur Elternzeit im internationalen, insbesondere europäischen Vergleich. Länderstudien 2008. Online verfügbar unter http://www.bmfsfj.de/RedaktionBMFSFJ/Abteilung2/Pdf-Anlagen/beeg-l_C3_A4nderstudien,property=pdf,bereich=bmfsfj,sprache=de,rwb=true.pdf, zuletzt geprüft am 14.01.2010.

Bundesministerium für Familie, Senioren, Frauen und Jugend (2009a): Bundesfamilienministerin Dr. Kristina Köhler im Gespräch mit der Tageszeitung "F.A.Z.". Online verfügbar unter http://www.bmfsfj.de/bmfsfj/generator/BMFSFJ/aktuelles,did=132880.html, zuletzt geprüft am 12.12.2009.

Bundesministerium für Familie, Senioren, Frauen und Jugend (2009b): Elterngeld bei jungen Vätern immer beliebter. Online verfügbar unter http://www.bmfsfj.de/bmfsfj/generator/BMFSFJ/familie,did=132962.html, zuletzt geprüft am 12.12.2009.

Bundesministerium für Familie, Senioren, Frauen und Jugend (2009c): Evaluationsbericht Bundeselterngeld- und Elternzeitgesetz 2009. Online verfügbar unter http://www.bmfsfj.de/RedaktionBMFSFJ/Broschuerenstelle/Pdf-Anlagen/beeg-evaluation,property=pdf,bereich=bmfsfj,sprache=de,rwb=true.pdf, zuletzt geprüft am 16.04.2010.

Bundesministerium für Familie, Senioren, Frauen und Jugend (2009d): Väterquote 2006 - 2009. Online verfügbar unter http://www.bmfsfj.de/bmfsfj/generator/RedaktionBMFSFJ/Abteilung2/Pdf-Anlagen/elterngeld-2009,property=pdf,bereich=bmfsfj,sprache=de,rwb=true.pdf, zuletzt geprüft am 12.12.2009.

Bundesministerium für Familie, Senioren, Frauen und Jugend (2010a): Familienreport 2010. Leistungen, Wirkungen, Trends. Berlin. Online verfügbar unter http://www.bmfsfj.de/RedaktionBMFSFJ/Broschuerenstelle/Pdf-Anlagen/familienreport-2010,property=pdf,bereich=bmfsfj,sprache=de,rwb=true.pdf, zuletzt geprüft am 26.11.2010.

Bundesministerium für Familie, Senioren, Frauen und Jugend (2010b): Männliche Fachkräfte in Kindertagesstätten. Eine Studie zur Situation von Männern in Kindertagesstätten und in der Ausbildung zum Erzieher. Online verfügbar unter http://www.bmfsfj.de/RedaktionBMFSFJ/Broschuerenstelle/Pdf-Anlagen/maennliche-fachkraefte-kitas,property=pdf,bereich=bmfsfj,sprache=de,rwb=true.pdf, zuletzt aktualisiert am 27.11.2010.

Burger, J.; Kirchner, M.; Bramanti, B.; Haak, W.; Thomas, M. G. (2007): Absence of the lactase-persistence-associated allele in early Neolithic Europeans. In: Proceedings of the National Academy of Sciences, Jg. 104, H. 10, S. 3736–3741.

Buss, David M. (2004): Evolutionäre Psychologie. 2., aktualisierte Aufl. München: Pearson Studium (psPsychologie).

Charnov, Eric L.; Berrigan, David (1993): Why Do Female Primates Have Such Long Lifespans and So Few Babies? or Life in the Slow Lane. In: Evolutionary Anthropology: Issues, News, and Reviews, Jg. 1, H. 6, S. 191–194.

Chasiotis, Athanasios (2008): Über (die Illusion der) Betreuungsalternativen und den Preis der Freiheit. Evolutionsbiologische und entwicklungspsychologische Aspekte frühkindlicher Erziehung. In: Rietmann, Stephan; Hensen, Gregor (Hg.): Tagesbetreuung im Wandel. Das Familienzentrum als Zukunftsmodell. Wiesbaden: VS Verlag für Sozialwissenschaften, S. 15–37.

Chasiotis, Athanasios; Voland, Eckart (1998): Geschlechtliche Selektion und Individualentwicklung. In: Keller, Heidi (Hg.): Lehrbuch Entwicklungspsychologie. Bern: Huber, S. 563–595.

Cyprian, Gudrun (2007): Väterforschung im deutschsprachigen Raum – ein Überblick über Methoden, Ergebnisse und offene Fragen. In: Mühling, Tanja; Rost, Harald (Hg.): Väter im Blickpunkt. Perspektiven der Familienforschung. Opladen: Budrich, S. 23–48.

Dawkins, Richard (1981): In Defence of Selfish Genes. In: Philosophy, Jg. 56, H. 218, S. 556–573.

Dawkins, Richard (1996): Das egoistische Gen. Überarb. und erw. Neuausg. Reinbek bei Hamburg: Rowohlt (rororo Sachbuch, 9609).

Deutscher Bundestag (2008): Bericht über die Auswirkungen des Bundeselterngeld- und Elternzeitgesetzes sowie über die gegebenenfalls notwendige Weiterentwicklung. Drucksache 16/10770. Online verfügbar unter http://dip21.bundestag.de/dip21/btd/16/107/1610770.pdf, zuletzt geprüft am 18.12.2009.

Diefenbach, Heike (2005): Die Rationalität von Kinderwünschen und reproduktivem Verhalten. Einige Anmerkungen zur konzeptionellen Weiterentwicklung des "value-of-children"-Modells. In: Steinbach, Anja (Hg.): Generatives Verhalten und Generationenbeziehungen. Festschrift für Bernhard Nauck zum 60. Geburtstag. Wiesbaden: VS Verlag für Sozialwissenschaften, S. 111–129.

Döge, Peter (2009): Alles nur Konstruktion? Männer- und Frauenbilder zwischen Biologie und Kultur. In: Volz, Rainer; Zulehner, Paul M. (Hg.): Männer in Bewegung. Zehn Jahre Männerentwicklung in Deutschland. Ein Forschungsprojekt der Gemeinschaft der Katholischen Männer Deutschlands und der Männerarbeit der Evangelischen Kirche in Deutschland. Baden-Baden: Nomos-Verl., S. 324–341.

Duvander, Ann-Zofie; Andersson, Gunnar (2005): Gender equality and fertility in Sweden. A study on the impact of the father's uptake of parental leave on continued childbearing. Max-Planck-Institut für Demografische Forschung. Rostock. (MPIDR Working Paper, 2005-013). Online verfügbar unter http://www.demogr.mpg.de/Papers/Working/wp-2005-013.pdf, zuletzt geprüft am 05.01.2010.

Ebeling, Smilla (2006): Amazonen, Jungfernzeugung, Pseudomännchen und ein feministisches Paradies. Metaphern in evolutionsbiologischen Fortpflanzungstheorien. In: Ebeling, Smilla; Schmitz, Sigrid (Hg.): Geschlechterforschung und Naturwissenschaften. Einführung in ein komplexes Wechselspiel. Wiesbaden: VS Verlag für Sozialwissenschaften, S. 75–94.

Eckhard, Jan; Klein, Thomas (2006): Männer, Kinderwunsch und generatives Verhalten. Eine Auswertung des Familiensurvey zu Geschlechterunterschieden in der Motivation zur Elternschaft. Wiesbaden: VS Verlag für Sozialwissenschaften (Schriften des Deutschen Jugendinstituts. Familien-Survey, 13).

Euler, Harald A. (2002): Verhaltensgenetik und Erziehung. Über "natürliche" und "künstliche" Investition in Nachkommen. In: Bildung und Erziehung, Jg. 55, H. 3, S. 271–288.

Europäischer Rat (2000): Entschließung des Rates und der im Rat vereinigten Minister für Beschäftigung und Sozialpolitik vom 29. Juni 2000 über eine ausgewogene Teilhabe von Frauen und Männern am Berufs- und Familienleben. [Amtsblatt C 218 vom 31. Juli 2000]. Zusammenfassung. Online verfügbar unter http://europa.eu/legislation_summaries/employment_and_social_policy/equality_between_men_and_women/c10917_de.htm, zuletzt geprüft am 28.12.2009.

Faulstich-Wieland, Hannelore (2008): Sozialisation und Geschlecht. In: Hurrelmann, Klaus (Hg.): Handbuch Sozialisationsforschung. 7., vollst. überarb. Aufl. Weinheim: Beltz (Pädagogik), S. 240–253.

Fausto-Sterling, Anne (1988): Gefangene des Geschlechts? Was biologische Theorien über Mann und Frau sagen. München: Piper.

Fischer, Eric A. (1980): The Relationship Between Mating System and Simultaneous Hermaphroditism in the Coral Reef Fish, Hypoplectrus nigricans (Serranidae). In: Animal Behaviour, Jg. 28, H. 2, S. 620–633.

Fölling-Albers, Maria; Fölling, Werner (2000): Kibbutz und Kollektiverziehung. Entstehung - Entwicklung - Veränderung. Opladen: Leske u. Budrich.

Friebertshäuser, Barbara; Matzner, Michael; Rothmüller, Ninette (2007): Familie: Mütter und Väter. In: Ecarius, Jutta (Hg.): Handbuch Familie. Wiesbaden: VS Verlag für Sozialwissenschaften, S. 179–198.

Fthenakis, Wassilios E.; Kalicki, Bernhard; Peitz, Gabriele (2002): Paare werden Eltern. Die Ergebnisse der LBS-Familien-Studie. Opladen: Leske u. Budrich.

Gaunt, Ruth (2008): Maternal Gatekeeping: Antecedents and Consequences. In: Journal of Family Issues, Jg. 29, H. 3, S. 373–395.

Gesterkamp, Thomas (2007): Väter zwischen Laptop und Wickeltisch. In: Mühling, Tanja; Rost, Harald (Hg.): Väter im Blickpunkt. Perspektiven der Familienforschung. Opladen: Budrich, S. 97–113.

Gilgenmann, Klaus; Schweitzer, Berthold (2006): Homo – sociologicus – sapiens. Zur evolutionstheoretischen Einbettung soziologischer Menschenmodelle. In: Zeitschrift für Soziologie, Jg. 35, H. 5, S. 348–371.

Gould, Jay Stephen; Lewontin, Richard C. (1979): The Spandrels of San Marco and the Panglossian Paradigm: A Critique of the Adaptationist Programme. In: Proceedings of the Royal Society of London / B, Jg. 205, H. 1161, S. 581–598.

Gowaty, Patricia Adair (2003): Sexual natures: How feminism changed evolutionary biology. In: Signs, Jg. 28, H. 3, S. 901–921.

Groth, Jürgen (2004): Meine Moleküle, deine Moleküle. Von der molekularen Individualität. Berlin: Rhombos.

Grunow, Daniela (2007): Wandel der Geschlechterrollen und Väterhandeln im Alltag. In: Mühling, Tanja; Rost, Harald (Hg.): Väter im Blickpunkt. Perspektiven der Familienforschung. Opladen: Budrich, S. 49–76.

Hamilton, William D. (1964): The genetical evolution of social behaviour. I. In: Journal of Theoretical Biology, Jg. 7, H. 1, S. 1–16.

Haraway, Donna (1995): Die Neuerfindung der Natur. Primaten, Cyborgs und Frauen. Herausgegeben und eingeleitet von Carmen Hammer und Immanuel Stieß. Frankfurt/Main: Campus Verl.

Hoem, Jan M. (2005): Why does Sweden have such high fertility? Max-Planck-Institut für Demografische Forschung. Rostock. (MPIDR Working Paper, 2005-009). Online verfügbar unter http://www.demogr.mpg.de/Papers/Working/wp-2005-009.pdf, zuletzt geprüft am 30.12.2009.

Hofäcker, Dirk (2007): Väter im internationalen Vergleich. In: Mühling, Tanja; Rost, Harald (Hg.): Väter im Blickpunkt. Perspektiven der Familienforschung. Opladen: Budrich, S. 161–204.

Hofäcker, Dirk; Lück, Detlev (2004): Zustimmung zu traditionellem Alleinverdienermodell auf dem Rückzug. Einstellungen von Frauen zur geschlechtsspezifischen Arbeitsteilung im internationalen Vergleich. In: Informationsdienst Soziale Indikatoren, H. 32, Juli 2004, S. 12–15. Online verfügbar unter http://www.gesis.org/fileadmin/upload/forschung/publikationen/zeitschriften/isi/isi-32.pdf, zuletzt geprüft am 28.12.2009.

Hrdy, Sarah Blaffer (2000): Mutter Natur. Die weibliche Seite der Evolution. Berlin: Berlin-Verl.

Hrdy, Sarah Blaffer (2005): Evolutionary Context of Human Development. The Cooperative Breeding Model. In: Carter, Carol Sue (Hg.): Attachment and bonding. A new synthesis. Cambridge, MA: MIT Press in cooperation with Dahlem University Press (Dahlem workshop reports), S. 9–32.

Hrdy, Sarah Blaffer (2009a): Allomothers across Species, across Cultures, and through Time. Prologue. In: Bentley, Gillian R.; Mace, Ruth (Hg.): Substitute parents. Biological and social perspective on alloparenting across human societies. New York: Berghahn Books (Studies of the biosocial society, 3), S. xi–xviii.

Hrdy, Sarah Blaffer (2009b): Mothers and Others. The evolutionary origins of mutual understanding. Cambridge, Mass.: Belknap Press of Harvard University Press.

Institut für Demoskopie Allensbach (2010): Monitor Familienleben 2010. Einstellungen und Lebensverhältnisse von Familien. Ergebnisse einer Repräsentativbefragung. Berichtsband. Allensbach.
Online verfügbar unter http://www.ifd-allensbach.de/main.php?selection=73&rubrik=0, zuletzt geprüft am 25.11.2010.

Kahlert, Heike (2008): »Nachhaltige Bevölkerungsentwicklung« - Politische Steuerung der Generativität in postnaturalen Zeiten. In: Rehberg, Karl-Siegbert (Hg.): Die Natur der Gesellschaft. Verhandlungen des 33. Kongresses der Deutschen Gesellschaft für Soziologie in Kassel 2006. 2 Bände. Frankfurt/Main: Campus Verl., S. 2288–2301.

Kappert, Ines (2009): Das Männer-Quartett. In: taz.de, 18.03.2009. Online verfügbar unter http://www.taz.de/1/leben/alltag/artikel/1/das-maenner-quartett/, zuletzt geprüft am 23.01.2010.

Kassner, Karsten; Rüling, Anneli (2005): »Nicht nur am Samstag gehört Papa mir!«. Väter in egalitären Arrangements von Arbeit und Leben. In: Zeitschrift für Familienforschung, H. Sonderheft 4: Männer - Das »vernachlässigte« Geschlecht in der Familienforschung, S. 235–264.

Kirchengast, Sylvia (2007): Gechlechterdifferenz aus humanbiologischer Sicht. In: Krebs, Uwe (Hg.): "Sie" und "Er" interdisziplinär. 2. Aufl. Berlin: Lit, S. 129–147.

Klein, Doreen (2006): Zum Kinderwunsch von Kinderlosen in Ost- und Westdeutschland. Bundesinstitut für Bevölkerungsforschung (Wiesbaden). Wiesbaden. (Materialien zur Bevölkerungswissenschaft, 119).
Online verfügbar unter http://www.bib-demographie.de/cln_051/nn_750526/SharedDocs/Publikationen/DE/Download/Materialienbaende/119.html, zuletzt geprüft am 10.12.2009.

Köhler, Kristina (2010): Für die Pflege von Angehörigen will ich Zeit geben. In: Frankfurter Allgemeine Sonntagszeitung, Ausgabe Nr. 3, 24.01.2010, S. 5.

Kortendiek, Beate (2010): Familie: Mutterschaft und Vaterschaft zwischen Traditionalisierung und Modernisierung. In: Becker, Ruth; Kortendiek, Beate (Hg.): Handbuch Frauen- und Geschlechterforschung. Theorie, Methoden, Empirie. 3., erweiterte und durchgesehene Auflage. Wiesbaden: VS Verlag für Sozialwissenschaften, S. 442–453.

Kreyenfeld, Michaela (2004): Fertility decisions in the FRG and GDR. An analysis with data from the German Fertility and Family Survey. Max-Planck-Institut für Demografische Forschung. Rostock. (MPIDR Working Paper, 2004-008). Online verfügbar unter http://www.demogr.mpg.de/papers/working/wp-2004-008.pdf, zuletzt geprüft am 30.12.2009.

Laland, Kevin N. (2008): Exploring gene-culture interactions: insights from handedness, sexual selection and niche-construction case studies. In: Philosophical Transactions of the Royal Society B: Biological Sciences, Jg. 363, H. 1509, S. 3577–3589.

Laland, Kevin N.; Brown, Gillian R. (2002): Sense and nonsense. Evolutionary perspectives on human behaviour. Oxford: Oxford Univ. Press.

Leitner, Sigrid (2008): Ökonomische Funktionalität der Familienpolitik oder familienpolitische Funktionalisierung der Ökonomie? In: Evers, Adalbert; Heinze, Rolf G. (Hg.): Sozialpolitik. Ökonomisierung und Entgrenzung. Wiesbaden: VS Verlag für Sozialwissenschaften, S. 67–82.

Lexikon der Bioethik (2000). Herausgegeben im Auftrag der Görres-Gesellschaft. Unter Mitarbeit von Wilhelm Korff, Lutwin Beck und Paul Mikat. Gütersloh: Gütersloher Verl.-Haus.

Lexikon der Biologie (2005). Auf CD-ROM. 15 Bände. Unter Mitarbeit von Rolf Sauermost und Doris Freudig. Heidelberg: Spektrum Akad. Verl.

Liesen, Laurette T. (2007): Women, behavior, and evolution. Understanding the debate between feminist evolutionists and evolutionary psychologists. In: Politics and the Life Sciences, Jg. 26, H. 1, S. 51–70.

Lösel, Friedrich (2006): Bestandsaufnahme und Evaluation von Angeboten im Elternbildungsbereich. Abschlussbericht. Unter Mitarbeit von Martin Schmucker, Birgit Plankensteiner und Maren Weiss. Bundesministerium für Familie, Senioren, Frauen und Jugend. Berlin.

Löw, Martina; Bereswill, Mechthild (2008): Naturalisierung von Geschlecht. Einleitung. In: Rehberg, Karl-Siegbert (Hg.): Die Natur der Gesellschaft. Verhandlungen des 33. Kongresses der Deutschen Gesellschaft für Soziologie in Kassel 2006. 2 Bände. Frankfurt/Main: Campus Verl., S. 511–512.

Maynard Smith, John (1964): Group Selection and Kin Selection. In: Nature, Jg. 201, H. 4924, S. 1145–1147.

Minsel, Beate (2007): Stichwort: Familie und Bildung. In: Zeitschrift für Erziehungswissenschaft, Jg. 10, H. 3, S. 299–316.

Minsel, Beate (2009): Eltern- und Familienbildung. In: Tippelt, Rudolf; Hippel, Aiga von (Hg.): Handbuch Erwachsenenbildung/Weiterbildung. 3., überarb. und erw. Aufl. Wiesbaden: VS Verlag für Sozialwissenschaften, S. 865–872.

Neyer, Franz J.; Lang, Frieder R. (2007): Psychologie der Verwandtschaft und der Kooperation. In: Schmidt, Johannes F. K.; Guichard, Martine; Schuster, Peter; Trillmich, Fritz (Hg.): Freundschaft und Verwandtschaft. Zur Unterscheidung und Verflechtung zweier Beziehungssysteme. Konstanz: UVK Verl.-Ges., S. 45–64.

Nüberlin, Gerda (2008): Wege und Holzwege der Genderforschung. Ein aktueller Überblick. In: Erwachsenenbildung, Jg. 54, H. 3, S. 147–154.

Nuissl, Ekkehard (2009): Männerbildung. In: Tippelt, Rudolf; Hippel, Aiga von (Hg.): Handbuch Erwachsenenbildung/Weiterbildung. 3., überarb. und erw. Aufl. Wiesbaden: VS Verlag für Sozialwissenschaften, S. 855–864.

Nuissl, Ekkehard; Druckenmüller, Liana; Jung, Daniela (2009): Ordnungsgrundsätze der Erwachsenenbildung in Deutschland. In: Tippelt, Rudolf; Hippel, Aiga von (Hg.): Handbuch Erwachsenenbildung/Weiterbildung. 3., überarb. und erw. Aufl. Wiesbaden: VS Verlag für Sozialwissenschaften, S. 329–346.

Parker, G. A. (1978): Selection on non-random fusion of gametes during the evolution of anisogamy. In: Journal of Theoretical Biology, Jg. 73, H. 1, S. 1–28.

Parker, G. A.; Baker, R. R.; Smith, V. G. F. (1972): The origin and evolution of gamete dimorphism and the male-female phenomenon. In: Journal of Theoretical Biology, Jg. 36, H. 3, S. 529–553.

Pashos, Alexander; McBurney, Donald H. (2008): Kin Relationships and the Caregiving Biases of Grandparents, Aunts, and Uncles. A Two-Generational Questionnaire Study. In: Human Nature, Jg. 19, S. 311–330.

Paul, Andreas (1998): Von Affen und Menschen. Verhaltensbiologie der Primaten. Darmstadt: Wiss. Buchges.

Paul, Andreas (2002): Evolutionsbiologische Mutmaßungen über die Vaterschaft. In: Walter, Heinz (Hg.): Männer als Väter. Sozialwissenschaftliche Theorie und Empirie. Gießen: Psychosozial-Verl., S. 287–321.

Pettinger, Rudolf; Rollik, Heribert (2005): Familienbildung als Angebot der Jugendhilfe. Rechtliche Grundlagen, familiale Problemlagen, Innovationen. Bundesministerium für Familie, Senioren, Frauen und Jugend. Berlin.
Online verfügbar unter http://www.bmfsfj.de/Publikationen/familienbildung/root.html, zuletzt geprüft am 23.03.2010.

Peuckert, Rüdiger (2007): Zur aktuellen Lage der Familie. In: Ecarius, Jutta (Hg.): Handbuch Familie. Wiesbaden: VS Verlag für Sozialwissenschaften, S. 36–56.

Prömper, Hans (2009): Männer im Lernfeld. Bildungsanlässe und pädagogische Szenarien (Vermutungen, Forderungen, Konsequenzen). In: Volz, Rainer; Zulehner, Paul M. (Hg.): Männer in Bewegung. Zehn Jahre Männerentwicklung in Deutschland. Ein Forschungsprojekt der Gemeinschaft der Katholischen Männer Deutschlands und der Männerarbeit der Evangelischen Kirche in Deutschland. Baden-Baden: Nomos-Verl., S. 377–388.

Reimers, Tekla (1994): Die Natur des Geschlechterverhältnisses. Biologische Grundlagen und soziale Folgen sexueller Unterschiede. Frankfurt/Main: Campus Verl. (CampusForschung, 722).

Rendtorff, Barbara (2007): Geschlechteraspekte im Kontext von Familie. In: Ecarius, Jutta (Hg.): Handbuch Familie. Wiesbaden: VS Verlag für Sozialwissenschaften, S. 94–111.

Richter, Dirk (2005): Das Scheitern der Biologisierung der Soziologie. Zum Stand der Diskussion um die Soziobiologie und andere evolutionstheoretische Ansätze. In: Kölner Zeitschrift für Soziologie und Sozialpsychologie, Jg. 57, H. 3, S. 523–542.

Roth, Gerhard (2009): Aus Sicht des Gehirns. Vollst. überarb. Neuaufl. Frankfurt/Main: Suhrkamp (Suhrkamp Taschenbuch Wissenschaft, 1915).

Ruso, Bernhart; Müller, Fridolin; Atzwanger, Klaus (2007): Determinierte soziale Plastizität. Verhaltensbiologische Aspekte der Gender-Diskussion am Beispiel von Jugendlichen. In: Krebs, Uwe (Hg.): "Sie" und "Er" interdisziplinär. 2. Aufl. Berlin: Lit, S. 111–128.

Salzmann, Christian Gotthilf; Dietrich, Theo (1806): Krebsbüchlein oder Anweisung zu einer unvernünftigen Erziehung der Kinder. Herausgegeben von Theo Dietrich. 4. Aufl. Bad Heilbrunn: Klinkhardt, 1961a (Klinkhardts pädagogische Quellentexte).

Salzmann, Christian Gotthilf; Dietrich, Theo (1806): Ameisenbüchlein oder Anweisung zu einer vernünftigen Erziehung der Erzieher. Herausgegeben von Theo Dietrich. 2. Aufl. Bad Heilbrunn: Klinkhardt, 1964b (Klinkhardts pädagogische Quellentexte).

Sano, Yoshie; Richards, Leslie N.; Zvonkovic, Anisa M. (2008): Are Mothers Really "Gatekeepers" of Children?: Rural Mothers' Perceptions of Nonresident Fathers' Involvement in Low-Income Families. In: Journal of Family Issues, Jg. 29, H. 12, S. 1701–1723.

Sarkar, Sahotra (1998): Genetics and reductionism. Cambridge: Cambridge Univ. Press.

Scheunpflug, Annette (2001): Biologische Grundlagen des Lernens. Berlin: Cornelsen Scriptor (Studium kompakt).

Schmitz, Sigrid (2006a): Frauen- und Männergehirne. Mythos oder Wirklichkeit? In: Ebeling, Smilla; Schmitz, Sigrid (Hg.): Geschlechterforschung und Naturwissenschaften. Einführung in ein komplexes Wechselspiel. Wiesbaden: VS Verlag für Sozialwissenschaften, S. 211–234.

Schmitz, Sigrid (2006b): Jägerinnen und Sammler. Evolutionsgeschichten zur Menschwerdung. In: Ebeling, Smilla; Schmitz, Sigrid (Hg.): Geschlechterforschung und Naturwissenschaften. Einführung in ein komplexes Wechselspiel. Wiesbaden: VS Verlag für Sozialwissenschaften, S. 189–210.

Schmitz, Sigrid; Ebeling, Smilla (2006): Geschlechterforschung und Naturwissenschaften. Eine notwendige Verbindung. In: Ebeling, Smilla; Schmitz, Sigrid (Hg.): Geschlechterforschung und Naturwissenschaften. Einführung in ein komplexes Wechselspiel. Wiesbaden: VS Verlag für Sozialwissenschaften, S. 7–32.

Schoppe-Sullivan, Sarah J.; Brown, Geoffrey L.; Cannon, Elizabeth A.; Mangelsdorf, Sarah C.; Sokolowski, Margaret Szewczyk (2008): Maternal gatekeeping, coparenting quality, and fathering behavior in families with infants. In: Journal of Family Psychology, Jg. 22, H. 3, S. 389–398.

Schulz, Florian; Blossfeld, Hans-Peter (2006): Wie verändert sich die häusliche Arbeitsteilung im Eheverlauf. Eine Längsschnittstudie der ersten 14 Ehejahre in Westdeutschland. In: Kölner Zeitschrift für Soziologie und Sozialpsychologie, Jg. 58, H. 1, S. 23–49.

Schütze, Yvonne (1992): Geburtenrückgang und Kinderwunsch. In: Voland, Eckart (Hg.): Fortpflanzung: Natur und Kultur im Wechselspiel. Versuch eines Dialogs zwischen Biologen und Sozialwissenschaftlern. Frankfurt/Main: Suhrkamp, S. 170–188.

Schymroch, Hildegard (1989): Von der Mütterschule zur Familienbildungsstätte. Entstehung und Entwicklung in Deutschland. Freiburg im Breisgau: Lambertus-Verl.

Segerstråle, Ullica (2000): Defenders of the truth. The battle for science in the sociobiology debate and beyond. Oxford: Oxford Univ. Press.

Statistisches Bundesamt (2003): Wo bleibt die Zeit. Die Zeitverwendung der Bevölkerung in Deutschland 2001/02.

Statistisches Bundesamt (2009a): Mütter arbeiten immer häufiger in Teilzeit. Pressemitteilung Nr. 391 vom 14.10.2009. Online verfügbar unter http://www.destatis.de/jetspeed/portal/cms/Sites/destatis/Internet/DE/Presse/pm/2009/10/PD09_391_122.psml, zuletzt geprüft am 14.01.2010.

Statistisches Bundesamt (2009b): Statistik zum Elterngeld. Gemeldete beendete Leistungsbezüge. 3. Vierteljahr 2009. Wiesbaden.

Statistisches Bundesamt (2009c): Statistisches Jahrbuch 2009. Internationale Übersichten. Wiesbaden. Online verfügbar unter http://www.destatis.de/jetspeed/portal/cms/Sites/destatis/SharedContent/Oeffentlich/AI/IC/Publikationen/Jahrbuch/Internationaltables,property=file.pdf, zuletzt geprüft am 09.01.2010.

Stebbins, G. Ledyard; Ayala, Francisco J. (1981): Is a New Evolutionary Synthesis Necessary? In: Science, Jg. 213, H. 4511, S. 967–971.

Steinbach, Anja (2005): Generatives Verhalten und Generationenbeziehungen: Einleitung. In: Steinbach, Anja (Hg.): Generatives Verhalten und Generationenbeziehungen. Festschrift für Bernhard Nauck zum 60. Geburtstag. Wiesbaden: VS Verlag für Sozialwissenschaften, S. 13–23.

Textor, Martin R. (2007): Familienbildung. In: Ecarius, Jutta (Hg.): Handbuch Familie. Wiesbaden: VS Verlag für Sozialwissenschaften, S. 366–386.

Tiger, Lionel (2000): Auslaufmodell Mann. Dt. Erstausg. Wien: Deuticke.

Tinbergen, Nikolaas (1963): On aims and methods of ethology. In: Zeitschrift für Tierpsychologie, Jg. 20, S. 410–433.

Tölke, Angelika (2005): Die Bedeutung von Herkunftsfamilie, Berufsbiografie und Partnerschaften für den Übergang zur Ehe und Vaterschaft. In: Zeitschrift für Familienforschung, H. Sonderheft 4: Männer – Das »vernachlässigte« Geschlecht in der Familienforschung, S. 98–126.

Tooby, John; Cosmides, Leda (1992): The Psychological Foundation of Culture. In: Barkow, Jerome H; Cosmides, Leda; Tooby, John (Hg.): The adapted mind. Evolutionary psychology and the generation of culture. New York: Oxford Univ. Press, S. 19–136.

Treml, Alfred K. (2005): Pädagogische Ideengeschichte. Ein Überblick. Stuttgart: Kohlhammer (Kohlhammer-Urban-Taschenbücher, 600).

Trillmich, Fritz (2007): Ultimate und proximate Fragen zu Verwandtschaft und Freundschaft bei Tieren. In: Schmidt, Johannes F. K.; Guichard, Martine; Schuster, Peter; Trillmich, Fritz (Hg.): Freundschaft und Verwandtschaft. Zur Unterscheidung und Verflechtung zweier Beziehungssysteme. Konstanz: UVK Verl.-Ges., S. 221–234.

Trivers, Robert L. (1974): Parent-Offspring Conflict. In: American Zoologist, Jg. 14, H. 1, S. 249–264.

Varki, Ajit; Altheide, Tasha K. (2005): Comparing the human and chimpanzee genomes: Searching for needles in a haystack. In: Genome Research, Jg. 15, H. 12, S. 1746–1758.

Vaskovics, Laszlo A; Rost, Harald (1999): Väter und Erziehungsurlaub. Stuttgart: Kohlhammer (Schriftenreihe des Bundesministeriums für Familie, Senioren, Frauen und Jugend, 179).

Voland, Eckart (2004): Genese und Geltung - Das Legitimationsdilemma der evolutionären Ethik und ein Vorschlag zu seiner Überwindung. In: Philosophia naturalis, Jg. 41, S. 139–153.

Voland, Eckart (2009): Soziobiologie. Die Evolution von Kooperation und Konkurrenz. 3. Aufl. Heidelberg: Spektrum Akad. Verl.

Voland, Eckart; Engel, Claudia (2000): Menschliche Reproduktion aus verhaltensökologischer Perspektive. In: Mueller, Ulrich (Hg.): Modelle und Methoden. Berlin: Springer (Handbuch der Demographie, 1), S. 387–437.

Vollmer, Gerhard (1995): Biophilosophie. Stuttgart: Reclam.

Vollmer, Gerhard (2003): Wieso können wir die Welt erkennen? Neue Beiträge zur Wissenschaftstheorie. Mit einem Geleitwort von Bernulf Kanitscheider. Stuttgart: Hirzel.

Volz, Rainer (2007): Väter zwischen Wunsch und Wirklichkeit. Zur Beharrlichkeit traditioneller Geschlechterbilder. In: Mühling, Tanja; Rost, Harald (Hg.): Väter im Blickpunkt. Perspektiven der Familienforschung. Opladen: Budrich, S. 205–224.

Volz, Rainer; Zulehner, Paul M. (Hg.) (2009): Männer in Bewegung. Zehn Jahre Männerentwicklung in Deutschland. Ein Forschungsprojekt der Gemeinschaft der Katholischen Männer Deutschlands und der Männerarbeit der Evangelischen Kirche in Deutschland. Baden-Baden: Nomos-Verl.

Walter, Heinz (Hg.) (2002): Männer als Väter. Sozialwissenschaftliche Theorie und Empirie. Gießen: Psychosozial-Verl.

Weber, Thomas P. (2003): Soziobiologie. Frankfurt/Main: Fischer (Fischer kompakt, 15562).

Weber, Thomas P. (2005): Darwin und die neuen Biowissenschaften. Eine Einführung. Köln: DuMont.

Wickler, Wolfgang; Seibt, Uta (1998): Männlich - Weiblich. Ein Naturgesetz und seine Folgen. 4. Aufl. Heidelberg: Spektrum Akad. Verl.

Wilson, Edward O (1977): Sociobiology. The new synthesis. 5. Aufl. Cambridge: Belknap Press of Harvard Univ.

Wirth, Heike (2007): Kinderlosigkeit von hoch qualifizierten Frauen und Männern im Paarkontext — Eine Folge von Bildungshomogamie? In: Konietzka, Dirk; Kreyenfeld, Michaela (Hg.): Ein Leben ohne Kinder. Kinderlosigkeit in Deutschland. Wiesbaden: VS Verlag für Sozialwissenschaften, S. 167–199.

Wittke, Verena (2008): Historischer Abriss von Familienbildung. In: Schauplatz Familienbildung. Handreichung zu Bildungs- und Beratungsangeboten für Eltern und Familien. Projekt »mobile Familienbildung« - moFA. Berlin (Schriftenreihe Theorie und Praxis,).

Wittpoth, Jürgen (2007): Familie und Weiterbildung. In: Ecarius, Jutta (Hg.): Handbuch Familie. Wiesbaden: VS Verlag für Sozialwissenschaften, S. 342–365.

Wolde, Anja (2007): Väter im Aufbruch? Deutungsmuster von Väterlichkeit und Männlichkeit im Kontext von Väterinitiativen. Wiesbaden: VS Verlag für Sozialwissenschaften.

Wolgast, Günther (1996): Zeittafel zur Geschichte der Erwachsenenbildung. Mit einem Kurzabriß "Geschichte der Erwachsenenbildung im Überblick". Neuwied: Luchterhand (Grundlagen der Weiterbildung).

Zrzavý, Jan; Storch, David; Mihulka, Stanislav (2009): Evolution. Ein Lese-Lehrbuch. Deutsche Ausgabe herausgegeben von Hynek Burda und Sabine Begall. Heidelberg, Neckar: Spektrum Akad. Verl.

ibidem-Verlag

Melchiorstr. 15

D-70439 Stuttgart

info@ibidem-verlag.de

www.ibidem-verlag.de
www.ibidem.eu
www.edition-noema.de
www.autorenbetreuung.de

Zeitfracht Medien GmbH
Ferdinand-Jühlke-Straße 7
99095 Erfurt, Deutschland
produktsicherheit@kolibri360.de